插图本茨威格传记丛书

三 诗 人

［奥］斯·茨威格 著

张玉书 译

DREI

DICHTER

Casanova
Stendhal
Tolstoi

人民文学出版社

Stefan Zweig
DREI DICHTER IHRES LEBENS
CASANOVA–STENDHAL–TOLSTOI

图书在版编目(CIP)数据

三诗人/(奥)斯·茨威格著;张玉书译.—北京:人民文学出版社,2021
(插图本茨威格传记丛书)
ISBN 978-7-02-016219-2

Ⅰ.①三… Ⅱ.①斯…②张… Ⅲ.①卡萨诺瓦(Casanova,Giovanni Giacomo 1725—1798)—传记②斯汤达(Stendhal 1783—1842)—传记③托尔斯泰(Tolstoy,Leo Nikolayevich 1828—1910)—传记 Ⅳ.①K835.465.6 ②K835.655.6③K835.125.6

中国版本图书馆 CIP 数据核字(2020)第 069646 号

责任编辑	欧阳韬
装帧设计	黄云香
责任校对	王筱盈
责任印制	王重艺

出版发行	人民文学出版社
社　　址	北京市朝内大街 166 号
邮政编码	100705
印　　刷	三河市鑫金马印装有限公司
经　　销	全国新华书店等
字　　数	230 千字
开　　本	680 毫米×960 毫米　1/16
印　　张	18　插页 7
印　　数	1—5000
版　　次	2021 年 8 月北京第 1 版
印　　次	2021 年 8 月第 1 次印刷
书　　号	978-7-02-016219-2
定　　价	46.00 元

如有印装质量问题,请与本社图书销售中心调换。电话:010-65233595

卡萨诺瓦 罗克韦尔·肯特 绘

司汤达

托尔斯泰在写作 列宾 绘

赤足的托尔斯泰　列宾　绘

托尔斯泰在写作　列宾　绘

在林中休息的托尔斯泰　列宾　绘

在田野中耕种的托尔斯泰 列宾 绘

司汤达之墓

托尔斯泰之墓

目　录

引言 ………………… 1

卡萨诺瓦 ………………… 1

司汤达 ………………… 71

托尔斯泰 ………………… 145

后记 ………………… 251

谨以满腔谢忱和深切敬意

献给

马克西姆·高尔基

引　言

真正研究人类便是研究人。

　　　　　　　　　　　　　　　　——蒲　柏①

　　我试图在"世界建筑师"这一描述人物的系列中,借助一些决定性的典型展现创造性的精神意志,而这些典型又通过具体人物体现出来。在这一系列中,这第三卷既是前面两卷的对立面,同时又是补充。《与妖魔搏斗》表现荷尔德林、克莱斯特和尼采受到妖魔力量所驱使的悲剧性的天性所呈现的三种转变的性格形式,这种天性既越过自身也越过现实世界,扑向无限的宇宙。《三大师》则把巴尔扎克、狄更斯和陀思妥耶夫斯基当作以叙事手法描述世界的典型,他们在自己的长篇小说组成的宇宙中创造了第二个世界,置于现有世界旁边。《三诗人》的道路和《与妖魔搏斗》中的大师不同,并非通向无限的境地,也和《三大师》中的大师不同,并非通向现实世界,而仅仅是引向他们自己。他们并不是仿制宏观世界,仿制人生的林林总总,而是把个人的微观世界发展成世界,无意识地感觉到,这才是他们艺术的决定性任务:任何现实世界对于他们而言都不比他们自己存在的那个现实世界更加重要。创造世界的诗人,被心理学称之为外向的诗人,面向世界,把他的自我消融在他表现之物的客观存在

---

① 原文为英文。亚历山大·蒲柏(1688—1744),英国诗人,以讽刺诗和荷马史诗的译本而享有盛名。

之中,直到难以寻觅的程度(在这方面做得最为完美的是莎士比亚,他在人性方面已经变成神话),那么,主观感受的诗人,即内向的诗人,则面向他自己,使一切尘世之物终止于他个人的存在之中,尤其成为他自己生活的塑造者。不论他选择什么文学形式,戏剧、史诗、抒情诗还是自传,他总是不自觉地把自己置于每部作品的中心,无论表现什么,他主要的总是在表现自己。把这样一种自我描述的、主观主义的艺术家的典型,把它的决定性的艺术形式——自传,放在卡萨诺瓦、司汤达、托尔斯泰这三位作家身上进行描述,便是这一系列第三卷所进行的尝试,所处理的问题。

我知道,把卡萨诺瓦、司汤达、托尔斯泰这三个名字放在一起,乍一听,与其说使人信服,不如说使人惊讶。大家看到,一个像卡萨诺瓦这样行为放荡、不讲道德的骗子,一个十分暧昧的艺术家和托尔斯泰这样一个英勇无畏的伦理学家,这样完美无缺的塑造人物的作家碰在一起,首先很难想象这会是什么样的价值水平。事实上,这一次三个作家置于一本书里,也的确并不是并排排列在同一个精神的层面;相反,这三个名字象征着三个层次,一层比一层高,是同一种类型的日益提高的本质形式。我重复一遍,这三个名字并不代表三个同等价值的形式,而是描述自我这同一创造性功能逐渐升高的三个层次。"卡萨诺瓦"这一部分不言而喻,代表的只是最初的、最低级的原始层面,也就是"质朴"的描述自我,一个人只是把生活等同于外在感官的经历、事实上有过的经历,大大方方地报导他这种生活的过程和其中发生的事件,不作评价,也不深入分析自己。"司汤达"这一部分,自我描述已经达到一个更高层面,"心理学"的层面。在这一层面,已不再满足于单纯的报导、粗浅的人生阅历,而是自我对自己感到好奇,观察自己内心动力的机器,寻找他自己行动和放弃的动机,心灵空间的戏剧变化。这样就开始了一个新的视角,自我的两种眼睛的观察,既作为主体,也作为客体,内心世界和外在世界的双重传记。观察者观察自己,感觉者审查自己的感情——不仅是尘世的生活,心灵的生活也形象生动地进入视野之中。在"托尔斯泰"这一部分,心灵的自我观察同时也变成了"伦理学-宗教"的自我表述,从而便达到它最高的层面。仔细认真的观察者描述他的生活,精细入微的心理学家描述引发出来的感情的反映；但除此之外，自我观察的一种新元素，也就是良心的铁面无私的眼睛在观察每一句话是否真实，每一种思想是否纯净，每一种感情是否具有持续发生作用的力量：自我描述越出其好奇地自我探索，变成道德的自我审查，变成一种自我审判。艺术家在自我描述时，不仅探询方式和形式，也探询他在人间表达时的意义和价值。

自我描述的艺术家的这种典型，善于用他的自我来充实每种艺术形式，但是只在一个艺术形式中完全实现他自己：在自传中，在他自我的包罗万象的史诗之中。他们当中，每一个人都不知不觉地在追求这一目标，可是只有少数人能够达到这一目标，这证明，在一切艺术形式中，自传是最难获得最大成功的艺术形式，因为它是一切艺术种类中最负责任的一种。人们很少尝试这一艺术类型（在无穷无尽的世界文学中，称得上精神上重要的作品不到十几本），也很少在这种艺术类型上进行心理学的观察，因为这种心理学上的观察必然要从平坦的文学领域深入向下探寻心灵科学的最深沉的迷宫。便是在这里，不言而喻，放肆大胆的人也不敢在一篇前言这样狭窄的瓶颈里，试图勉强探索一下人世间自我描述的各种可能性及其限度：只是在这里点到这一问题的题目和几点暗示作为前奏。

不带偏见地来看，描述自我似乎是每个艺术家最本能最轻松的任务。因为描述者了解得最清楚的人生，不是他自己的人生，还有谁的人生？这个人生的每一个事件都是他亲身经历，最秘密的东西他都熟悉，最隐蔽的东西他也一目了然——这样，为了报导他今天的人生和过往人生的"真实情况"，他只消翻开他的回忆，记下他人生的种种事件，无须再作其他努力——这一行动就像在剧院里，在已经排好的戏剧上面拉起帷幕，把隔绝自己和世界的第四道墙壁打开就行了。不仅于此！正像照相并不要求许多绘画的天才，因为这是一种毫无想象力的艺术，纯粹是机械地捕捉一个井然有序的现实世界；自我描述的艺术似乎也并不依靠任何艺术家，只需要有个一丝不苟的登记管理员就行了；原则上任何一个人都可以是撰写他自传的作者，用文学的笔触来塑造他自己生活中的种种危险和命运。

但是历史教导我们,从来也没有一个普通的自我描述者曾经成功地把纯粹的偶然状况也是他经历的种种事实记录在案;要想从自己内心创造出心灵的图像,相反,总是要求有个训练有素、精于观察的艺术家,即使在这批人当中,也只有少数几个能够完全胜任这一趋于极致、责任极为重大的尝试。因为事实证明,再也没有比一个人从他显而易见的表面下降到他心灵深处的阴曹地府,从他鲜活的现实生活深入到他尘封已久的陈年往事更加举步维艰的道路,就像在鬼火闪烁的回忆组成的半明半暗的境地里寸步难行。他需要显示出多少勇气,来绕过自己的重重深渊,走着自我欺骗和任性健忘的这一狭窄、湿滑的道路,一直摸索着深入到和自己一起形成的那最终的孤寂之中,在那里,正如《浮士德》中通向母神们的道路,自己生活的图像,只是它们从前真正生活的象征,"阒无生气一动不动"地漂浮着!他需要什么样富有英雄气概的耐心和自信,才能有权利说出这句崇高的话语:我认出了我自己的心!① 而从这内心的最深的深处返回到这形象的富有争斗的世界,从自我审视返回到自我描述上来,又是多么艰难困苦!这种大胆的冒险行为碰到的困难数不胜数,难以估量,只消看看成功的次数极为罕见,就可得到证明:把自己心灵形象鲜明的肖像,用文字表达出来取得成功的人,实在屈指可数。即使在这些取得相对成功的案例当中,又有多少缺陷和漏洞,多少矫揉造作的补充和欲盖弥彰的掩饰!事实证明,艺术上最最近在咫尺的东西,恰好证明是最艰难的东西,看上去轻而易举的事情,恰好是最难完成的任务:艺术家最难真实描写的他同时代和一切时代的不是别人,而是他自己。

那么究竟是什么东西一再催促一代又一代新人去尝试着完成这一几乎完全无法解决的任务?毫无疑问,有一种原始的动力的的确确强行分配给人:那是一种与生俱来的使自己永垂不朽的渴望。每个人都被放置在奔流不息的波涛之中,为转瞬即逝的事情所遮盖,注定了变化不已转变不停,为不可阻止的汹涌澎湃的时间所裹挟,为亿万个分子中的一个,每个人都不由自主地(凭着他对永生不死的直觉)设法把他曾经活过一次、

---

① 原文是拉丁文。

永远不会重生这一事实,在一种持久不断、超越自我的痕迹之中保留下来。证明和自我证明,归结到最根本,是用同一个原始的功能,是同一种一样的努力,至少在人类顽强的继续生长的树干上留下一个粗浅的印痕。因此每一种自我描述,只意味着这样一种想要自我证明的最强烈的形式,其最初的尝试还不曾采用图画的形式,不曾借助文字的帮助;一座坟墓上垒起的石块,用笨拙的楔子在石板上刻下业已湮没无闻的事迹,刻在树皮上的痕迹——个别人最初的自我描述,用这种巨石的语言,越过几千年的时空,向我们诉说。这些事绩早已无法探究,那早已化为灰烬的一代人的语言早已无法理解;但是从中清清楚楚地不致被人误解地说出一种自己描述,自我保存的冲动,在自己停住呼吸之后,这个曾经生活过的人想向活着的几代人传达他自己留下的痕迹。所以这种无意识的、朦胧的自我永生不死的欲望,是每一种自我描述的原始的诱因和开始。

直到后来,在千百年后,出现一个有意识的,更通晓事理的人类,这种还赤裸裸的,朦朦胧胧的自我证明的冲动之外又加上了第二种意志,那就是一种个人欲望,想要认识自己乃是一个自我,为了认识自我而阐释自己:即自我观察。倘若一个人就像奥古斯丁[①]的妙语所说——"自己成为自己的问题",正在寻找一个属于他,只属于他一个人的答案,那么为了更加清楚、更加一目了然地认识自己,就得把他人生的道路像张地图似的展开在自己面前。他并不想向其他人解释自己,而是首先向自己解释清楚。这里开始出现一个岔道(今天在每本自传里都还可以看出来),介乎人生或者经历的描述之间,是让别人观看还是自我观看,是客观外在描述的自传还是主观内在的自传——是告诉别人还是自我讲述。前面一组总是倾向于公开,忏悔便成了它的公式,向公众忏悔或者在书中忏悔;后面一组则设想成独白,大多数在日记里进行。只有像歌德、司汤达、托尔斯泰这样真正广泛综合的性格才在这里尝试一种结合得完美无缺的综合体,在两种形式中都得到永存。

[①] 奥古斯丁(354—430),天主教神学家,396年任北非希波主教,去世后被教会祝圣为圣人,其自传《忏悔录》影响深远。

可是自我审视，还依然只是预作准备的一步，依然只是无所顾忌的一步：任何真实状况只要还属于自己，还很容易保持真实。只有把真情向外传达，艺术家真正的困境和痛苦才开始，只有在这时，才要求每一个自我描述者具备保持真诚的英雄气概。因为从一开始，那种进行交际的压力便迫使我们，把我们个性的独一无二的特点一视同仁地告诉所有的人，同样在人的心里也有一种相反的欲望，既是原始的自我保护的意志，也是自我隐瞒的意志：这种意志通过羞耻向我们诉说。就像女人通过身上血液的意志争取肉体委身相向，通过清醒的感觉表达反对的意志，想要保护自己，同样在精神上，那种想向全世界披露自己忏悔的意愿和心灵的羞耻之心互相搏斗，这种羞耻之心劝我们隐瞒我们最深沉的秘密。因为虚荣心最重的人（恰好是这样的人），感到自己并不十全十美，不像自己想向别人显露的那样完美无缺：因此他就渴望他丑恶的秘密，他的缺陷错误和猥琐渺小都随他一同死去，同时他又希望他的形象继续生活在人们之中。所以羞耻永远是破坏每一部真正自传的敌人，因为它总想阿谀奉承地误导我们，不要按照我们真实的情况来描述自己，而是按照我们希望被人看到的样子来描述。羞耻想尽一切办法，使出种种诡计，诱导那位准备忠于自我、诚实无欺地进行描述的艺术家，把他内心最深沉的秘密深藏起来，把危险的内容加以掩埋，把最隐秘的事情严加封锁；羞耻不知不觉地教导那只进行绘画的手，把那些会丑化形象的细枝末节（在心理学上却是最重要的部分！）完全删去，或者用尽谎言加以美化，巧妙地采用光和影的布置，把性格特点细细修饰，达到理想的境界。但是谁若屈从于羞耻的这一谄媚的催逼，势所必然地要使自我描述沦为自我神话，或者自我辩护。因此每一篇诚实的自传，并不是无忧无虑地一个劲儿地叙诉，而必须不断提高警惕，谨防虚荣心发作，无情地抵抗自己世俗天性的控制不住的倾向，在肖像上调整自我，取悦世人。恰好在这里，艺术家要诚实无欺，必须拥有千百万人当中绝无仅有的勇气，正因为在这里，没有别人在检查你的真实性，只有你自己：你要面对的也是你自己——你集证人和法官、控诉者和辩护人于一身。

要对抗这种自我欺骗，不可避免地要进行斗争，对此没有刀枪不入所向无敌的武器。因此就像在每场战争中,铠甲再坚固,也总会找到一种穿透力更强大的子弹:在每种心灵学科上,谎言也跟着大长本领。一个人若坚定地关上房门,拒谎言于门外,谎言会使自己变得和小蛇一样灵活,通过缝隙又溜进来。此人若从心理学角度来仔细研究谎言的诡计多端和狡黠异常,以便对付它们,那么谎言将学会更巧妙的新花招进行抵挡;它会像一头豹子一样阴险奸诈地躲在暗处,以便在第一时刻乘人不备跳将出来:所以一个人的认识能力和心理学的辨别能力逐渐精致,他的自我欺骗的本事也就随之日趋精妙,逐渐升级。只要一个人仅仅粗糙地笨拙地对待真实情况,他的谎言也同样粗糙笨拙,容易认出;只有碰到那些细致灵敏、善于辨认的人,谎言才变得巧妙精致,只有善于识别的人才能辨别,因为谎言都溜进最最使人目眩神迷、最最放肆大胆的伪装形式之中,它们最危险的面具永远是貌似真诚。就像那些小蛇,最喜欢蛰伏在岩石和山崖之下,危险已极的谎言最喜欢藏身在满口大话、慷慨激昂、貌似英勇的自白的阴影之中;所以请诸位在阅读任何自传时,恰好在叙述者最为大胆放肆、极为出人意表地自我暴露、自我攻击的地方,务必要仔细认真,千万要小心谨慎,看这种狂放的忏悔是否在大声喧哗捶胸顿足的后面,试图掩饰另外一则更秘密的自白:在自我忏悔时卖弄自己孔武有力,实际上几乎总是在暗示一个隐秘的弱点。因为羞耻的基本秘密也包括,人宁可暴露他极为严重可怕的、令人极端反感的罪行,并且更容易作出这样的暴露,而不愿仅仅暴露最细小的、却能使他显得可笑的性格特点:在每篇自传里,害怕受人冷嘲热讽的耻笑,永远是最危险的诱惑,到处都是如此。即使是像让-雅克·卢梭这样诚实的愿说真话的人,也会以令人怀疑的彻底劲头,详详细细大肆渲染他在性爱上犯下的一切错误,并且悔恨交加地承认,他,《爱弥儿》这部著名的教育论著的作者,居然让他的几个私生子在孤儿院里苟延残喘,而实际上,这篇貌似英勇的自白,只是掩盖了他更有人性的,但是对他而言更难启齿的事实:他大概从来就没有自己的儿女,因为他根本没有生儿育女的能力。托尔斯泰宁可在他的忏悔录中痛斥自己是淫棍、凶手、小偷、通奸者,也不愿意花一行笔墨承认一件小事:他一辈子也不曾承认他的伟大的竞争对手陀思妥耶夫斯基,始终心胸狭窄地对待他。躲在一份自白后面,恰巧在承认罪过时隐瞒罪过,正好是自我描述中最骗人的计谋。高特弗里特·凯勒①正因为这种分散人们注意力的手段,曾经非常愤怒地嘲笑一切自传,"此人公开承认犯下了七种严重的罪过,却隐瞒了他的左手只有四根指头的事实;那人大讲特讲拼命描写他背上的那些色斑和胎痣,却偏偏对于他曾经作过伪证,良心感到压抑讳莫如深。我若把这些人统统和他们视为水晶一样清澈的真诚相比较,我不禁问我自己,这世上是否有一个真诚的人,能够有一个这样的人吗?"

的确如此,如果要求一个人在他的自我描述(和类似的作品)中绝对真实,简直就像在这尘世的宇宙之中要求绝对的公正、自由和完美无瑕一样的无谓、荒唐。定要忠于事实的最为激情如炽的决心、最为坚定不移的意志,由于一个不争的事实,从一开始就不可能:我们根本就不拥有记住真实情况的可靠的器官,早在我们开始自我叙诉,早在我们开始回忆之前,我们就已受到欺骗,失去了我们真正经历的图像。因为我们的记忆力根本不是那种官僚主义地整理得井然有序的档案柜,我们人生的一切事实,像文献似的按照规定的词句,历史上忠实可靠不可更改的一份一份地储存起来。我们称之为记忆力的东西安装在我们血液运行的过程之中,被我们血液的波浪所冲刷,是一副活生生的器官,屈从于一切变化和转变,完全不是一个冰箱,不是恒定不变、长期储存保鲜的机器,在那里,每一种从前的感情,都保持着它自然的属性、原有的芳香、历史上曾经拥有的形式。这不断流动和奔涌不息的过程,我们急急忙忙地赋予它一个名字,称之为记忆力。种种事件,像卵石似的存留在一道溪流之中,它们互相摩擦直到形状大变,难以辨认。它们互相适应,互相改造,在神秘莫测的适应环境的过程中,根据我们的愿望采取形式和色彩。在这个变化的因素里面,没有一样东西,或者说几乎没有一样东西没有扭曲变形;每一个后来得到的印象都对先前的那个印象投下阴影,每一个新的回忆,都以谎言扭曲原有的回忆,直到无法辨认,往往达到正好相反的程度。司汤达第一个承认记忆的这种不诚实性,承认自己无法具备绝对忠于历史的能

---

① 高特弗里特·凯勒(1819—1890),瑞士作家,民主主义者。代表作有《绿衣亨利》。

力;他自己坦白承认,他已无法再区分他自己储存在心里的关于越过圣伯纳德山口①的图像,是他自己亲身经历的这一场景的回忆还是日后他看到一幅关于这一场景的铜版画的记忆。他这番话可以算作经典的范例。司汤达精神上的继承人马赛尔·普鲁斯特②把记忆力可以更改的能力以一个男孩为例,更有说服力地表现出来。男孩经历了女演员贝尔玛如何扮演她最著名的角色之一。在男孩见到女演员之前,他先从幻想之中构建出一种预感,这种预感完全在紧接着的感官直接的印象之中消融、化解;而这一印象又因为他邻居发表的意见而变得暗淡无光,到第二天又一次被报上的评论所冲淡和扭曲;多年后,这个男孩又见到这同一位女演员扮演同一个角色,他自己已经和从前判若两人,那位女演员也变了个人。最后他的回忆已经无法确定,究竟哪一个印象是原来的"真正的"印象。这一例子可以算是每个回忆都不可靠的象征:记忆力,这个一切真实性的似乎毫不动摇的标尺,自己便已是真实情况的敌人,因为在一个人还能开始动笔描述他的一生之前,他身上有个器官已经不再是复制,而是正在制造,记忆力不等人家邀请便自己执行了一切独创性的功能,那就是:遴选本质的事情,加强、削弱,有机地组织各种事件。于是多亏记忆力这种独创性的幻想能力,每一个描述者都不由自主地变成描述他自己生活的真正的诗人:这一点我们新世界最伟大的睿智者歌德非常清楚。他那部自传赋予英雄主义的书名《诗与真》,这个书名适用于每一部自我忏悔。

既然没有人能这样说出"这种"真实情况,他自己人生绝对的真实情况,每一个自我坦承者必然会在一定程度上成为描述自我的诗人。那么恰好是这种保持忠实的努力,也就成为向每一个坦承者道德上的诚实进行挑战的最高尺度。毫无疑问,这种歌德称之为"伪忏悔"的东西,这种**玫瑰花下**③(即讳莫如深)的忏悔,小说中或者诗歌中的透明的遮掩比正

---

① 圣伯纳德山口,古老的跨越阿尔卑斯山的山口,拿破仑率领的法兰西大军在远征意大利时越过这座山口,是一大壮举。
② 马赛尔·普鲁斯特(1871—1922),法国作家,意识流文学的先驱,代表作《追忆似水年华》。
③ 原文是拉丁文。

大光明的描述容易得多,在艺术上而言,往往也更加强劲有力。但是正因为要求的不仅是真实情况,而是赤裸裸的真实情况,自传便是每一个艺术家的一种特别富有英雄气概的行为,因为在任何地方,一个人的道德轮廓也没有像在他的自我暴露中泄露得这样完全彻底。只有训练有素、心灵上洞察一切的艺术家才能成功地写出自传;因此,心理学上的自我描述也这么晚才出现在艺术的门类之中;它只属于我们这个时代,属于这个新的、还在变化发展的时代。人这种东西,必须先发现他的各大洲,丈量他的各个海洋,学会他的语言,这才能把他的目光转向他内心的宇宙。整个古代还丝毫没有猜想到这些神秘的道路:古代的自我描述者恺撒①和普鲁塔克②只是把各种事实和客观事件依次排列起来,没有想到打开它们的胸膛,哪怕只是深入进去一寸。人必须先意识到他灵魂的存在,才能窥视他的灵魂,大概在基督教产生之后,才开始作出这一发现。圣·奥古斯丁的《忏悔录》开启了这一内心审视,可是这位伟大主教在坦承时的目光,并不是冲着他自己,更多是冲着他的全体教徒。他希望以他自己改邪归正的例子来感化、来教育他的教徒们。他的文章想要作为全体教徒的忏悔发生作用,作为悔罪的典范,所以说有它自己的目的,是为一个目的服务,而不是给他自己的回答,为自己提出一个意义。还得再经过几百年,直到卢梭,这位引人注目的开拓者,到处炸开大门和门闩的人,为他自己创造了一幅自我的肖像,对他自己这一行动错愕不已,惊慌失措。"我计划从事一件事情,"他这样写道,"这事前无先例……我要在和我自己相似的人们面前十分真实地按照其本性绘制出一个人,这个人就是我自己。"但是怀着每一个初试锋芒者的轻信,他还把那个"自我当作一种不可分割的整体,当作一种可以比较的东西",把"真实情况"当作一种可以把握、可以触及的东西,他还天真地认为,"当末日审判的号角吹响时",他"可以手里拿着这本书③走到法官面前,开口说:这就是我"。我们这后

---

① 朱利乌斯·恺撒(前100—前44),即恺撒大帝,罗马共和国末期杰出的军事统帅、政治家,主要著作是他的战争回忆录。
② 普鲁塔克(约46—120),古希腊作家、历史学家,著有《希腊罗马名人传》。
③ 即他的《忏悔录》。

生的一代人已经不再拥有卢梭那样老老实实的轻信,相反却拥有对于灵魂的多重含义和深层秘密更加充分更加大胆的了解:这代人自我解剖的好奇心试图通过越来越精细的剖析、越来越大胆的分析把他每个感情、每个思想的神经和血管暴露出来。司汤达,黑贝尔①,克尔凯郭尔②,托尔斯泰,阿米尔③,勇敢的汉斯·耶格尔④,通过他们的自我描述,发现了心灵科学无人预见到的王国,他们的后代,在这期间配备了心理学更加精良的仪器,一层又一层,一个领地又一个领地,一直挺进到我们新世界无边无际的地域:人的心灵深处。

人们听到有人在不断宣称,在一个技术发达、思维觉醒的世界,艺术已经沦丧,对于所有这些人来说,这也许提供了安慰。艺术永远不会终结,它只是发生变化而已。毫无疑问,人类的神话塑造力会日益衰微:幻想在儿童时代最为强劲有力,每一个民族只是在它生命之初发明了神话和象征。但是随着梦想力量的消亡、知识的清晰明朗,有凭有据的力量涌现出来与之平衡;请看我们当代小说中这种具有独创性的实体化,这种小说今天正明显地要变成精确的心灵科学,而不是无拘无束、放肆大胆地胡编乱造。但是在这诗与科学的结合之中,艺术并没有被挤死,只是一个古老的姐妹般的纽带得以更新。因为当科学开始时,在赫西阿德⑤和赫拉克利特⑥笔下,科学还是诗,是些听上去暧昧含糊的词句,飘忽不定的假设;经过了千百年的隔离,研究的意义又和独创性的意义结合起来,诗,不再描写幻想世界,如今是描写我们人性世界的魔力。它不再从地球上陌生的东西里吸取力量,因为一切热带和南极圈等地带都已发现,所有动物志植物志里的动物和奇迹直到一切海洋的碧蓝深处都已得到彻底研究。

---

① 克里斯蒂安·弗里特里希·黑贝尔(1813—1863),德国诗人、戏剧家。
② 索伦·克尔凯郭尔(1813—1855),丹麦哲学家、神学家、宗教作家,被广泛认为是第一个存在主义哲学家。
③ 亨利-弗里德里克·阿米尔(1821—1881),瑞士道德哲学家、诗人、评论家。
④ 汉斯·亨利克·耶格尔(1854—1910),挪威文学家和无政府主义者,因1885年出版有伤风化的小说《克里斯蒂阿尼娅·波海姆》被拘留,他后来又偷偷出版此书,再次遭到惩罚。
⑤ 赫西阿德是希腊诗人,约活跃于公元前750年到前650年之间,大约和荷马同时。
⑥ 赫拉克利特(前535—前475),古希腊哲学家、爱菲斯学派的代表人物。

在人世间已经不可能再有神话存在,除非在缠绕在我们丈量完毕的、用种种姓名和数字标明的地球之上的星球上——那么要想永远获取认识的意志,就不得不转向人的内心世界,冲着它自己的奥秘。这永恒的内心①,那内心的无限境界,心灵的宇宙便向艺术开启无穷无尽的领域:它的心灵的发现,自我认识,将成为我们这个变得睿智的人类越来越大胆地解决和尚未解决的任务。

萨尔茨堡

1928 年 复活节

---

① 原文是拉丁文。

卡萨诺瓦

他对我说,他是一个无拘无束的人,是个世界公民。①

姆拉尔特②在1760年6月21日致阿尔布雷希特·封·哈勒③的一封信里这样谈论卡萨诺瓦

---

① 原文是法文。
② 贝阿特·路特维希·封·姆拉尔特(1665—1749),早期启蒙主义和德国新教激进虔信派的瑞士代表,因撰写旅行信札(1725)而著称。
③ 阿尔布雷希特·封·哈勒(1708—1777),瑞士解剖学家、生理学家、博物学家、百科全书编纂者、书目学家和诗人,被称为"现代生理学之父"。

卡萨诺瓦在世界文坛上堪称特例，是个绝无仅有的幸运案例，尤其因为这个大名鼎鼎的江湖骗子，其实毫无资格地混进了独创性人物的先贤祠，就像彭蒂乌斯①混进《信经》之中一样的不可思议。因为他那诗人的贵族身份和他那放肆地用字母瞎拼出来的德·珊加尔骑士的称号都同样经不起推敲：他匆匆忙忙地在眠床和牌桌之间为了献给一位无名女士即兴写就的几首诗，发出麝香和学术胶水的陈腐味道。倘若我们好样的基阿柯莫②甚至开始大谈起哲理来，那么请你们最好托住颚骨，免得哈欠连天。不，卡萨诺瓦既不属于诗坛贵族，也不属于哥塔年鉴③，即使在这里也是个寄生虫、闯入者，既无权利，亦无头衔。他一辈子行事放肆大胆，作为寒酸的戏子的儿子、遭到驱逐的神父、开小差的士兵、臭名昭著的打牌搞鬼的赌徒，和皇帝国王交往，最后在最后一位贵族德·里涅④侯爵的怀抱中死去，他身后留下的阴影也同样放肆大胆地挤进不朽者的群体之中，虽然似乎只是一个渺小的文人，许多人中的一个⑤，时代疾风中的灰尘。但是——稀奇古怪的事实！——不是他，而是他所有的那些享有盛名的

---

① 彭蒂乌斯·彼拉多(？—39？)，古罗马犹大省总督，他迫害基督教徒，判处耶稣钉死在十字架上，而《信经》是基督徒表示对耶稣笃信的经文。
② 卡萨诺瓦的名字是基阿柯莫。
③ 记载贵族家世的年鉴。
④ 查理·约瑟夫·德·里涅侯爵(1735—1814)，奥地利军官、外交官、作家。
⑤ 原文是拉丁文。

同胞们和阿卡狄亚①的诗人们,"天神般的"梅塔斯塔西奥②、高贵的帕里尼③和所有这些人全都变成图书馆里的垃圾和语言学家的饲料,而卡萨诺瓦的名字,获得人们充满敬意的微笑,今天还挂在大家嘴边。根据一切尘世的可能性,他的爱情的伊里亚特④还将继续存在下去,拥有热情的读者,而《被解放的耶路撒冷》⑤《忠实的牧羊人》⑥早已变成受人尊敬的旧书,无人阅读,存放在书柜里,积满灰尘。这个狡猾奸诈的赌徒一下子战胜了但丁⑦和薄伽丘⑧以后所有的意大利诗人。

更疯狂的是:为了赢得这永无止境的收益,卡萨诺瓦根本就不敢下注,他硬是直截了当地骗取了这永垂不朽的美名。这个赌徒从来也没有预感到真正艺术家的难以名状的责任。他对于艺术家熬过的一个个不眠的长夜一无所知;对于艺术家不得不日复一日地殚精竭虑,在沉闷的、奴隶般字斟句酌、推敲字眼的工作中度过的漫长白昼,一直到词句的含义最终纯净清澈像彩虹似的透过语言透镜放射出来,一无所知;对于诗人作坊里多种多样,却又无法看见的工作,这些没有得到报酬,往往要经过几代人的岁月才能得到承认的工作一无所知;对于诗人英勇地放弃人生的温暖和辽阔也一无所知。他,卡萨诺瓦,上帝知道,总是把人生安排得轻松愉快,他从来没有把一丁点儿欢乐、一丝一毫享乐、一小时的睡眠、一分钟的乐趣,奉献给永生不死的严峻女神:他活着的时候,为了博取荣誉,没有动过一根指头,可是荣誉源源不断地流到他手里。只要他兜里还揣着一枚金币,爱情的灯里还剩下一滴灯油,他就根本不想认真地用墨水去沾污

---

① 阿卡狄亚,古希腊地名,风景优美,居民多以牧羊为生,此处指世外桃源。
② 彼哀特罗·梅塔斯塔西奥(1698—1782),意大利诗人和剧作家,被认为是意大利歌剧最重要的作家。
③ 朱塞佩·帕里尼(1729—1799),意大利讽刺诗人和启蒙运动的代表人物。
④ 《伊里亚特》是荷马的史诗。
⑤ 《被解放的耶路撒冷》是意大利文艺复兴时期诗人托夸多·塔索的作品。
⑥ 《忠实的牧羊人》为意大利诗人乔阿万·巴蒂斯塔·古阿里尼(1538—1612)的剧作,1595年初演后引起极大反响,毁誉参半。
⑦ 但丁·阿利基耶里(1265—1321),意大利诗人,欧洲文艺复兴时代的开拓者之一,代表作《神曲》。
⑧ 乔万尼·薄伽丘(1313—1375),意大利文艺复兴运动的杰出代表,人文主义作家,代表作《十日谈》。

他的指头。一直等到他被扔出所有的大门之外,为所有的女人所耻笑,孤苦伶仃,囊空如洗,阳痿不举,这时,他这个瘦骨嶙峋闷闷不乐的老头,才遁迹于写作之中,以此当作人生经历的代用品;仅仅是由于兴致全无,百无聊赖,极度烦恼,就像一只长满疥癣的无牙野狗,卡萨诺瓦这才牢骚满腹、怨声载道地开始向这业已死去的七十岁的卡萨奈乌斯-卡萨诺瓦讲述他自己的人生。

卡萨诺瓦向自己讲述他的生平——这便是他全部文学上的贡献。但是,当然啰,什么样的一生啊!五部长篇小说,二十出喜剧,一大堆中篇小说和小故事,一连串内容丰富的极端富有魅力的场景和逸闻,安插在一个独一无二的、奔流不息汹涌澎湃的人生之中:这里出现的一个人生,本身就丰富多彩圆满完整,是一部完美无缺的艺术品,不消艺术家和杜撰者插手安排,加以调整。这样就以最令人信服的方式解决他得以声名卓著的那个令人困惑的秘密——因为,卡萨诺瓦并没有像他自己描述的人生中那样,是个天才。换一个人不得不杜撰瞎编的事情,他可是活生生地亲身经历到了,换一个人不得不用脑子塑造的事情,他可是用他温热的肉欲旺盛的身体塑造的,因此在这里,羽毛笔和想象力用不着事后把现实生活精心绘画,修饰一番:他的作品只要是一个人生的复印品就够了,这个人生本身就已经精雕细刻戏剧性很强。他那时代没有一个诗人编造出那么多变奏曲和场景,像卡萨诺瓦所经历的那样,更没有一个真正的人生历程拐过那么险峻的弯道,经过整整一个世纪。倘若仅仅在纯粹事件的内容上(而不是精神的实质和认识的深度上)把歌德,让-雅克·卢梭和其他同时代人的传记和卡萨诺瓦的传记相比较,就会发现那些人目的明确,为独创性的意志所控制的人生经历与这个冒险家的江河奔流般充满自然力的人生经历相比,显得多么缺乏变化,空间多么狭窄,社交范围多么乡里乡气。这个冒险家变换国度、城市、阶层、职业,世界和女人,就像永远在同样的肉体上变换衬衣——那些人在乐享人生方面都纯属外行,就像这人在塑造人物方面是外行一样。因为这一点正好是精神性人物永恒的悲剧,因为恰好是他,天赋使命,自己也渴望认识人生的辽阔天地和强烈欲念,可是紧紧地拴在他的任务上面,成为他工场的奴隶,通过自己强加的种种义务，不得自由，拴在秩序和地球上面。每一个真正的艺术家都在孤寂中度过大半生，和他的创作进行搏斗——完完全全献身于直接的现实世界，只有没有独创性的人，纯粹乐享人生，为生活而生活的人才能自由自在，恣意挥霍。谁若给自己设定一个目标，就和偶发事件失之交臂：每一个艺术家大多塑造的，总是他疏忽了的未能亲身经历的事情。

但是他们的对手，那些轻浮放荡只图享受的人，却几乎总是缺乏把他们千姿百态的经历撰写成文的能力。他们忘情于眼前的瞬间，这样，这个瞬间对于一切其余的人也全都遗失，而艺术家也只会使少得可怜的经历得以长存。于是两端便截然分开，未能互相补充，共同获益：一个没有酒水，另一个没有酒杯。无法解决的矛盾：只会行动者和乐享人生者本可以比一切诗人报导更多的经历，但是他们干不了——而有独创性的人又只好凭空杜撰，因为他们经历过的事情拿来报导实在太少。只有很少的诗人写作一部传记，而有真实传记题材的人又很少具有写出传记的才能。

于是就出现了那一个绝妙的、几乎是独一无二的幸运的巧合卡萨诺瓦：终于有一个激情四射的享乐之人，一个典型的尽情乐享眼前的馋鬼，前来讲述他非同寻常的人生，不带任何道德的美化，不作任何诗意的修饰，也不加任何哲理的点缀，完全就事论事，是怎样就怎样，激情，危险，不修边幅，肆无忌惮，逗乐，卑劣，有伤风化，放肆大胆，放荡腐化，可总是充满悬念，出人意表——他讲述这一切不带任何文学的野心，或者教条的吹嘘，或者追悔莫及的悔恨，或者裸露成癖的忏悔欲念，而是毫无思想负担，而且毫不在意，就像一名老兵嘴里叼着烟斗，坐在小酒店里的桌旁，向毫无成见的听众们讲述几则轻松愉快、也许内容刺激的冒险故事。在这里并不是一个艰难思索的空想家和发明家在凭空杜撰，而是一切诗人中的大师——生活，自身在叙述。而他，卡萨诺瓦只不过满足了艺术家最普通的要求：把几乎难以置信的事情弄得使人相信而已。尽管他用的是巴洛克法语，他的艺术和他的力气还完全绰绰有余。这个哆哆嗦嗦、被痛风病整得摇摇晃晃、叫苦连天的老头，在杜克斯弄个闲职混事，做梦也没有想到，以后灰白胡子的语言学家和历史学家会低头弯腰趴在他的回忆录上，把它当作十八世纪最珍贵的羊皮纸来进行研究。尽管这个善良的基阿柯莫很喜欢看见自己的映象,他要是听说,他死后一百二十年居然会成立一个独立的卡萨诺瓦协会,他一定会把这看成是他的那个卑鄙无耻的对手,庄园总管费尔特刻尔希纳先生开的粗野玩笑。这个协会的宗旨只是为了把他手写的每张纸条、每个日期检查一番,追查那些如此愉快地受到牵连、名誉受损的女士们的姓名,这些名字业已被人细细地擦去。这个虚荣成性的人并没有预感到他的荣誉,因此很少动用伦理学、激情和心理学,我们不妨把这看成一件幸事,因为只有不抱目的、无所企求的人,才能达到那无忧无虑,因而自然而然的坦率真诚。这个老赌徒在杜克斯和平素一样,懒洋洋地走近他的书桌,也是他人生中最后一张赌台,把他的回忆录当作最后一笔赌注,扔给命运:然后站起身来,在他还没有看见效果之前,过早地被上帝召了回去。奇妙极了,恰好是这最后一掷,达到永生不死的境界。可不是,他这次赌局,大赢特赢。对于这个碰运气的老赌徒[①],这个无与伦比的碰运气的演员,任何激情、任何抗议都无济于事。人们可以鄙视他,鄙视我们这位尊敬的朋友,因为他缺乏道德,在道义上很不严肃,可以反驳他这个历史学家,否认他这个艺术家。只有一点大家都办不到了:那就是再一次把他弄死,因为尽管有诸多诗人和思想家,世界从此之后再也没有撰写过一本比他的生平更加浪漫的长篇小说,再也没有创造出一个比他的形象更加光怪陆离的形象。

[①] 原文是意大利文。

青年卡萨诺瓦的肖像

您知道吗,您是一位非常英俊的男人。

> 腓特烈大帝①1764年在无忧宫的花园里突然停住脚步,仔细端详了卡萨诺瓦一番,对他说道。

在一个小国首府的剧院里,女歌唱家刚刚以令人惊愕的花腔唱完了她的咏叹调,全场顿时掌声雷动,清脆响亮犹如一阵冰雹打了下来,现在,渐渐插入宣叙调,场上观众的注意力才稍稍松动。那些穿着打扮分外时髦的男子开始造访包厢,太太小姐们举起长柄眼镜四下张望,用银匙小口小口地吃着精致的冰淇淋和橙色冰糕;与此同时舞台上小丑搂着一个快速旋转的村姑,一边插科打诨一边转着圈子,这简直没有必要。突然之间,所有人的目光都好奇地转向一个陌生人。此人迟到,他以一种高贵男子倜傥潇洒的神气,大胆而又慵懒地走进正厅的前排座位,谁也不认识他。他那穿戴得富丽堂皇的身体像赫剌克勒斯一样魁梧伟岸,一件灰色天鹅绒外套打着褶裥,盖在精工细绣的缎子背心上面,珍贵的花边,金子的绦饰,从布鲁塞尔衬衫上的颈部别针一直到长筒丝袜都衬托出这华丽衣衫的深色线条。这位高贵的陌生人手里似乎漫不经心地拿着一顶缀了

---

① 腓特烈大帝(1712—1786),即弗里特里希二世,普鲁士国王,欧洲历史上著名的军事家、政治家,还是一名作家、作曲家。

白色羽毛的大礼帽,身后留下一阵淡淡的甜腻的玫瑰香油或者新式发蜡的香味。他此刻正随随便便地靠在第一排的栏杆上,一只戴着戒指的手颇为倨傲地挂着英国纯钢打造的缀有宝石的佩剑。似乎没有感觉到众人的关注,他举起黄金的长柄眼镜,故作冷漠地细细打量各个包厢。从所有的座位上都悄声发问:是位亲王,是位有钱的外国人?大家脑袋凑在一起,带着敬畏之意悄声耳语,冲着他那枚缀满钻石的勋章,正别在斜挂胸前的那条镶着红宝石的绶带上微微摆动(他把这枚勋章放在一堆闪闪发光的宝石当中,谁也认不出这是教皇领地微不足道的普通十字架,比黑莓还便宜)。舞台上的歌手们立刻感觉到观众的注意力大大减弱,宣叙调便唱得更加轻浮,因为在小提琴和嘎巴提琴声中,从布景后面像风似的跳出来的舞女四下窥探,是不是有位腰缠万贯的公爵飘然而至,预示着收入可观的夜晚。

  可是大厅里的几百号人还没来得及猜透这个陌生人的哑谜,弄清楚他的出身来历,包厢里的女人们已经注意到另一件事,简直令人震惊:这个陌生男人多英俊啊,多么帅气,多有男人味啊。魁伟的身材,宽宽的肩膀,肌肉发达,而多肉的双手手感极好,在刚劲挺拔钢铁般男子气的身体里没有一丝柔弱的线条,他站在那里——微微低下脖子,就像一头冲锋前的公牛。从侧面看这张脸活像一枚罗马的钱币,轮廓分明,坚毅如钢,黑色脑袋上的每根线条都刻在黄铜上,轮廓分明,闪着金属的光泽。从栗色的微微卷曲的头发中显出,这个陌生人额头高耸,形状优美,每个诗人见了都艳羡不止。——隆起的鹰钩鼻放肆大胆,下巴是坚硬的骨头,下面是一个两倍榛子大小的弯弯的喉结(根据女性的信念,这是男性精力充沛的最佳保证)。这张脸上的每一根线条都意味着进攻、征服,坚毅果决。只有他的嘴唇,出奇的红润而且性感,呈现柔软的弧形,总是湿漉漉的,露出石榴肉一样洁白的牙齿。这个美男子现在慢条斯理地把他的侧面转向剧院那些黑咕隆咚的包厢,在他那两道非常匀称的呈圆形向上挑起的浓眉下面,两只黑色的眸子射出一道不耐烦的焦躁不宁的目光,纯粹是一道猎人寻觅猎物的目光,时刻准备像鹫鹰一样冲向一个牺牲品。但是这道目光还只是闪闪发光,还没有完全燃烧起来,只是像闪光灯似的沿着包厢扫了一遍,越过男人们,打量着阴影中这些小巢里的那些温暖的、赤裸的、白皙的东西,就像打量一些可以买到的物品:那就是女人。他挨个地端详她们,带着挑肥拣瘦的神气,一副行家的样子,感到自己也受人注视;这时他那性感的嘴唇才松开一些,他的丰满的南国人的嘴巴掠过一丝淡淡的微笑,第一次露出两排宽宽的、雪白的动物的牙齿,白得耀眼。但是这丝微笑还并不针对某一个女人,而是属于她们大家,属于隐藏在衣服下面的那些赤裸温热的女性。可是现在他在包厢里发现了一个熟识的女人:他的目光立即凝聚起来,方才还放肆地带着询问神气的眼睛,立即射出一道天鹅绒般柔和的,同时又闪闪发光的目光,他的左手放开佩剑,右手抓起沉重的羽毛礼帽走了过去,唇上挂着一句暗示认出熟人的客套话。他优雅地低下肌肉发达的脖子,亲吻向他伸过来的素手,彬彬有礼地向她问好;但是那受到奉承的女人直往后缩,一脸迷惘,可以看出,他的嗓音发出的咏叙调,缠绵悱恻悦耳动听地浸入那个女人的心田,因为她窘迫地身子往后直靠,把这陌生人介绍给她的陪同人员:"德·珊加尔骑士。"大家鞠躬如仪,彬彬有礼,互致问候,他们给客人在包厢里腾出一个座位,骑士谦和地拒不接纳,大家极有骑士风度地谦让再三,终于攀谈起来。渐渐地,卡萨诺瓦抬高嗓门,超过其他人的声音。他以演员的方式把元音柔美地吟诵出来,而让辅音节奏分明地滚动。他越来越明显地说话让包厢外的人也能听到,说得声音很响,引人注意;因为他要让弯着身子凑过来倾听的隔壁包厢里的邻人也能听到,他用法语、意大利语和人交谈,说得多么俏皮风趣,机敏巧妙,而他引用贺拉斯[①]的诗句又是多么熟练、灵巧。他仿佛纯属偶然似的把他戴着指环的手放在包厢的栏杆上,让人从远处就能看见他名贵的衬衫花边袖口,尤其是他手指上的那块独粒大钻石熠熠生辉——此刻他从镶嵌了钻石的鼻烟壶里,把墨西哥鼻烟献给那些骑士们。"我的朋友,西班牙公使昨天刚派信使给我带来这个鼻烟,"(这句话隔壁包厢里听得一清二楚)其中有位先生十分

[①] 贺拉斯(前65—前8),古罗马诗人、文学批评家、翻译家。代表作有《诗艺》等。

客气地称赞鼻烟壶上那幅袖珍画像,他就漫不经心地,却声音相当响亮地说道,以便让大厅里能广为流传,"这是我的朋友科隆选帝侯大人的一件礼物。"他似乎是毫无目的这样聊天,但在这故意炫耀的过程中,这个吹牛大王一再向左右两边飞快地射出鹰隼般锐利的一瞥,窥测一下他的话语效果如何。可不是,大家都在关注他,他感觉到女人的好奇心都集中在他身上,感到自己被人注意,受人艳羡,为人尊敬,这使他更加大胆。他巧妙地话锋一转,把谈话转向隔壁的包厢,亲王的宠姬就坐在那里——他感到——正非常满意地倾听他那一口纯正的巴黎法语;他一边讲述着一位美女,一边以谦卑的神气向那位宠姬百般讨好,大献殷勤,那位宠姬面带微笑,照收不误。于是他的朋友们别无他法,只好把这位骑士介绍给这位高贵的夫人。这场赌博算是赌赢了。明天中午他将和城里最高贵的人士共进午餐,明天晚上他将在某座宫殿里建议进行一场小小的法老牌的赌博,大大地掠夺一下他的东道主们,明天夜里他将和这些穿得珠光宝气,而在衣衫下面一丝不挂的女人当中的一位共度良宵——所有这一切,全仗他那英勇无畏、稳健自如、坚毅果决的举止,他那胜利者的意志和他褐色脸膛呈现出来的男性十足、无拘无束的俊美,他的一切全仗这个:女人的微笑,手指上的独粒大钻石,缀满钻石的表链和衣服上金线的镶边,银行家处的信用,贵族的友谊,比这更加妙不可言的乃是:在生活中享受变化无穷的自由自在。

与此同时,首席女高音已经做好准备,要开始演唱一阕新的咏叹调。卡萨诺瓦善于交际,谈笑风生,吸引住了那些骑士们,他为他们所邀请,宠姬也十分仁慈地约他第二天晨起时觐见。卡萨诺瓦深深地鞠了一躬,又回到他的座位坐下,左手挂着他的佩剑,俊美的褐发头颅微微前倾,十分内行地倾听歌唱。在他背后,同样冒失的问题,一个包厢又一个包厢地悄声传递,同样的回答也口口相传:"德·珊加尔骑士。"没有人知道更多关于他的消息,既不知道他从何处来,不知道他是干什么的,也不知道他到何处去。只有他的名字,在这漆黑的好奇的大厅里嗡嗡直响,到处飞舞——那不可见的、闪闪烁烁的唇上的火焰——一直传到舞台上面,传到同样好奇心切的歌女们的耳里。蓦然间,一个来自威尼斯的小舞女笑出声来:"什么德·珊加尔骑士?啊,这个骗子手!这是卡萨诺瓦,布拉奈拉①的儿子。这个小神父五年前夺去了我姐姐的贞操,在老布拉戛丁的宫廷里充当弄臣,这个吹牛大王,无赖,冒险家。"可是这个欢快的姑娘似乎对卡萨诺瓦的这些劣迹恶行并不特别生气,因为她从布景当中老熟人似的冲他眨巴眼睛,并且卖弄风情地把手指放在唇上。卡萨诺瓦看到了这个手势,想起她来:不用担心,这个小妞不会破坏他和这些高贵的傻瓜开个小小的玩笑,宁可今天夜里和他欢度良宵。

---

① 卡萨诺瓦的母亲是一位女演员,出生在威尼斯的布拉诺岛。"布拉奈拉"乃"来自布拉诺的小女人"之意。

卡萨诺瓦　安东·拉斐尔·门斯　绘

卡萨诺瓦　肯特　绘

一帮冒险家

> 她知道吗？你唯一的财产
> 在于这些人的愚蠢。
>
> 卡萨诺瓦对打牌老千克罗夫说

从七年战争①，到法国大革命，整整二十五年，欧洲上空云雾弥漫，风平浪静，几个伟大的王朝，哈布斯堡、波旁、霍亨佐伦②相互征战，打得疲惫不堪。市民们舒舒服服安安静静地喷吐烟圈，士兵们在辫子上扑粉，擦拭变得毫无用处的枪支，备受蹂躏的各国终于可以喘息一下。但是君王们不打仗，百无聊赖。德意志、意大利境内的袖珍王国和其他一些小国的国君，待在他们小人国的首府里无聊得要命，很想找些乐子开心开心。这些可怜的家伙，这些渺小而又伟大的、似乎伟大的选帝侯们、公爵们住在他们刚刚竣工的，还又冷又湿的罗可可宫殿里，尽管有各式各样的游乐花园、喷泉、橙子花林，尽管有畜兽场、长廊、野生动物园和宝库，还是活得极端无聊。因为百无聊赖，他们甚至变成了艺术保护人和文艺爱好者，他们和伏尔泰、和狄德罗③通信，收藏中国瓷器、中世纪的银币、巴洛克的绘画，延请法国的剧团、意大利的歌手和舞者，只有魏玛公爵，出手不凡，把

---

① 七年战争发生于1756—1763年，当时欧洲的主要强国都参与了这场战争。
② 分别是奥地利、法兰西、普鲁士的王室。
③ 德尼·狄德罗(1713—1784)，法国启蒙思想家，唯物主义哲学家、作家，百科全书派代表人物。

几个名叫席勒、歌德和赫尔德尔的德国人请到他的府里。在其他地方，只是把逐猎野猪、水上哑剧换成了戏剧消遣而已，因为一旦全世界都已疲倦，娱乐世界的戏剧、时尚和舞蹈便博得了特别的重视，君王们便以金钱和外交行动互争高低，争相追逐最有趣的消遣解闷的人：最佳舞者，音乐家，阉人歌手，哲学家，淘金者，阉鸡饲养员和管风琴演奏家。格鲁克①和亨德尔②，梅塔斯塔西奥和哈瑟③，相互之间换来换去，就像犹太神秘教徒和交际花，烟火制造者和逐猎野猪者，台词撰写者和芭蕾舞教练一样。所幸现在君王们拥有了宫廷典礼官和典礼，剧院和歌剧院，舞台和芭蕾，现在只还缺少一样东西来消除小城生活的无聊，让这永远一成不变的六十张同样的贵族脸庞造成的无法挽救的单调乏味能真正具有社交活动的外表：那就是高贵的客人，有趣的宾客——就像在小城生活这极端无聊的发酵面团里加上几粒葡萄干，在这只有三十条街的首府污浊沉闷的空气里吹进一缕宏伟世界的熏风。

　　戴着几百张面具和伪装的冒险家们刚在一个宫廷里听到这个风声，嗖的一下，他们就窜到这里来了，谁也不知道他们从哪个旮旯儿哪个隐蔽的所在冒了出来。但是一夜之间他们已在这里，乘坐一辆旅行马车和英国马车而来，一到这里，出手阔绰，立即租下最上层旅馆的最高级客房。他们身着某个印度斯坦或者蒙古军队稀奇古怪的军装，采用富丽堂皇的名号，实际上却和他们的鞋扣一样，尽是冒牌宝石。他们说着各种语言，声称认识所有的君王和大人物，据说曾在各个部队里服役，上过所有的大学。他们口袋里塞满了各种项目，他们张口就作出大胆的许诺，他们计划发行彩票，征收额外税金，建立国与国之间的联盟，创办各种工厂，他们提供女人、勋章和歌剧演员；尽管他们兜里连十个金币也没有，却悄悄告诉每个人，他们深谙点铁成金的秘密。他们用占星算命抓住迷信之徒，用各种项目拴住轻信之人，用假牌蒙骗赌徒，用上流社会的高贵气派，镇住浑然不觉之辈，——所有这一切都严严实实地包裹在不透明的奇特和神秘

---

① 克里斯托弗·威利巴尔德·格鲁克(1714—1787)，德国作曲家。
② 乔治·弗里德里希·亨德尔(1685—1759)，英国籍德国作曲家。
③ 约翰·阿道尔夫·哈瑟(1699—1783)，德国作曲家。

的祥光之中,让人难以认清,因而显得特别有趣。他们像鬼火似的突然亮起,进入险境,在各国宫廷懒散腐烂的沼泽空气之中摇曳不定,在鬼气阴森的弥天大谎之中匆匆而来,匆匆消逝。

君侯们在宫廷里接见他们,觉得他们很是有趣,并不重视他们,很少问及他们贵族身份的真伪,也很少关心女人们是不是戴着结婚戒指,他们带来的女孩是不是处女。因为谁若让人开心,把无聊,这一切君王疾病中最令人憎恶的顽疾减轻一些,哪怕只是一个小时,那么在这不讲道德的、被唯物主义的哲学弄得非常松动的气氛里也是受人欢迎,不会引出多少疑问。只要他们能使人开心,不是盗窃得太狠,君侯们还是会容忍他们,就像容忍婊子一样。有时候,这帮艺术家或者骗子手(譬如莫扎特)屁股上遭贵人们踢上一脚,有时候他们从舞厅一滑就滑进监狱,或者甚至像那位皇家剧院经理阿弗利西阿①那样,一直滑到苦役船上去。最最狡猾奸诈之徒骗来骗去居然站住脚跟,变成收税官,君侯宠姬的情人,或者充当一个宫廷婊子的讨人喜欢的丈夫,甚至变成真正的贵族和男爵。但是他们大多数人采取的上策,乃是绝不等到事情穿帮,因为他们的全部魔力在于他们新来乍到,隐姓埋名;倘若打牌搞鬼搞得过于邪乎,掏别人的腰包掏得太狠,在一个宫廷里安顿下来时间太长,很可能会突然跑来一个人,掀起他们的大氅,揭发他们的偷窃行为或者露出他们当罪犯时受过鞭刑的伤疤。只有经常变换空气,才能使他们免上绞架,因此这批碰运气的家伙,也乘坐马车在欧洲不断奔忙,是一批从事他们阴暗手艺的公务旅行者,从一个宫廷窜到另一个宫廷的吉普赛人,因此整个十八世纪,就是一个旋转木马,载着同样的一拨骗子手从马德里到圣·彼得堡,从阿姆斯特丹到普莱斯堡,从巴黎到那不勒斯,转来转去;起先大家看见卡萨诺瓦在每张赌台上、在每个小国的宫廷里碰到同样的一批无赖弟兄,碰到塔尔维斯②、阿弗利西阿、施维林③和圣·日耳曼④

---

① 裘色帕·阿弗利西阿(1722—1788),意大利作家,曾经当过剧院经理。
② 德·塔尔维斯骑士,应是法国人,生卒年不详,曾与卡萨诺瓦决斗。
③ 亨利希·封·施维林伯爵,乃普鲁士著名将军库尔特·克里斯多夫·封·施维林之侄,生卒年不详,因游手好闲,被普鲁士国王投入狱中。
④ 圣·日耳曼伯爵(1710—1784),冒险家、发明家、作曲家,身份成谜。一说是匈牙利亲王之子,也说是法国国王的私生子。

还称之为偶然事件,但是这种毫不间断的到处漫游,对于这些炼金术士,与其说是娱乐,不如说是逃难——只有时间待得短暂,他们才感到安全,只有互相帮衬,才能彼此掩护,因为他们大家合在一起,组成了一个氏族,一个没有砌墙抹子和标志的共济会①,一个冒险家的修会。这些人不论在哪儿相遇,骗子遇到骗子,都是互相补台,一个把另一个推进上流社会,承认了他的同伙,也证明了自己的合法身份;他们交换女人、外套、姓名,只有一样没法交换:他们的职业。他们大家寄生在各个宫廷里,充当演员、舞者、乐师、冒险家、婊子和炼金术士,和耶稣会的修士和犹太人一起,成为当时世界上绝无仅有的国际主义者,介乎一个定居恋栈、眼光短浅、心胸狭窄的显赫贵族和一个还不自由、颇为迟钝的市民阶级之间,随着这批人开启了一种新时代,一个崭新的掠夺的艺术;他们不再掠夺手无寸铁之人,也不抢劫大路上的马车,而是诈骗虚荣心重之徒,骗取漫不经心之辈的钱财。这种新型的抢劫行为全都干得风风光光,派头十足,举止高雅;不是用老式的杀人放火的方法,图财害命,而是用打牌赢钱,用汇票抢劫。他们不再有粗大的拳头,醉酒的面孔,下级军官粗暴的举止,而是双手清秀,戴着戒指,扑粉的假发懒散地盖着前额。他们用长柄眼镜四下观望,转身灵活,犹如舞者,说话优美,活像演员在咏诵宣叙调,行动捉摸不定犹如哲人;他们大胆地掩饰自己躁动不宁的目光,在赌台上巧妙发牌,大肆舞弊,用机智聪明的对话,给女人抹上爱情的迷魂膏,向她们献上假冒的珠宝。

不容否认:他们大家都有几分聪明,懂得一点心理学,这使他们讨人喜欢,他们当中有几个人甚至达到天才的境界。十八世纪下半叶可是他们的英雄年代,他们的黄金时代,他们的经典时期;就像先前在路易十五时期,光辉灿烂的七女神把法国诗人集结起来,后来在德国,那美妙无比的魏玛时光,在少数几位永续长存的人物身上,把独创性的天才形式汇总起来,那么当时崇高精深的骗子手和永垂不朽的冒险家汇成的宏伟的昂

---

① 共济会出现在18世纪英国,是一种带宗教色彩的兄弟会组织,也是目前世界上最庞大的秘密组织。

星团,也在欧罗巴世界的上空大放异彩。不久之后,这批骗子手不再满足于去掏君王们的口袋,他们粗暴而出色地抓住时代的现实,转动世界历史硕大无朋的轮盘赌的转盘。约翰·劳①,一个到处流浪的爱尔兰人,用他的纸币把法兰西的财政搞得一塌糊涂;德翁②,一个男女同体的双性人,性别和名声都值得怀疑,领导着国际政治;一个脑袋滚圆的小个子男爵诺依霍夫③变成货真价实的科西嘉国王,当然最终还是在关押欠债人的塔楼里了此残生;卡里奥斯特罗④,一个来自西西里岛的小伙子,一辈子没有学好念书写字,把臭名昭著的项链,给法兰西王国编了一根绞索,把王国勒死;特伦克⑤,这个老家伙,是这帮人当中最可悲的一个,因为他身为冒险家却并没有丧失高尚品德,最后拿脑袋去顶撞断头机,头戴红帽子,扮演了自由英雄的角色;圣·日耳曼,这个没有年龄的魔术师,看见法兰西国王谦卑地跪在他脚下,直到今天还以他未被发现的出生的秘密戏弄着学术界的热忱。他们大家手里都握着比最有权势的人更大的权力,他们使学者们目眩神迷,勾引诱骗妇女,大肆掠夺富人,既无职位亦无责任,却秘密地牵动政治木偶的线索。他们当中最后一个,并不是最坏的一个,我们的基阿柯莫·卡萨诺瓦,这个行会的历史编纂学家,描述了他们大家,他叙说自己的故事,把这些并未被遗忘和难以遗忘的人,以最令人愉快的方式统统包括在七星之内。——他们每一个都比所有的诗人更享有盛名,都比他们那个时代的政治家、那些注定了即将沦亡的世界短暂的主人更有影响。因为欧洲的这些狂妄放肆、神秘表演的伟大天才,他们的英雄时代总共只有三四十年,然后这个英雄时代就被它那超群出众的典型,

---

① 约翰·劳(1671—1729),苏格兰经济学家。
② 查理·德翁·德·波蒙(1728—1810),一般被人称为德翁骑士,法国外交家、间谍、军人,扮为女人有三十三年之久。
③ 台奥多尔·封·诺依霍夫(1694—1756),德国冒险家,曾一度短暂地当上科西嘉的国王。
④ 亚历山德罗·地·卡里奥斯特罗(1743—1795),意大利冒险家,因项链事件而臭名昭著。参看茨威格的传记《玛丽·安多瓦奈特传》。
⑤ 弗里特里希·封·特伦克男爵(1727—1794),普鲁士军官、冒险家和作家,自称与普鲁士公主有染,被捕入狱。越狱后,流亡到法国,发表激进言论,在法国被捕入狱,被认为是奥地利间谍。后来又到巴黎,是否作为奥国的观察员探听法国大革命的情况,并不清楚。1794年,被当做间谍送交革命法庭,在罗伯斯庇尔下台前两天在断头台上处死。

完美无缺的天才,那位真正具有妖魔气息的冒险家拿破仑所彻底破坏。事情总是这样,有才气的人只是游戏人生,而天才则总是认真对待,超乎寻常,他不满足于只在插曲中扮演一个角色,而是霸气十足地要求把整个世界舞台由他独自占有。当那个科西嘉的穷小子波拿巴自称为拿破仑的时候,并不再像卡萨诺瓦-珊加尔、巴尔萨莫-卡里奥斯特罗那样,把市民阶级的身份心虚胆怯地隐藏在贵族的面具后面,而是要求精神上的优越感,专横粗暴地超越时代,强烈要求夺取胜利,作为他的权利,而不是狡诈巧妙地骗取胜利。拿破仑是所有这些有才干的人当中的天才,随着他,冒险家就从君王们的前厅冲进金銮宝殿;随着他,这不合法的人登上权力巅峰,也使这种攀登随之终结,他把欧罗巴的皇冠戴到冒险家的头上。

教养和天赋

> 据说,他是一个文人,不过脑子里装满了阴谋诡计。据说他在英国和法国待过,在骑士们和女士们那里得到过不该获得的好处,因为他处世的方式,一直是让别人付出代价供他生活,让轻信者对他产生好感……倘若熟悉上述的这个卡萨诺瓦,就会发现在他身上不信宗教、欺骗、淫乱和肉欲,以令人吃惊的方式融为一体。
>
> ——威尼斯宗教法庭的秘密报告,1755 年

卡萨诺瓦从不否认他曾是冒险家。相反,他鼓起腮帮子骄傲地自诩,在一个就像拉丁诗人已经知道的,任何时候都乐意受骗上当的世界,宁可充当捉弄别人的人,也不要充当被愚弄者,宁可充当剪羊毛的人,也别当被剪掉毛的羊。但是只有一点,他断然拒绝。他拒绝人家因此之故把他和那些苦役船上的弟兄、上绞刑架的坏小子们混为一谈。这些家伙只会粗鲁地、直截了当地去掠夺别人的口袋,而不是文质彬彬、帅气十足、变魔术似的从那些笨蛋手里把金钱变过来。每当他不得不承认和那些打牌搞鬼的家伙阿弗利西阿或者塔尔维斯相遇(实际上是对半分账的搭档)时,卡萨诺瓦总要仔仔细细地把自己摘出来,因为卡萨诺瓦和他们尽管在同一个层次相遇,他们毕竟还来自不同的世界,卡萨诺瓦来自上层,来自文化阶层,而那些人来自下层,来自一无所有的境地。就像席勒笔下的那个道德高尚的强盗头子,当年的大学生卡

尔·莫尔①,看不起他的伙伴斯皮格尔贝尔格和舒夫特勒②,因为他们是在干他们粗暴血腥的本行,而卡尔·莫尔则相反,是被激情所驱使,才干这一行当,所以卡萨诺瓦也永远把自己和这批打牌作弊者截然区分开来,这批家伙把妙不可言、精彩绝伦的冒险家行径所拥有的一切高贵体面糟蹋尽净。因为事实上我们的朋友基阿柯莫要求赋予冒险家行径一种贵族称号,希望人家把这江湖骗子的花招看成一种高雅精深的艺术。要是听他说话,那么哲学家在这世上别无其他道德上的职责,只是以一切蠢货为代价拼命取乐,愚弄那些虚荣心重的人,诈骗那些天真汉,掠夺那些悭吝人,给丈夫们戴上绿帽子,简而言之,作为上天正义的使者,来惩罚这个世界上的一切愚蠢行为。欺骗对他而言,不仅是门艺术,而且是一种超乎道德的职责。而他,这位好样的罪犯王子,良心坦荡,怀着一种无与伦比的理所当然的神气在尽忠职守。

的确,这点我们完全可以相信卡萨诺瓦,他并不是因为手头拮据,懒得干活,而变成冒险家,而是出于天生的激情、难以遏制的天才。他从父母亲身上继承到演员的天才,把整个世界当作舞台,把欧洲当作布景;欺诈、蒙骗、愚弄、迷惑对他而言就像当年对奥伦斯皮格尔③一样,是自然至极的技能,没有嘉年华时对面具和玩笑的乐趣,他简直活不下去。他有上百次机会,可以从事规规矩矩的职业,但是任何诱惑都无法使他留下,任何引诱都无法使他安于市民的生活。就是赠送给他几百万财产,献给他职位和尊荣,他都不会接受,他总是一而再地遁回到他原来到处漂泊、轻若羽毛的生活状况之中。所以他觉得自己完全有理由怀着某种倨傲,把自己和其他闯荡江湖、瞎碰运气的人区分开来。卡萨诺瓦先生怎么说也是婚生之子,出生在一个还算受人尊敬的家庭里。他的母亲,人称"布拉奈拉",是个著名的女歌唱家,在欧洲各大剧院的舞台上都大放异彩。在每部艺术史里都能读到他哥哥弗朗西斯柯的名字,其宏伟的大幅战争油

---

① 席勒处女作《强盗》中的主人公。
② 《强盗》中的人物。
③ 蒂尔·奥伦斯皮格尔,为十六世纪德国民间话本的主人公,有许多关于他的幽默故事流传甚广。

画在基督教世界的一切画廊里都能看到。卡萨诺瓦所有的亲戚都从事极端正派的职业,身穿律师、公证人和神父的值得尊敬的长袍——由此可见,我们的卡萨诺瓦不是来自臭水沟,完全和莫扎特、和贝多芬一样来自同样有着艺术家色彩的市民阶层。和他们一样,他也享受了出类拔萃的人文主义的和欧洲的语言教养,尽管精通各式各样的胡闹,早早地就掌握女人的知识,依然把拉丁文、希腊文、法文、希伯来文都学得很是精通,还学了一点儿西班牙文和英文——只有我们亲爱的德文,他经过了三十年之久,依然说得结结巴巴。他在数学和在哲学方面同样超群出众,作为神学家,他十六岁时便在威尼斯的一座教堂里发表了他的处女演讲。他有一年之久,作为小提琴手在圣·萨姆埃尔剧院,靠演奏赢得他每天的面包。至于他是不是十八岁时就像他说的,在帕多瓦大学赢得了法学博士头衔,对于这一重要问题,直至今日,声名卓著的卡萨诺瓦研究家们,还争得面红耳赤,不可开交;反正卡萨诺瓦学到了许多艰深的学问,由于他熟悉化学、医学、历史、哲学、文学,尤其精通一些因为更加暧昧,使他收入更丰的学问,例如占星术、炼金术、炼丹术。另外在那些宫廷技能、体育技巧上,在舞蹈、击剑、骑术、牌艺上,这个相貌英俊、手脚灵活的小伙子也技艺显著,不亚于任何一个高贵的骑士,除了他认真而快速学得的这些本领之外,他还拥有一个过目不忘的惊人记性,七十年里,从未忘记过一个人的相貌,凡是听到的话、读过的书、说过的话、见过的东西,无一忘怀。这一切凑在一起就变成一种特殊的品质:几乎成了一个学者,几乎成了一个诗人,几乎成了一个哲学家,几乎成了一位骑士。

是啊,仅仅是几乎而已。这个"几乎",无情地标明了卡萨诺瓦的多才多艺的缺陷。他几乎是个全才,是位诗人,可并不全是,是个小偷,可并不专业。他都已经挨到了最高的精神领域的边缘,也几乎挨到了苦役船,但是没有一种天赋,他是全力发挥,没有一种职业,他是全力从事的。作为一个行行精通、通晓一切的外行,他对各种艺术、各门学问都知之甚多,甚至多得难以置信,他就缺少一点,只能功亏一篑:他缺乏意志,缺少决心,没有耐心。只要埋头专攻书籍一年,就没有一个法学家,没有一个历史学家能出其右,能比他更有见地,更有才智,他完全可以当上每一门学科的教授,可是卡萨诺瓦不想穷经皓首,专攻一门。他不想当任何人物,只满足于像是任何人物就行了:表象可以骗人,而骗人的把戏正好是一切活动中他最乐于从事的行当。他知道,为了欺骗傻瓜,用不着许多高深的学问,只要证明他有必要的学问就行;只要他在某个题材上有一丁点知识,一个绝妙的帮手就立即跳出来给他帮忙:那就是他那巨大无朋的厚颜无耻。无论卡萨诺瓦确定什么事是他的任务,他绝不承认,他在这门学科纯属新手,他会立刻装出一副严肃已极的精通此道的专家的面部表情,作为天生的骗子手,巧妙地随机应变,避开困难,几乎总能体体面面地从不光彩的事件中抽身出来。在巴黎,红衣主教德·贝尔尼问卡萨诺瓦是否对博彩业略知一二。卡萨诺瓦自然对此一无所知,同样,这个满口胡言乱语的家伙自然对这问题严肃地给以肯定的答复,并且向一个委员会坚定沉着雄辩滔滔地发挥各项财政项目,仿佛充当老谋深算的银行家已有二十年之久。在瓦伦西亚,有部意大利歌剧缺少歌词,卡萨诺瓦便坐下来,不费吹灰之力地撰写了文学脚本。倘若也有人请他谱写音乐,他会毫无疑问从老旧的歌剧里七拼八凑巧妙地弄出一部乐曲出来。在俄国女沙皇面前,他以日历改造者和饱学的天文学家的身份出现,在库尔兰,他迅速地即兴成为一个矿山专家,考察矿山,他向威尼斯共和国推荐一种新的染丝方法,他作为土改专家和殖民者在西班牙出现,他向奥地利皇帝约瑟夫二世呈上了一份长篇谏言,阻止高利贷。他为封·瓦尔德斯泰因公爵撰写喜剧,为封·乌尔菲公爵夫人建造了一株狄亚娜树①。他还会其他炼金术的骗人把戏,他用所罗门的钥匙②为鲁曼夫人打开了钱箱,为法国政府收购股票,在奥格斯堡扮演葡萄牙公使的角色,在波罗涅撰写关于医学的论战文章,在特里哀斯特撰写波兰王国的历史并且用意大利文八行诗体翻译荷马史诗《伊利亚特》——简而言之,这个样样精通的万金油,没有专门的本领,可是只要叫他干什么,他都干得有模有样,有声有色。翻阅一下他遗稿的目录,就会以为这是一个通晓万物的哲学家,一位崭新的

---

① 狄亚娜树是一种由银或者汞经过化学变化制成的树状物品,为当时流行的装饰品。
② 所罗门的钥匙为根据中世纪术士们撰写的有关魔法的书进行的"黑魔法",与所罗门无关。

莱布尼茨①。遗稿中有一本篇幅很大的长篇小说,还有一出关于奥德修斯②和喀耳刻③的歌剧,一篇试论立方体加倍的文章,一篇和罗伯斯庇尔④进行的政治对话;倘若有人要求他在神学上证明上帝的存在,或者撰写一篇对贞洁的赞歌,他也不会迟疑两分钟之久。

  不论怎么说,什么样的天赋啊！在每个方面只要投入,在科学、艺术、外交、经商方面他的天赋都足以达到令人惊讶的成绩。但是卡萨诺瓦故意在他即将全面成功的时候,把他的才气搞得四分五裂,宁可一事无成,什么也不是——但是自由自在。自由使他幸福,无拘无束,宁可无限努力地浅尝辄止,也不要在某个职业安营扎寨,以此为家。"想到我在什么地方蛰居下来,我都感到反感,那种非常明智的生活方式完全违反我的天性。"他觉得他真正的职业,就是不操任何职业,所有的行当和学科都是浅尝辄止,然后换掉,就像演员变换服装和角色。干吗要让自己困死在一处——他什么也不想拥有,不想保持,什么也不算数,什么也不占有,因为他那极端强烈的激情不是要求度过一生,而是在这一辈子要过上几百个人生。他骄傲地说:"我最大的财富,乃是我是我自己的主人,不怕遭到任何不幸。"——一句丈夫气十足的座右铭,远比他借来的德·珊加尔骑士的称号更显出这个勇士的高贵。他不在乎别人怎么想他,他以令人目眩神迷的无忧无虑的劲头飞越别人的道德障碍;只有在快速前进、被迫行动之时,他才感觉到自己的生活乐趣,绝不是在静止状态、舒舒服服的休憩之时才感到惬意;因此多亏这样轻浮放荡地越过障碍,这样凌空俯瞰,他觉得所有这些好样的人才显得相当可笑。这些人热心地埋头从事他们的一项事业,永远从事这同一项事业:无论是军事统帅、学者还是银行家都无法使他敬佩。这些蓄着大髭须的军事统帅们神气活现地挂着铿锵直响的佩刀,碰到上峰怒吼,纷纷屈从;那些书蠹虫一样的学者老是啃啃书

---

① 戈特弗里德·威廉·莱布尼茨(1646—1716),德国哲学家、逻辑学家、数学家和科学家。
② 奥德修斯是荷马史诗《奥德赛》中的主角。
③ 喀耳刻,《奥德赛》中的一位女巫。
④ 马克西米连·弗朗索瓦·马里·伊西多·德·罗伯斯庇尔(1758—1794),法国大革命时期的革命家。

籍纸张,啃了一本又啃一本;而银行家们则胆战心惊地坐在他们的钱袋之上,守着钱柜,夜不能寐——没有一个阶级,没有一个国家,没有一件衣服吸引他。没有一个女人能让他待在她的怀抱里,没有一位国君能把他留在自己国家的境内,没有一种职业能让他耐得住它的无聊:便是在这里,他也是大胆地穿透一切铅皮屋顶①,宁可一辈子大胆冒险,也不愿一生一世都萎靡不振,幸运时纵情恣肆,不幸时处之泰然,不论何时何地始终勇气十足,信心百倍。因为勇气是卡萨诺瓦人生艺术真正的核心,他天才中的天才:他不求生活稳定,而是一生冒险;这里,在许多人,许多谨小慎微的人当中,有个人一下子冒了出来,他勇气十足,什么都敢干,敢把自己,把每个运气、每个机会都拿来冒险。但是命运厚待放肆之徒、甚于勤奋之人,厚待粗鲁之辈甚于驯服之人,所以命运赋予这个漫无节制的人比给予整整一代人还多;命运把他攥在手里,让他高升,让他落魄,让他周游列国,让他一举青云直上,在他跳得漂亮已极时又绊他一跤。命运让他饱餐女人,在牌桌上捉弄他,用各种激情刺激他,用实现计划欺骗他;但是命运从来也不把他放开,让他跌进无聊的境地。这不知疲倦的命运总给这个不知疲倦的人——它的真正乐于一搏的伙伴新的转折,新的风险。于是他这一生便变得辽阔广袤,色彩绚丽,错综复杂,变化多端,光怪陆离,多姿多彩,几百年来几乎没有一个人生能与之匹敌,只不过在他陈说他这一生时,便变成了最无与伦比的描述人生的诗人之一,当然不是通过他的意志做到这点,而是通过人生的意志自己。

---

① 卡萨诺瓦年轻时曾被囚禁在威尼斯的监狱里,他曾突破其铅皮屋顶成功越狱。

肤浅的哲学

我是作为哲学家度过了一生。

——卡萨诺瓦最后的遗言

生活面如此宽阔地以汹涌澎湃之势展现开来,与之相应的几乎总是一个有限的心灵的深度。要想像卡萨诺瓦一样在任何领域都能驾轻就熟应付裕如,就得像软木在水面上那样轻松灵活地婆娑起舞。因此仔细观看他那备受称赞的人生艺术的特点,就不是什么特别正面的美德和力量,而主要是负面的特性:那就是完全不受任何伦理道德的心理障碍的羁绊。如果把这朝气蓬勃、精血充裕、激情洋溢的人从心理学上来加以剖析,首先就会发现,他缺乏一切道德上的器官。心、肺、肝、血液、脑子、肌肉,最细小的精索,所有这一切在卡萨诺瓦身上都发展得极端强劲,正常已极,只有在那里,在那心灵的位置上,平素各种道德特点和信念汇聚成性格的神秘莫测之物的地方,在卡萨诺瓦身上,令人深感意外的是,竟是一片空白,一个真空的场所,是个零:一无所有。用各种酸液、碱液,用柳叶刀和显微镜,都无法在这个极端健康的机体上,找到那个人们称之为良心的物质残存的碎片痕迹。这样一来就解释了卡萨诺瓦的轻松自在,出色天才的全部秘密:他,这个幸运儿,只有肉欲,没有灵魂。对于其他人神圣或者只是重要的东西,对他而言,分文不值。试图向他解释道德的或者时间上的责任,不啻对牛弹琴,——他一点也不会明白,就像一个黑人不明白玄学一样。对祖国的爱?——他,这个世界公民,七十三年之久没有拥有一张自己的眠床,总是听凭偶然随处憩息,他对爱国主义嗤之以鼻。哪儿过得舒服,那儿就是祖国。① 什么地方他最容易赚得钱包鼓鼓的,最容易把女人弄上床,他就在那儿舒舒服服地在桌子底下伸开双腿,觉得那里是家。尊重宗教?——他完全可以接受任何宗教,接受割礼,或者长上一根中国人的辫子,只要皈依这个宗教能给他带来些许好处:因为一个不相信彼岸世界,只相信温暖狂野的现世生活的人,要宗教干什么?"这后头也许什么也没有,或者我们会及时获悉此事。"他这样进行辩论,完全不感兴趣,漫不经心——因此把所有这些玄而又玄的玄学蛛网全都一扫而光吧! 及时行乐②,乐享今天吧,牢牢抓住每个瞬间,使劲吮吸每个瞬间,就像吮吸每粒葡萄,把渣滓扔到一边——这是他唯一的座右铭。严格把握住感官世界,把握住看得见,够得着的东西,每一分钟都用拇指夹把甜蜜的肉欲的快感最大限度地压榨出来——卡萨诺瓦就把哲学演变到这种程度,不再向前推进一寸,因此他可以把一切伦理的、市民的铅球,诸如名誉、体面、责任、羞耻和忠诚,这些阻止人们自由自在地进入直接境地的铅球,全都哈哈大笑地抛在身后。因为什么名誉?卡萨诺瓦要名誉干什么?他对名誉的评价,和那个肥头胖耳的法尔斯塔夫③作出的评价相差无几。法尔斯塔夫对于这不可怀疑的东西这样确定:这个名誉既不能吃也不能喝。那位诚实的英国议员曾经向议会提出问题:他老是听人说起死后哀荣,可是他却终于想知道一下,后世对于英国的富裕和舒适究竟有何建树。名誉无法享受,甚至只能通过诸多责任和义务,阻止人们乐享人生,因此足以证明,它纯属多余。因为卡萨诺瓦在人世间最痛恨的莫过于责任和义务。他不承认其他任何义务,也不愿认识其他任何义务,他只知道唯一方便而自然的义务,即让他那好样的精力充沛的身体得到充分的享受,也能尽可能多地把同样的情欲魔汤奉献给女人们。因此他从来也不询问,他那热气腾腾的生活,别人品尝起来究竟是好还是坏,是甜还是酸,

---

① 原文是拉丁文。
② 原文是拉丁文:Carpe diem。
③ 莎士比亚的剧本《亨利四世》和《温莎的风流娘们》中的人物。一个嗜酒成性又好色的士兵,他的名字已成了体态臃肿的牛皮大王和老饕的代名词。

别人是不是会把他的态度斥为没有名誉或者没有羞耻。因为羞耻——这又是一个多么奇怪的字眼,多么不可理解的概念!在他的人生字典里根本就没有这样的词汇。带着一个流浪汉那种满不在乎的神气,他会在聚集一堂的公众面前,高高兴兴地脱下裤子,哈哈大笑,连眼睛都满是笑意,露出他的性器官,毫不隐讳、爽爽快快地随口说出别人即使受到刑罚也不会承认的事情:说出他的招摇撞骗,他的失败,他的丢丑,他在性方面遭受的损害和他梅毒的治愈,因为他根本就没有在伦理上进行区分的任何神经,没有接受道德上情结的任何器官。倘若有人责备他赌钱捣鬼,他只会不胜惊讶地回答道:"是的,我那时身无分文了呀!"倘若有人指责他诱惑了一个女人,他只会仰天大笑:"我对她伺候得很好啊!"从老实巴交的市民们的腰包里像磁铁一样地吸出他们的储蓄,为此他没说一句话来表示歉意,相反,在他的回忆录里,他用玩世不恭的论据为他的欺骗行为做铺垫:"欺骗一个傻瓜,是在为理性复仇。"这条掉光了牙齿的老狗在他那毁掉的一生在贫困潦倒、完全仰人鼻息的状态中终结时,不作辩护,毫无反悔,在圣灰节的星期三,非但不对他那彻底毁掉的一生发出怨诉,反而写下了以下放肆已极、乐不可支的几行字:"倘若我今天腰缠万贯,我也许会认为我自己有罪。但是我身无分文,我把一切全都挥霍净尽,这使我得到安慰,也为我作出辩护。"

所以卡萨诺瓦的全部哲学可以很方便地装进一枚核桃壳之中。这个哲学以这样的准则开始和结尾:完全过着尘世的生活,无忧无虑,全仗本能,不受可能进入天国的远景所胁迫,天国当然可能存在,但是极为虚无缥缈。某一个奇特的神明给我们摆好了世界这张赌台;咱们若想在那儿找乐子,那我们就得接受现存的游戏规则,是什么样就是什么样,不要瞎问什么是对什么是错。果不其然,卡萨诺瓦从来也没有浪费一秒钟时间,来对这个问题进行理论思考:这个世界可能是,或者应该是另外一个样子。卡萨诺瓦在和伏尔泰谈话时说道:"请您热爱人类,但是人类是什么样,就这么样爱它。"千万不要掺和到世界缔造者的陌生事物中去,他对这个特别的事情负有全部责任;千万不要去搅那个酸面团,弄得两手沾满了面粉,脏得不行,而是方便许多:用灵巧的手指把葡萄干从面团里抠出来就行了。卡萨诺瓦觉得,傻瓜们日子不好过完全合情合理,而聪明人呢,虽说不是上帝帮他们忙,但是他们自己帮自己,这可全看他们自己。既然世界已经搞得这样纷繁杂乱,一部分人穿着丝袜,乘坐豪华马车,另一部分人则衣衫褴褛,食不果腹:那么明智的人只有一项任务,那就是自己也坐上豪华马车。

他从来不会义愤填膺大叫大嚷,或者像从前《圣经》里的约伯①那样,极不得体地向上帝瞎问为什么这样和怎么会这样。每个事实卡萨诺瓦都当作事实照单全收——大大地节约感情!不给它贴上好或者坏的标签。婀莫尔斐,一个十五岁的荷兰落魄小女子,今天还满身虱子躺在床上,满腔欢欣地准备拿两枚小小的金币就出卖她的贞操,十四天之后,这同一个小女子就变成了最最虔信基督的国王的情妇,在鹿苑里有她的府邸,浑身绫罗绸缎,珠光宝气,不久变成了一个讨人喜欢的男爵夫人。或者他自己,昨天还是威尼斯郊区一个寒碜的小提琴手,第二天早晨就成为一个城邦贵族的继子,手指上戴满钻戒,成为一个富有的青年。这样的事情,卡萨诺瓦称之为稀奇古怪的事情,并不因此而大惊小怪。我的上帝,世界就是这样,毫无公正可言,也捉摸不定,正因为世界将永远如此,所以千万不要设法发明一条什么万有引力定律,或者为这个滑道设计一种复杂的机械装置。你就用指甲和拳头把最好的东西抠出来,这便是全部睿智所在②,你就充当自己的哲学家吧,别当人类的哲学家,按照卡萨诺瓦的意思,那就是:强壮、贪婪,毫不迟疑,毫不顾忌下一个钟头,在波涛汹涌之中迅速抓住奔涌向前的那一秒钟,充分汲取它的全部,涓滴不剩。只有正在呼吸的东西,以情欲回报情欲的东西,只有催着在炽热的皮肤上用激情和爱抚作为回答的东西,只有这些,这个坚定的反形而上学者才觉得是实实在在、饶有趣味的。

所以卡萨诺瓦对世界的好奇心,只集中在有机体上,集中在人身

---

① 约伯为《旧约·约伯记》中人物。
② 原文是法文。

上:他一辈子也许一次也没有沉思地抬头仰望,把目光投向满天的星云之中。便是大自然,他也完全漠不关心:这颗草率成性的心,从来也不可能在大自然的宁静安谧和宏伟壮观之上燃起激情。诸位不妨把他十六卷长的回忆录从头到尾翻它一遍:书中一个眼睛明亮、感情清醒的人游遍欧洲景色最为优美的地区,从波西利普到托累多,从日内瓦湖直到俄罗斯草原,但是要想从中找到赞赏这千百种美丽风景的片言只语,那是徒劳——在士兵光顾的下等酒店角落里的一个龌里龌龊的小姐,对他而言,比米开朗琪罗所有的艺术品都更加重要,在通风极差的酒店里玩一次纸牌,也比索伦蒂诺的日落更加美不胜收。自然和建筑这类东西,卡萨诺瓦完全不予理睬,因为使我们和宇宙相连的器官,他完全不具备,因为他完全没有灵魂。对他而言,世界就只是城市,连同其画廊和步道,晚上豪华马车在步道上驰过,这些娇艳美女乘坐的幽暗晃荡的香巢;咖啡厅令人愉悦地静候嘉宾,那里可以摆开一台赌法老牌的赌局,让好奇者大大亏本。歌剧院和妓院诱人上钩,在那里可以很快捞到一块新鲜的夜间鲜肉。饭店林立,在那里厨师们用各色酱汁和五香肉丁创作诗文,用各式各样鲜葡萄酒和陈葡萄酒演奏音乐。只有这些城市对于这个纵情欢愉的人是世界,在这个世界里,女人们以只有他才有可能接近的形式居住着,人数众多,数目不定,而在这些城市里,他又最最喜欢宫廷的气氛,奢侈的气派,因为只有在那里,肉欲的快感才升华到艺术性的境地,因为这个胸部宽阔的小伙子卡萨诺瓦尽管好色到无人能及的程度,却绝不是一个粗俗的好色之徒。一首咏叹调唱得婉转优美,可以使他着迷,一首诗歌可以使他欣喜,一次高雅的谈话,才真正使他醺然陶醉;和聪明人一起议论一本书籍,心醉神迷地靠在一个女人身上,在包厢的暗处谛听音乐,这像着魔似的提高他人生的乐趣。但是我们千万不要因此而受骗上当:这种对艺术的热爱,在卡萨诺瓦身上永远不会超过戏谑的程度,讨人喜欢的外行人的乐趣。对他而言,精神得为生活效力,而不是生活为精神效力。所以他尊重艺术,只把它当作春药看待,只当作一种取悦于人的手段,用来刺激人们的性欲,只当作在享受粗陋的肉体的欢乐之前,领略的一种更精致的前戏。他很乐于写上一首小诗,用一根吊袜带把它献给自己心仪的女人,他要朗诵阿里奥斯特①的诗句,为了使这女人欲火中烧,他愿意巧妙风趣地和骑士们一起,畅谈伏尔泰和孟德斯鸠,为了证明自己才智卓绝,从而十分机智地掩饰自己对他们的钱包发动的一次奇袭——这个南国的唯感觉论者永远也不理解艺术和科学,只要它们一旦想要自成目的,变成世界的感觉。这个游戏人生的人出于本能,拒绝深邃,因为他只要肤浅,只为瞬间而生,期待迅速发生转变。变化对他而言是"欢娱的盐",而欢娱又是世界唯一的意义。

卡萨诺瓦轻飘如短命的飞蝇,空虚如肥皂的泡沫,只是凭借发生的事件的逆光闪闪发亮,他就这样闪闪烁烁地度过岁月:简直无法把这不断变异的灵魂形象一把抓住,捏在手里,更无法把这形象的核心从性格中取出来。那么卡萨诺瓦究竟怎么样呢,是好还是坏?是正人君子还是虚伪小人?是英雄还是个无赖?那就完全看时机而定:由于形势变化而褪色,随着变化而变化。倘若腰包鼓鼓的,那么就找不到一个比他更高贵的骑士。他以迷人的目空一切的劲头,优美庄重的风度,像个高雅的修道院院长一样和蔼可亲,又像个宫廷侍童一样潇洒,挥金如土,毫无节制——"节省从来就不是我的风格"——过分热情地像个出身高贵的施主一样,把素昧平生的陌生人请来和他同桌宴饮,馈赠以盛满珠宝的匣子和一捆捆的金币,答应给以信贷,向他说上一大堆才智横溢的如珠妙语。倘若囊中空空如也,钱包里塞满了没有支付的汇票,那么我就要奉劝诸位,别在玩纸牌时,当这个风度翩翩的帅哥的庄家。不,他的性格不好,可是也不坏——他根本就没有性格。他的行动既不道德,也不是不道德,而是自然天成的不符道德:他的决定干脆,一举手就跳出来。他的反应来自神经和血管,完全不受理性、逻辑性和高尚品德的影响。嗅到一个女人的芳香,他的血管就像疯了一样跳动,他就发狂似的朝着他热狂脾气的方向,向前直奔。看到一张赌台,他的手就在口袋里直跳:他自己既不知道,也不情愿,他的金钱就已经在台上叮当乱响。要是让他火冒三丈,他就血脉偾

---

① 卢多维科·阿里奥斯特(1474—1533),意大利人文主义者、作家,叙事诗《疯狂的罗兰》为其代表作。

张,仿佛就要爆裂,苦涩的口水在嘴里流动,眼睛滚动,红丝暴露,双手握拳,狂怒地击将出去,直击他愤怒的方向,就像他的同乡和兄弟本维奴托·切利尼①说的"活像一头公牛"②,一头疯狂的公牛。"我从来也不能自我控制,而且永远也办不到。"他不会思前想后;只有在困厄之中那些巧妙奸诈的、往往是天才迸发的灵感才如潮涌来,为他解困,但是他从来不会周密计划,仔细盘算——要他这样做,他实在过于焦躁不耐——预先准备一个行动,哪怕是最小的行动。我们可以从他的回忆录里,千百次得到证实,所有决定性的行动,最愚蠢的恶作剧到最风趣的骗人把戏,都来自一种情绪突然爆发的同样弹道,从来不是出自聪明绝顶的盘算。有一天他脱掉神父的长袍,突然装上马刺作为士兵骑马驰向敌人的军队,充当俘虏,随兴之所至,前往俄罗斯或者西班牙,既无职位,亦无介绍信,也不向自己问声为什么、什么目的。他所有的决定都像不经意地放射出去的手枪子弹,凭着神经激动,一时兴起,由于过于严重的百无聊赖。也许只有多亏这种勇气十足的漫无计划,才使他得以拥有这样丰富多彩的人生经历。因为更多一点逻辑思维,认真地先打听清楚,精密盘算,那是当不了冒险家的。讲究策略,有章有法,也当不了人生的这样光怪陆离的大师。

因此再也没有比一切诗人所做的奇怪的努力,把我们的卡萨诺瓦,这个性格狂热、性欲旺盛的人拿来当作一出喜剧或者一篇小说的主人公,把诸如一个清醒的灵魂、一种深思熟虑的特点或者甚至把浮士德—梅菲斯托的气质赋予他,更加错误的了。他的魅力和活力不是完完全全来自从不深思熟虑,毫无道德的无忧无虑吗。只要把他血液里注入三滴多愁善感,让他背负知识和责任感的重担,那他也就不成其为卡萨诺瓦;给他穿上阴郁有趣的戏装,给他配上一颗良心,那他就顿时变成一个陌生人。因为要说这个潇洒的享受现实生活的人是什么样子,那也绝不是妖魔的模样,绝对不是:那唯一驱使卡萨诺瓦的妖魔,拥有一个非常市民化的名

---

① 本维奴托·切利尼(1500—1571),意大利文艺复兴时期的金匠、画家、雕塑家、作家和音乐家。

② 原文是法文。

字和一张肥胖的、肉乎乎的脸,他的名字非常简单,就叫百无聊赖。卡萨诺瓦的内心毫无创造能力,他不得不毫不间断地到处攫取生活材料,但是他这样不断攫取一切和一个拿破仑这样真正掠夺性人物的妖魔般的劲头却大相径庭。拿破仑这样的人由于渴望获得永无止境,要了一个国家又一个国家,要了一个王国又一个王国;或者和唐璜①这样的妖魔迥乎不同。唐璜这样的人是感到自己受到催逼,想要诱惑所有的女人,为了作为独一无二的统治者,把这另外一个永无止境的世界,女人的世界归为己有;而卡萨诺瓦仅仅是个乐享人生的人,从来也不追求这种不断攀登的最高境界,而只是追求持续不断的欢娱。千万不要独自一个待在那里,千万不要孤独地在空虚的寒冷之中战栗,千万不要遭遇孤独!诸位不妨观察一下卡萨诺瓦,失去了娱乐的玩具,任何形式的安宁立刻变成可怕至极的躁动不宁。晚上他来到一座陌生的城市:他一小时也无法在房里和自己单独相处,或者拿本书和自己做伴。他立刻就四下乱嗅,看偶然之风是否给他带来什么娱乐。万不得已时当然可以把使女当作夜里的暖水袋。他开始到楼下饭店里去跟一些偶然相逢的客人谈天说地,到任何一个赌窟里去和形迹可疑的玩牌老千们赌上一把,跟最下贱的妓女睡上一夜。无论在什么地方,内心的空虚都强劲有力地逼着他去迎接活生生的东西,去迎接人。因为只有和别人摩擦,才能点燃他的生机活力;如果和自己单身独处,他可能就变成最阴郁最无聊的家伙之一:诸位在他的作品(他的回忆录除外)里就可以看到这点,知道他在杜克斯度过的那些孤寂的岁月里,把百无聊赖称作"但丁忘记描写的地狱"。就像一只陀螺,必须不断地鞭打才旋转不已,否则就可怜巴巴地倒在地上乱滚,同样卡萨诺瓦也需要从外面得到鼓舞他前进的动力,使他干劲十足:他和其他无数冒险家一样,都缺乏独创的力量。

因此每当他自然的生活动力行将终止,他就开动那人为的动力:赌博。因为赌博以天才的缩短的形式,重复生活的张力,它创造出人为的危险和命运的压缩形态:因此它是一切只图一时之兴的人们的避难所,一切

---

① 唐璜为拜伦的诗体小说《唐璜》的主人公,行为风流放荡。

游手好闲之辈的永恒的消遣。多亏赌博,就仿佛在水杯里可以掀起狂暴的感情的潮涨潮落,成为内心无所事事的人不可取代的工作。卡萨诺瓦比任何人都更加沉溺于赌博。他只要看见一个女人,就对她痴心妄想,只要看见钱币在赌台上滚动,他的手指就从口袋里伸了出来;即使他认出那个庄家是个声名狼藉的掠夺者,一个专门打牌作弊的同行,他也会把最后一枚金币带去冒险,虽说他明明知道非输不可。尽管他自己是个掠夺者,他也一而再地让别人把他掠夺净尽,因为他连这最糟糕的机会也无法抗拒,再也没有比这更加显而易见地表现出他对赌博的痴迷,他那毫无节制、毫无根据的赌博的狂热。他不是一次两次,而是二十次、上百次地把他辛辛苦苦欺骗得来的赃物,输在他一再重新挑起的赌局上。可是恰好是这一点,给他加上了真正的原始赌徒的印记。他赌博不是为了赢钱(要是为了赢钱,那将多么无聊),而是为赌而赌。他从不寻找一劳永逸的最终放松,而是持久地处于紧张状态,永远在黑与红、方块和爱司的持续变幻,抽风似的输输赢赢的过程之中,感觉到神经的震颤、激情的迸涌——他需要牌桌上的输赢,女人的征服和抛弃,贫穷和富有的对照,延续到永无止境的冒险,就像需要心脏的扩张和收缩,火焰般的世界材料的吸入和呼出。即使像电影一样五颜六色的生活,还需要突然事故、意外事件和天气突变来充当间歇,卡萨诺瓦也就用牌运的人为的紧张,来填充这些空洞的休息。全靠他那疯狂的赌注,他才达到了这从上到下的突变,这声势凌厉的向下坠落到虚无之中:今天他还是一个口袋里装满金币、端庄高雅善于交际的大人物,两个仆人站在他豪华马车的后面,而到明天他却迅速地把钻石出卖给一个犹太人,还把裤子当给了苏黎世的当铺——这可不是玩笑,人们已经找到了当票!可是这个极品冒险家要的就是这样的生活,而不是另外的样子——幸运和绝望的这种突如其来的爆炸,把他的生活炸得七零八落:因为它们的缘故,他一而再地把他整个激烈的天性作为最后的唯一的赌注掷向命运。他有十次之多置身于决斗之中,离死亡只有几寸的距离,十几次险些被投入监狱或者押上苦役船,千百万金币像潮水般向他涌来,又复退去,他都没有伸出一只手来握住一滴水。可是正因为他总是献出自己,总是全身心地投入每一场赌博,对待每一个女人、每一个瞬间、每一次冒险,正因如此,这个日后作为可怜巴巴的乞丐、在别人购置的产业里死去的人却赢得了最高的褒奖:一个无比丰富的人生。

性欲旺盛之人*

> 我曾经勾引过女人吗？没有，我只是
> 在大自然以温柔的魔力开始工作时，
> 恰好在场而已，
> 我也没有离开任何女人，
> 因为我的心对每个女人都永远怀有谢意。
>
> 阿图尔·施尼茨勒《卡萨诺瓦在斯巴》

卡萨诺瓦在各种才艺方面都一显身手，可是大多表现不佳，写些佶屈聱牙的诗句和使人麻醉的哲学命题，拉一手不好不坏的提琴，和人交谈充其量像个百科全书派的成员。他比较在行的是魔鬼发明的那些赌博，那就是：法老牌，纸牌，比利比①，色子，多米诺骨牌，拙劣骗术，炼金术和交际术。但是卡萨诺瓦只在恋爱游戏中，作为魔术师和大师出人头地。在这里，只有在这里，他那上百种搞得一塌糊涂的恶劣天才，在独创性的化学中熔为一炉，变成一个完美无缺的性欲旺盛者的纯粹的成分，在这里，只有在这里，这位不大正经的业余艺人拥有无可争议的天才。他的身体显然生来就是为爱神效劳的，平素一向节俭的自然例外地大肆挥霍，大把大把地把一切拥有精液、性欲、力量和美色的东西都投到坩埚之中，熔于

---

* 原文是拉丁文。
① 一种赌博。

一炉,以便创造出一个真正的男子汉来取悦女人。一个阳刚之人①,一个阳气旺盛的家伙,或者一个雄性动物,你爱怎么翻译都行,他是这种优良种族的分量十足,可是弹性甚佳、坚挺雄起、热气腾腾的样品。因为把卡萨诺瓦这个征服者,在肉体上按照我们时髦俊美男子清秀瘦长的样子来设想,那是想歪了:这美男子②不是古希腊的美少年,完全不是,而是一匹真正的人中牡马,有着法奈斯家族收藏的赫拉克勒斯雕像那公牛般宽阔的肩膀,古罗马角斗士的肌肉,一个褐色脸膛的吉卜赛小伙子的俊美,中世纪雇佣兵队长的冲击力和放肆劲儿,虬髯乱发的山林之神的旺盛性欲。他的身体,金属铸成,精力过剩,力气无穷:四次身染梅毒,两次中毒,十几次剑伤,在威尼斯铅皮屋顶的囚室和西班牙臭气熏天的监狱里度过可怕的岁月,从西西里岛的炎炎酷热突然远行到莫斯科的彻骨严寒之中,都丝毫没有震撼他阳具的勃起和力气。不论何时何地,只要有目光一瞥点燃火星,女人近在咫尺,肉体上遥相接触,都可点燃这个不可战胜的情欲旺盛之人的熊熊烈火,使他潇洒上阵,应对自如。忙忙碌碌的整个四分之一个世纪,他都能证明自己是那位传奇般的永远蓄势待发的先生,意大利趣事逸闻中那位永远准备上阵的先生③,能不遗余力地教给女人们更高级的数学,比她们情人当中最好样的几位都教得更加精深。对于床笫之间令人讨厌的失败(司汤达在他的《论爱情》一书中特地花了一章篇幅说明它的重要性)他直到四十岁才道听途说,听到一些谣传。他天生的肉体,只要欲念将它唤醒,就永远不会绵软无力,这种欲念又永远不会停止,它警觉地窥伺着所有的女性,这是一种尽管挥霍无度,也永远不会匮乏的激情,一种不惜痛下任何赌注的赌瘾——的确如此,大自然从未把这样一把配上所有琴弦的肉体乐器,这样一把爱情的提琴④交给一位大师去终生演奏。

但是高超的技艺还要求特别的抵押品来保证自己完完全全地得到考验:那就是完完全全的献身,彻头彻尾的全神贯注。只有一种欲念始终如一,才能达到激情的最高程度,只有集中全部力量冲向一个方向,才能创

---

① 原文是法文。
②③④ 原文是意大利文。

造完美无缺的成绩;就像音乐家只献身于音乐,诗人只献身于创造形象,悭吝人只醉心于金钱,运动狂只冲着打破纪录,一个货真价实的性欲旺盛之人则需要女人,降伏女人,渴求和占有女人,作为最重要的,不,作为世上唯一的财富。由于各种激情互相妒嫉,争相激战,卡萨诺瓦只能在一切激情中献身给这一种,这唯一的一种激情。在这唯一的激情中,才得以理解世界的意义和无穷无尽。卡萨诺瓦,这个永远也不忠实可靠的人,在对女人的激情当中永远忠于自己,就是给他威尼斯公爵的指环,财阀富格家族的财宝,贵族的证书、府邸和委任状,统帅和诗人的荣誉,他都会把这些毫无用处的废物、这些愚蠢的毫无价值的玩意儿信手抛掉,为了换得一种新鲜娇嫩的皮肤的香泽,那难以取代的娇媚的模样和委身相从的销魂迷人的时光。世上预示的所有幸福、荣誉、高位、尊严、时间,他都会像一缕轻烟似的吹去,换来一个艳遇,是啊,不仅如此,甚至仅仅为了有可能得到一番奇遇。因为这位爱情上的赌徒根本无须钟情便产生渴求;只消有预感,那撩人心魄却还未把握得住的近在咫尺的艳遇,就能点燃他想象力的火花。在几百个事件中仅仅摘取一件——这个插曲就发生在他回忆录第二卷的开头。卡萨诺瓦因为一件极端重要的事情乘坐紧急邮车驰往那不勒斯。途中他在一家旅店里看见隔壁房间的一张陌生的床上,一个美女躺在匈牙利上尉的身边,——不,更疯狂的是,他当时还压根儿不知道这个女人是否美丽,因为那女人盖在被子下面,他根本就没看见。他只听见一阵年轻的笑声,一个女人的娇笑,他的两扇鼻翼就翕动起来。他对这个女人还一无所知,不知道她是否诱人,是美是丑,年轻还是年老,乐意还是拒绝,待字闺中还是已经名花有主,他就立即把所有的计划,连同他的背囊全都扔在桌子底下,让上了套的马匹全都解套,留在帕尔玛,就只因为这个永远嗜赌成性的赌徒已经被这微小的尚未成形的冒险机会弄得疯疯癫癫。卡萨诺瓦每时每刻,在每个地方,本着他最为特有却又最最自然的本义,就这样看上去毫无意义却又是这样明智地行动着。为了和一个素不相识的女人待上一个小时,他就白天黑夜、早晨晚上都毫不差错地准备去干每件傻事。只要他在哪里渴望一个女人,他就不怕付出任何代价。只要他想在哪里征服一个女人,他就不怕遭遇任何阻力。为了再见一个女人,再见那个德国的市长太太,这个女人对他而言,似乎并不特别重要,他也根本不知道这个女人是否会使他幸福,他就放肆大胆,不招而至,在科隆闯进一个陌生的社交团体,明知不受欢迎,不得不咬紧牙关,接受主人的一顿痛斥、其他人的一番嘲笑;但是公马一旦发情,像冰雹一样落在身上的一阵暴打,它又会有什么感觉?卡萨诺瓦乐意在冰冷的地窖里待上一夜,又冻又饿,听凭耗子和臭虫猖獗,只要在拂晓时分会有一小时完全不会舒服的幽会等待着他,他十几次冒着佩剑刺伤、手枪击中、连声辱骂、遭到敲诈勒索、染上疾病、遭到羞辱的风险——虽说并不是为了一个阿娜狄阿梅娜①,并不是为了唯一的真正的情人,其实这样倒还比较可以理解,而是为了任何一个人的妻子,任何一个女人,任何一个恰好可以到手的女人,只是因为她是个女人,是另一类的,他如此渴慕的性别中的一员。每一个皮条客、每一个说媒拉纤的都能够把这个举世闻名的诱惑者,方便已极地抢劫个一干二净,每一个平易近人的丈夫或者讨人喜欢的兄弟都可以把他拽进最为龌龊的勾当里去,只要他的欲火已被激起——可是卡萨诺瓦的欲念什么时候没有被激起,他的性欲的饥渴什么时候完全平息了呢?总是渴望着新鲜的事物②,随时随地都渴望着新的战利品,他的欲念总是一刻不停地颤抖着,向着陌生的对象扑将过去。这个男性的肉体像需要氧气、睡眠和运动一样地需要他柔软的淫荡的床上饲料,他那骚动不宁的感官需要冒险奇遇的颤动不已的紧张情绪。没有一个月,没有一个礼拜,没有一天,只要没有女人,他在任何地方,任何时候都不会感到舒畅。清心寡欲这个词,译成卡萨诺瓦的词汇,就意味着迟钝、无聊。

  这样强健的胃口,这样持续的消费,他物色的女人的质量不可能全都毫无缺陷,这也就不足为奇了。在性欲上长着这样一只骆驼的胃,不可能变成一个美食家,而只能是个贪吃的馋鬼。因此当过卡萨诺瓦的情人,这本身并不是一张特别的推荐信,因为要得到这位高贵先生的垂青,她用不着非是海伦娜不可,也不必非是处女或者贞洁的姑娘,同样也不必特别聪

---

① 阿娜狄阿梅娜即维纳斯。
② 原文是拉丁文。

明,颇有教养,特别诱人,这位崇高的老爷才会低身俯就;因为这个容易受到诱惑的男人在大多数情况下,只要她是一个女人,长着阴道,是个阴性动物,由上帝塑造而成,能供他发泄性欲,这就足矣。因此请诸位彻底清除对这座幅员辽阔的鹿苑所作的现有的罗曼蒂克或者审美的设想;作为一个专业的,也就是不加选择的性欲旺盛之徒,卡萨诺瓦所收集的众多女性的价值完全高低不等,上帝有知,没法组成一座美女画廊。有几个女人,虽说娇柔甜美,是些半大不小的好女孩的面孔,大家知道,曾经被他充当画家的同乡基多·雷尼①和拉斐尔②画在画幅上,也有几个被鲁本斯③或者布歇④用红粉画笔画在丝绸的扇面上,但是另外的又是一些什么样的女人啊,英国小巷里的野鸡,她们放肆的丑脸只有霍戛兹⑤辛辣的画笔才能再现,那些放荡潦倒的老巫婆,激起了戈雅⑥的怒火,用都卢斯-劳特累克⑦的风格画成村姑和仆役,把美丽和污秽、才智和卑劣弄成一个令人眼花缭乱的杂烩。因为这个泛性欲狂在情欲之中品味的神经极为粗野,他的欲念的范围一直很成问题地远远扩展到稀奇古怪、不合情理的地步。卡萨诺瓦的艳遇开始发生的那些年龄段,在我们这些管理严格的时代,必然会让他和检察官无情地发生矛盾冲突。他的艳遇一直上溯到可怕的老朽的骨头架子,那位七十高龄的废墟一般的封·乌尔费公爵夫人——这大概是一个男人用文字记载下来无耻地传之于世的最叫人毛骨悚然的香艳幽会。这个绝非经典的瓦尔普吉斯之夜⑧像阵旋风一般穿过各个国家、各个阶层;娇艳无比、极为纯洁的少女,在最初的羞涩之中浑身战栗,面颊绯红,高贵的淑女,身披缀着花边的衣裳,一身的珠光宝气。她们和

---

① 基多·雷尼(1575—1642),意大利画家。
② 拉斐尔·桑西(1483—1520),意大利画家,与达·芬奇、米开朗琪罗并称"文艺复兴三杰"。
③ 彼得·保罗·鲁本斯(1577—1640),弗兰德斯画家,十七世纪巴洛克绘画风格在整个西欧的代表。
④ 弗朗索瓦·布歇(1703—1770),法国画家和设计师,以洛可可风格著称于世。
⑤ 威廉姆·霍戛兹(1697—1764),英国画家,以版画、连环漫画著称于世。
⑥ 弗朗西斯科·何塞·德·戈雅(1746—1828),西班牙画家,十八世纪欧洲浪漫主义艺术的先驱。
⑦ 都卢斯-劳特累克(1864—1901),法国画家。
⑧ 歌德在《浮士德》中所描绘的一个群魔乱舞的场景。

妓院的人渣，海员酒肆的怪物，匆匆忙忙地伸出手来共跳一曲轮舞。玩世不恭的驼背，阴险刁钻的瘸子，生活放荡的女孩，淫心大发的老妪，全都踏着脚跳女巫之舞。姨妈把尚温的眠床让给侄女，母亲让位给女儿，皮条客把自己的女儿推到这个永远渴求不止的男人家里，讨人喜欢的丈夫们把自己的妻子送到这个欲念无穷的男人身边，士兵的妓女和高贵的夫人分享同一个夜里快捷的欢乐——不，请诸位不要养成习惯，无意之中把卡萨诺瓦的爱情壮举用十八世纪风流的铜雕版画的方式，把优美香艳韵味无穷的场景描绘出来——不然，绝非如此，请诸位终于要有勇气，在这里把这种轻率盲目、不加选择的性欲看成男性性欲泛滥成灾的魔窟。卡萨诺瓦这种无休无止不加选择的性欲，会克服一切困难，尤其会勇往直前；艰深费解者就和日常普通事物一样吸引他，没有什么反常的东西不使他激动，没有什么荒谬的东西会使他冷静。长满虱子的床，龌里龌龊的床单，怪里怪气的臭味，和皮条客称兄道弟，和秘密的或延请来的观众为伍，卑劣的剥削和通常的疾病，所有这一切，对于这头天神般的公牛都是一桩桩感觉不到的小事。这头公牛直如另外一头想要拥抱欧罗巴的公牛朱庇特①，在每种形状和变形里，在每个形象和骨架上，想要拥抱整个妇女世界——凭他混乱的、简直可说是躁狂的强烈兴致，对光怪陆离和自然而然的东西都怀着无限的好奇之心。但是对于这种情欲的男性而言，典型状况是：尽管他热血奔流如潮，它可从来没有超出过自然的床笫之间。卡萨诺瓦的本能会在性别的界限上猛然刹车。接触一个阉割者，他会厌恶得浑身发抖。他拿棍棒把一个娈童赶走。他所有的曲折变态都奇怪地只忠于女性世界，作为他完完全全的唯一的活动范围。在这里他的狂热当然就毫无界限，毫无障碍，毫无休止，这种渴求就不加选择，不计数字，毫无间断地指向每一个女人，带着一位希腊山林之神的永远醉意醺然，为每一个女人重新激起令人陶醉的情欲力量。

但是恰好是他渴念的这种慌乱、陶醉和自然之处，给予卡萨诺瓦闻所未闻的驾驭女人的力量，一种几乎是所向披靡、不可阻挡的力量。凭着血

---

① 天神朱庇特（即宙斯）为了拥有美女欧罗巴，化身为一头公牛，将欧罗巴掳去。

液骤然迸涌的本能,女人们感觉到他就是那个阳性的动物,那熊熊燃烧、火焰冲天、完全扑向她们的那个人;她们乐于让他占有,因为他也完全为她们所疯魔。她们属于他,因为他也迷恋她们,而且不是迷恋个别女子,而是迷恋妇女的复数,迷恋的是作为对比的女人,作为另外一个极点。所以她们出于女性的直觉,感到这里终于来了一个男人。对他而言,世上再也没有什么比我们更重要的东西,此人和其他男人不同,不是在公务繁忙之余,职责高压之下,情绪恶劣,只尽丈夫的本分,只是偶尔有空,捎带地追求我们,而是一个向我们直扑过来的男人,带着他本性充沛的山涧洪流般的冲击力,他不会吝惜精力,而是恣意挥霍,从不迟疑,也不挑剔。的确如此,他会把自己无保留地奉献出来:从他身上挤出最后一滴欢乐,从口袋里掏出最后一枚金币。他总是准备不假思索地把一切奉献给每一个女人,只因为她是一个女人,在这瞬间来止息他对女人的干渴。因为卡萨诺瓦看见女人一脸幸福,惊喜万状,乐不可支,纵声欢笑,如痴如醉,对他而言,是一切享受中最终的享受。只要他手头有钱,他就把精心挑选的礼物,堆在每个女人身上,用奢侈和轻浮来满足每个女人的虚荣心。他喜欢用锦衣华裳来装扮她,在他把她脱得一丝不挂之前,用花边来包裹她,用从未见过的珍宝来给她惊喜,用挥霍的急流巨浪和激情的烈火狂焰来使她深感意外——他的确是个天神,一个带来馈赠的朱庇特,既用他血管里的火焰,也用黄金的雨露,劈头盖脑地浇在他情人的身上。可是不久他又消失在云雾之中,——这点他也和朱庇特相似,"我爱女人爱得发疯,但是我爱自由永远甚于爱她们。"——这丝毫也不削弱他头上的光轮,不,反而增加了他的光轮,因为,恰好是他这样疾风暴雨似的闯入和消失,使她们牢记这个异乎寻常的男人,牢记这难以重复的妙不可言的艳遇,回忆不致像在其他男人身上那样,沦为习以为常的事情,沦为平庸乏味的同床共枕。这些女人当中,每一个都本能地感到,像这样的一个男人不会成为丈夫:她在血液里都只会回忆起他是情人,他是一夜天神。尽管他离开了每一个女人,但没有一个女人希望他不是这样,而是另外的样子;因此卡萨诺瓦只要保持他的本色,老老实实地保持他那并不忠实的激情,他就可以赢得每一个女人。

我刚才说过了:老老实实的,这在卡萨诺瓦身上是个令人惊讶的词。但是毫无办法:恰好在爱情游戏里我们得承认,这个备受惩罚的赌钱时的老千、诡计多端的骗子有一种诚实的态度。卡萨诺瓦和女人的关系的确是老老实实的,因为只是血液的爱,肉欲的爱。看到这一点,实在令人羞惭。但是在爱情里,不诚实总是在高级的感情掺和进来时才开始出现。肉体这个迟钝的老实巴交的小伙子自己是不撒谎的,他从来不会把他的过度紧张和好色贪欲,夸大到符合自然可以企及的程度之外。只有当精神和感觉掺和进来,按照自己激越高扬的特性,把爱情引向无边无际,于是一切激情便夸大地、幻想化地把永恒引入我们尘世的关系之中。卡萨诺瓦从来也没有沉溺在肉体之物的边缘之外,因此很容易信守他的诺言。他从他那肉欲的极为壮观的仓库里取出乐趣来对付乐趣,肉体对付肉体,从来也不会有心灵的负罪之感。因此他的女人们事后也不会有在柏拉图式的期待之中遭到欺骗的感觉,正因为这个似乎轻薄成性的人向她们要求的,别无其他欢娱,只求得到性的抽搐,正因为他并没有一个劲地说服她们进入感情的永无止境的状态,也就永远使她们无需倏尔醒悟。每个人都有自由,可以把这样一种爱欲称之为低级的爱情,纯粹是性爱,是肌肤之亲,没有灵魂,纯粹是动物之爱,但是请不要撼动它的真诚,因为这个轻浮的小子提出他那公开的、直截了当地渴望获得女人的欲望,不是比那些罗曼蒂克的狂热恋人追求女人时更加真诚,更有好心善意吗?歌德、拜伦的人生道路上给一大批女人留下的都是心碎肠断、残缺破烂、击得粉碎的人生,正因为比较高级的飘浮在宇宙之中的那种性格的男人,在恋爱中身不由己地把一个女人的心灵大大扩张,等她一旦不再享有这烈火般的气息,就再也找不到她们在尘世间的形式,而卡萨诺瓦的一触即燃的爱情,其实很少酿成心灵的损害。他不会制造感情的坍塌,心灵的绝望。他使许多妇女得到幸福,没有使一个女人变得歇斯底里,她们大家在经历了这个纯粹肉欲的冒险之后,又都身心不受任何损伤地回到日常生活中去,不是回到自己丈夫身边,就是回到其他情人怀里。卡萨诺瓦只像一阵热带的腥风从她们身上掠过,她们接触了他之后盛开怒放,变得富有更加炽热的情欲。卡萨诺瓦欲火炽烈,但并不灼伤她们。他征服女人,但并不破坏她们。他百般诱惑,但并不毁掉她们。正因为他的情欲是在表皮的更加坚韧的机体组织里进行,而不是在真正灵魂的更易损坏的机体组织里发生,他的征服没有造成任何灾难。

他的嗜好仅仅作为情欲的嗜好,并不知道极端的绝无仅有的激情的快感。因此当亨利埃特或者那个葡萄牙美人离他而去时,他作出无比绝望状,我们大可不必为此不安,他不会拔枪自杀。果然两天之后,我们发现他已经在另外一个女人身边,或者在一家妓院里。C. C. 嬷嬷不再可能从穆拉诺到赌场去,代替她前去的是修女 M.M.,所以他十分迅速地就成功得到安慰,每一个女人都可以取代另一个女人。我们不难发现,卡萨诺瓦作为真正的肉欲型的男人,从来也没有完完全全地钟情于他许多女人中的哪一个,而是永远钟情于多数女人,钟情于从不间断地变换女人,钟情于众多的冒险艳遇。有一次,一句可怕的话从他嘴里脱口而出——"早在当时我就朦朦胧胧地感到,爱情只是多多少少活跃的好奇而已",请诸位抓住这个字的定义,以便抓住卡萨诺瓦此人,请把"好奇(德文:Neugierde)"一字好好地分解开来。Neu-Gierde(新-欲念)总是对新鲜的东西怀有新的贪欲,总是在其他的女人身上获得永远是其他的经历。刺激他的永远不是个体而是变形,是在爱欲的无穷无尽的棋盘上呈现的不断更新的组合。他的取与舍,就像呼吸的吸入和呼出一样自然而然,这种纯粹的功能性的享受作出解释,为什么卡萨诺瓦作为艺术家,其实并没有把他的上千名女人当中的任何一个,给我们做过一次心灵形象化的描述:不妨大胆地说,他作出的所有的描述都有这样的嫌疑,他从来也没有认真地看过他的这么多情人的脸庞,而只是在某一点上,在某种不远不近的距离观察了她们。使他欣喜若狂,使他"欲火中烧"的,根据真正南国的方式,永远是同样的一些东西,永远是女人身上粗俗肉感的、吸引人的、摸得着看得见的性的要素,永远一而再,再而三地(直到令人厌烦的程度)描述"雪花石膏般的酥胸""妙不可言的半球""丰满迷人的身材",一再通过另一个奇遇而暴露无遗的"神秘之极的娇媚魔力",恰好就是一个淫荡的高中生在使女身上看得眼馋的那些东西。这样,不可胜数的亨利埃特、伊丽娜、伊格娜齐娅、卢西娅、伊塞尔、萨拉和克拉拉(其实可以把整个日历上所有圣女的名字全都抄录下来!)们身上剩下来的,也就是一堆温暖的性欲旺盛的女人肉体汇成的肉色的果冻香胶而已,由数字和号码组成的放荡不羁的混乱不堪,战果累累,欢欣异常——完全是一个酩酊大醉的男人在清晨的描述方式,他,头脑沉重地一觉醒来,根本弄不清楚通宵达旦地在哪儿,喝了什么东西,跟谁在一起喝的。他只是享受了所有这些女人的皮肤,在表皮上感觉到她们,只了解她们的皮肉。艺术的精准的尺度,比生活自己更加意味深长地向我们暴露,只图肉欲者和真正钟情者之间的硕大无比的差别,暴露那个赢得一切,却一无所获者和那赢得甚少,但通过心灵的力量把匆匆逝去之物提升为持久长存之物者之间的巨大差别。司汤达这个实际上相当倒霉的恋爱主角,他的一番经历通过升华提炼出来的心灵实质,远远超过这里的三千个夜晚,卡萨诺瓦全部十六卷回忆录也不及歌德的一首总共四行的诗更使人猜想,爱神爱洛斯究竟能提升到精神的哪些令人心醉神迷的境界。因此从更高意义上看,卡萨诺瓦的回忆录更像是一篇统计学报告,而不是一部长篇小说,更像是沙场厮杀的一次经历,而不是一部诗作,是在肉体上漫游的一部《奥德赛》,一部男性永远发情、追求永恒的海伦娜的《伊利亚特》,其价值在于数量,而不是在于质量。他的回忆录的价值在于它的多种变形,而不在于个案,只在于多种形式,而不在于心灵的意义重大。

　　正由于这种经历满坑满谷,我们的世界几乎总是只记录下创造的记录,很少测量心灵的力量,就把基阿柯莫·卡萨诺瓦奉为男性生殖器的凯旋将军的象征,把荣誉的最为珍贵的花环,一些谚语,加在他的头上。一个卡萨诺瓦,今天说成德语和一切欧洲语言都是:所向披靡的骑士,贪吃妇女的馋鬼,勾引女人的大师,他在男性的神话中就像海伦娜①、弗里娜②、尼侬·德·伦克洛斯③在女性的神话中所起的代表作用。人类为了从千百万个转瞬即逝的芸芸众生中创造一个不朽的典型,必须把某一张脸的缩写记号放在

---

① 海伦娜是荷马史诗《伊利亚特》中的女主人公。
② 弗里娜是古希腊神话中的一个名妓。
③ 尼侬·德·伦克洛斯(1620—1705)是法国路易十五时期的一个名妓,与很多著名的政治家有风流韵事,酿成丑闻无数。

带普遍性的个案上面,于是这个威尼斯戏子的儿子就获得了意想不到的荣誉,被视为一切时代的爱情主角的化身。当然这个令人艳羡的雕像基座,他不得不和第二个,甚至是具有传奇色彩的同伴分享。在他身边站着他的西班牙的竞争者唐璜,出身更加高贵,形象更为神秘莫测,更具妖魔气息。这两位善于勾引女性的男性大师之间隐蔽的对比常常受到暗示;但是尽管在莱奥纳多·达·芬奇和米开朗琪罗,托尔斯泰和陀思妥耶夫斯基,柏拉图和亚里士多德之间精神上的对照未能穷尽,因为每一代人在类型学上重复他们,在情欲上的这两个原始的类型却是进行了充分的互相对照。因为,尽管他们两人都是向着同样的方向挺进,都是攫取女人的苍鹰,总是一再重新闯进羞怯的,或者幸福地大吃一惊的女人堆里,可是精神上的仪表把他们分到完全不同的种族去。唐璜是贵族①,西班牙人,即使身在叛逆之中,感情上依然是个天主教徒。作为纯种的西班牙人,他整个的感情思维一直围绕着荣誉这个概念,作为中世纪的天主教徒,他无意识地服从教会的评价,把一切属于肉欲的东西全都视为"罪孽"。婚外恋,从基督教信仰的超验的角度来看是一种魔鬼的、违反上帝的,和遭到禁止的东西(因而加倍地迷人),而妇人、女人乃是这种罪孽的工具。她们的本性、她们的存在本身便是引诱和伤风败俗,因而女人身上看上去完美无缺的美德只是表象、欺骗和毒蛇的假面具。唐璜不相信这个魔鬼族类的任何女人的贞洁和纯净,他知道每个女人在衣衫底下全都赤身露体,接近诱惑,能够在一千零三个例子上揭露女人的脆弱。他要向自己、向全世界和上帝证明,所有这些无法接近的贵妇们②,这些表面上忠贞不渝的妻子们,这些心醉神迷半大不小的女孩,这些献身上帝的基督的新娘们都能弄到床上去,她们只不过在教堂里是天使,而在床上都像猴子一样淫荡好色——就是这点,仅仅只是这点,促使这个贪恋女色之徒不断地、每次都激情如炽地一再勾引妇女。

因此,再也没有比把唐璜,这个女性的死敌当作痴情男子③,当作女

---

① ② 原文是西班牙文。
③ 原文是意大利文。

性之友,当作女性的情人更愚蠢的了,因为从来也不是真正的爱情驱使他去亲近女人,或者对妇女中的一个倾心相爱,而是男性对女性的原始的仇恨像妖魔似的促使他去接近女性。他攫取女人从来也不是想把女人据为己有,永远只是想要夺走女人的什么东西,想要抢走女人最珍贵的东西:她的名誉。他的快感不像在卡萨诺瓦身上那样,来自精索,而是来自大脑,因为这个心灵的虐待狂在每个女人身上都要使整个女性受到屈辱,蒙受羞耻,受到伤害。他完全是通过弯路得到享受,那是一种奇幻的事先享受每一个被他玷污的女人表现出来的绝望心情。因此逐猎的诱人之处,对于唐璜而言,视困难的程度而升级(和卡萨诺瓦正好相反,哪一个女人最快宽衣解带,对他而言,就最为合适),一个女人越是难以接近,对于唐璜而言,就越发具有价值,越发具有论证力,然后就形成他最终的胜利。没有阻力的地方,对唐璜而言,就缺乏任何动力:不能设想他会像卡萨诺瓦一样出现在妓院里,只有恶魔似的让女人屈辱的行动才能刺激他,逼得女人犯罪,极为罕见的绝不重复的通奸行为,或者让修女失贞的行径才刺激他。他要是得手一次,这个试验就是结束,被勾引的女人只是他记录中的一个数字。他的确雇佣了一个独自的会计,他的勒波累洛来登记他的记录。他从来没有想过,对他最近一个夜里,唯一一夜的那个情人再充满柔情地看上一眼,因为就像猎人不会老待在他射杀的猎物旁边,这位职业的引诱者在试验做完之后,也不会待在他的牺牲品身边,他得继续逐猎,不断逐猎,老是去追逐其他的猎物,尽可能多的猎物,因为他天生的欲望——这点提升他的路西弗的形象达到妖魔的境地——驱使他去完成那无法完成的使命和激情——那就是在所有的女人身上毫无保留地提供他那烛照天地的证明,证明女人脆弱已极。唐璜的情欲纵情寻找,却不得安宁,也得不到享受;他永远置身于男人向女人进行血亲复仇的战争之中。魔鬼为此给予他最最完美无缺的武器,财富、青春、贵族出身、优雅的肉体和最最重要的——完完全全的、冷若冰霜的无情无义。

的确如此。女人一旦坠入唐璜冷酷无情的招数之中,想起唐璜,就像想起魔鬼似的。她们怀着昨天爱情的全部激情,憎恨这个欺骗成性的死敌。他到第二天早上就用一桶嘲讽笑声的冰水,浇在她们的炽烈激情之上(莫扎特给我们留下了这不朽的嘲弄的笑声)。女人们因为自己的软弱而感到羞耻,她们愤怒,她们发狂,她们一筹莫展,无可奈何,怒火中烧,憎恨这个欺骗了她们感情、骗取了她们财产的流氓。她们在他身上仇恨整个男性族类。每个女人,不论是唐娜·安娜,还是唐娜·埃尔维拉,她们大家,这一千零三个女人,禁不住他处心积虑地再三胁迫,以身相许,作为女人永远在心灵上受到毒害。而献身于卡萨诺瓦的女人则相反,感谢他就像感谢一位天神,因为他不仅没有掠走她们的丝毫感情,没有使她们的女性心理受到伤害,而且把一种人生的新的安全感馈赠给了她们。恰好是那个西班牙的撒旦崇拜者唐璜迫使女人蔑视为魔鬼瞬间的事情,那情欲如炽的肉体交融,那欲火四溅的曲意委身,被卡萨诺瓦这柔情缠绵的情欲艺术的大师教给她们,当作她们天生的女性天性的真正意义,当作她们最幸福的义务来加以认识。他的手轻柔地、抚爱地脱下这些还未成熟的女人身上的衣裙,同时也脱去了她们的羞涩和担忧,——她们只有在完全委身于他之后才完全变成女人——他使她们欣喜异常,同时也使自己享受幸福,他以自己充满感激的快感,原谅自己使她们也一同得到了享受。因为卡萨诺瓦只有在他的每个女伴在神经上和血管里感觉到分享,并且共同感觉到他的享受之时,他才充分享受了这个女人——"对我而言五分之四的享受,永远在于使女人幸福"——他需要女方相应的快乐来回报他的快乐,就像另一个人以女人的爱来回报自己的爱。他那赫刺克勒斯的功绩并不是使他自己的肉体疲惫,而是使他拥在怀里的女人精疲力竭,心醉神迷。吸引他的永远也不是像他那西班牙的敌手,是粗鲁地做了一场运动似的占有了一个女人,而仅仅是献出了自己。因此每一个委身于他的女人变得更是女人,因为更加内行,更加放荡,更无顾忌,因此她们也总是立即寻找这一使人幸福的祭礼的新的信徒:姐姐领着妹妹走向进行这柔美祭献的祭坛,母亲带着女儿走向这柔情似水的老师,每个情人都催着另一个情人去参加这慷慨赐予的天神所进行的礼拜和轮舞。同样出于这女性之间姐妹情谊的同一个从不舛错的本能,每一个被唐璜引诱过的女人总是警告他新近追逐的女人(总是白费力气!)这是她们族类的敌人,而女人总是毫不嫉妒地把卡萨诺瓦当作她们女性真正尊崇的天神推荐给另一个女人。他通过个别的女人爱恋女性的整体,女人也通过他爱恋这个热情的男人和大师的整体。

阴暗中的岁月

> 我一生中有多少次干了一些我自己很反感,也不理解的事情。但是我为一种神秘的力量所驱使,我并没有有意识地抵抗过这种力量。
>
> ——卡萨诺瓦《回忆录》

说公平话,我们无法责备那些女人,她们毫不抗拒地栽在这个大诱惑者手里,我们自己不是每次遇见他,也受到诱惑,拜倒在他那诱人的欲火直冒的人生艺术面前吗?因为任何男人,读到卡萨诺瓦的回忆录都不会不心怀暴怒妒火中烧。在有些焦躁不耐、未能满足的瞬间,我们感到这个冒险家疯狂的人生,他伸出双手大把大把地攫取和享受,他一生拼命吮吸尽情享乐的伊壁鸠鲁作风,远比我们在精神上浅尝辄止要明智得多,他的哲学比叔本华的一切怨气冲天的教训和康德老爹冷冰冰的教条更加充满生气。因为我们的人生被挤压成硬板一块,完全通过放弃得以巩固,在这种时刻和他的人生相比,显得多么贫乏!我们充满了成见和偏见,我们每往前走一步,就叮当乱响地拽着良心的铁链和铅球向前挪动,我们是我们自己的囚徒,因此走起路来脚步沉重,而这个心情松快、脚步轻盈的卡萨诺瓦抓住所有的女人,飞越所有的国度,站在飞上飞下的偶然事件秋千上,弹到九天之上,深层地狱之下。没有一个真正的男人,只要不撒谎,在阅读卡萨诺瓦的回忆录时,和这位人生艺术著名的大师相比,能够不感到自己实在是个外行。有时候,不然,有上百次他都宁肯做卡萨诺瓦,也不做歌德、米开朗琪罗或者巴尔扎克。人们如果起先对这个披上哲学家伪装的滑头装出来的爱好文艺的神气和长篇大论的胡吹瞎扯,还报以稍稍冷漠的微笑,那么读到第六卷、第十卷、第十二卷,就倾向于把他当作一个最有智慧的智者,把他的肤浅的哲学视为一切学说中最聪明最有魔力的学说。

但是幸亏卡萨诺瓦自己让我们改变了这种过早的赞美。因为他这人生艺术的目录单里有一个危险的漏洞:他忘记了人会变老。像他这样一种伊壁鸠鲁派的享乐艺术,只是一味追求肉欲,完全建立在年富力强的感官之上,建立在身体的精血旺盛、体力充沛的基础之上。一旦火焰在血液里不复这样欢快地燃烧,这享乐人生整个哲学立即蒸发、冷却,变成一堆淡而无味、无法下咽的稀粥:只有肌肉强健,牙齿坚固、洁白耀眼,才能这样随心所欲地驾驭人生。倘若牙齿开始脱落,感官疲弱无力,那就惨了。那时,那讨人喜欢、自我欣赏的哲学也就一下子垮台。这个粗鲁的乐享人生之徒的人生道路,毫无疑问必然向下坡转弯,因为纵欲恣肆之徒从不留有余地,他把他的全部热能在某些瞬间消耗殆尽,而凭精神为生的人,似乎弃绝享乐之人,把热能全都储存在自己内心的蓄电器里。谁若献身给精神之物,即使饱经沧桑,往往到达耄耋之年(譬如歌德!)依然能思维清澄,容光焕发;血液清净之后,他的人生达到智力清明,惊喜连连,脑力运转灵活,补偿了体力衰退精力不旺。而纯粹追求感官享乐之人,只有外部事件的高涨,促使他内心翻腾,就像磨坊的水轮在干涸的小溪里停止不动。变老使他坠入虚无之中,而不是使他进入新的境界。人生是无情的债权人,要求连本带利一同偿还那管束不住的感官过早过快攫取的东西。所以卡萨诺瓦的幸运一结束,他的智慧也随之结束。他的青春一逝去,他的运气也就终结。他只有英俊潇洒、所向披靡、精力充沛之时,才显得充满睿智。人们暗自艳羡卡萨诺瓦,直到他四十岁时,从四十岁起,大家就对他表示怜悯。

因为卡萨诺瓦的嘉年华,这威尼斯一切嘉年华中最为色彩斑斓的嘉年华,在一个阴郁的圣灰星期三过早地悲惨地告终,犹如皱纹十分缓慢地潜入日益衰老的面容,阴影也渐渐滑进他那欢快愉悦的人生故事。他能报导的凯旋越来越少,不得不记录下来的恼人故事越来越多:他经常卷到非法兑换汇票、使用假钞票、典当珠宝的案件中去,次数越来越多——当然每次都是无辜的,而在君王的宫廷里得到接见的次数越来越少,他不得不趁着月黑风高逃离伦敦,差几小时就险些被捕,送上绞架;人家把他就像个罪犯似的赶出华沙,在维也纳和马德里被驱逐出境;在巴塞罗那,在监狱里囚禁了四十天;在佛罗伦斯,他被人赶走;在巴黎,一封监禁令①命令他立即离开这座心爱的城市;谁也不再喜欢卡萨诺瓦,每个人都竭力离开他,甩掉他,就像他是皮大衣上的一只虱子。起先人们不胜惊惶地反问自己,这好小子到底犯了什么罪,大家怎么一下子对他们往日的宠儿这样毫不仁慈,道义上表现得这样严酷。是他变得邪恶了吗?变得欺骗成性,以至于大家都如此突然地弃他于不顾?不,他依然故我,他将永远是同一个人。以相貌取悦别人,一个江湖郎中、逗人开心者、文艺爱好者,直到生命的最后一息,只是开始失去了使他活力凝聚、血脉偾张的元素:失去了他的自信心,那无往不胜的感到年轻的感觉。在他犯罪最多的地方,他受到了惩罚:首先是女人们离开了她们的宠儿,一个渺小的可怜巴巴的达丽拉②给这爱欲的参孙一记致命的打击,这个诡计多端的荡妇,这个在伦敦的夏比容③。这段插曲是卡萨诺瓦的回忆录中最精彩的一则故事,因为最为真实,最富人性,成为他一生的转折点。这位久经考验的诱惑者第一次被一个女人骗走了钱财,而且不是受一位高贵的难以企及的女人的欺骗,这个女人出于美德,拒绝委身于他,而是受一个狡猾异常、极为年轻的雏妓所骗。这个小婊子居然能让他神魂颠倒,把他所有的钱从钱袋里骗出来,尽管如此却丝毫也没让他挨近她那放荡的身体。这位卡萨诺瓦,尽管付了钱,甚至付了太多的钱,居然遭到小婊子鄙夷不屑的拒绝,眼睁睁地看到那个小婊子同时免费地把一切恩宠都施加在一个愚蠢的放肆的小

---

① 原文是法文。
② 《参孙与达丽拉的故事》参看《旧约·士师记》第十三章至十六章。非力士人利用达丽拉获悉希伯来英雄参孙战无不胜的力量的源泉乃是他的头发,达丽拉剪掉他的头发,参孙便成为非力士人的阶下囚。
③ 约在1763年,卡萨诺瓦在英国爱上了十八岁的玛丽·夏比容,未能得手,卡萨诺瓦几乎因而自杀。

伙子,一个理发师的小帮手身上,而他自己提供了金钱,想尽了计谋并且施加了暴力却白费力气,一无所获,——这对于卡萨诺瓦的自信心真是要他老命的一击。从这一时刻开始,他那神气活现得意洋洋的模样不知怎的变得没有把握,摇摆不定。他不得不在四十岁过早地就心惊胆战地确定,驱使他胜利进军、挺进到人世之中的马达,不再完美无缺地运转,他第一次心生恐惧,停步不前:"最最让我担心的是,我不得不承认,我已开始全身松弛,而这通常是和渐渐衰老相联的。我不再拥有青春和力量意识所赋予我的无忧无虑的自信。"但是卡萨诺瓦失去了自信,失去了随时随地都能跃马横刀、使女人心醉神迷的超人的力量,失去了他的俊美,失去了他的性交能力,失去了金钱,不能作为法鲁斯[①]和福尔图娜[②]的宠儿,放肆地勃起跳动,随心所欲,战无不胜地炫耀他的阳具,只要他在世界赌局中失去这张主要的王牌,他还是个什么东西?他自己情绪忧伤地回答:"一位上了一定年纪的先生,幸运不再搭理他,女人们更不理他。"一个折了翅膀的鸟,阳具失灵的男子,不交鸿运的情郎,没有赌本的赌徒,一具萎靡不振、了无情趣的躯体,既无活力,也不俊美。所有的喇叭都喑哑无声,不复吹奏享乐的凯旋高歌和绝顶睿智:那危险的小词"放弃",第一次悄悄地潜入他的哲学之中。"我让女人钟情于我的时代已一去不返。我不得不放弃她们,或者收买她们的欢心。"放弃,这个念头对于一个卡萨诺瓦而言,最为匪夷所思,却残忍地变得真实,因为要收买女人需要金钱,而金钱一向总是女人给他弄来的:这个奇妙的循环已经堵住,游戏已经收场,对于善做各种冒险行径的大师而言,无聊的严肃也已开始。于是这个年老的卡萨诺瓦,可怜的卡萨诺瓦,这位享乐者变成了寄生虫,对世界充满好奇的人变成了密探,赌徒变成了骗子手和乞丐,性格欢快使人愉悦的人变成了孤独的书写员和讽刺文的作者。

震撼人心的戏文:卡萨诺瓦,这位久经无数爱情征战的老英雄鸣金收兵,解甲归田,这位天神般的放肆无羁的家伙和大胆无畏的赌徒变得小心

---

① 法鲁斯,即男性生殖器,象征力量和繁殖力,故有法鲁斯崇拜。
② 福尔图娜,为幸福女神、命运女神。

翼翼,谦虚谨慎;这位幸运的伟大戏子从他那取得显赫成功的舞台上悄无声息、缩头缩脑地走下台来。他脱下了他那豪华的服装,"它们不再符合我的地位",摘下指环、钻石的鞋扣、烟丝盒,连同他那神气活现的倨傲劲头,把他的哲学,像张打了孔的纸牌扔到桌下,日渐衰老地在钢铁般无情的人生法则面前低下颈项,依照这一铁的法律,人老珠黄的妓女不得不变成皮条客,赌徒不得不变成老千,冒险家不得不变成舔盘子的家伙。自从血液不再如此炽热地在他的血管里奔流,这位年老的世界公民①突然在他过去如此心爱的世界无垠之中感到寒冷,竟然多愁善感地怀念起他的故乡来了。于是这位过去高傲的人——可怜的卡萨诺瓦,竟然不知道神情高贵地下台!——追悔莫及地低下他的罪孽深重的脑袋,可怜巴巴地乞求威尼斯行政当局予以宽恕:他向宗教法庭写出阿谀奉承的报告,撰写一篇充满爱国主义情怀的讽刺文章,一篇反驳文章②,反驳对威尼斯政府所作的攻击,他毫不羞耻地写道,曾经监禁过他的铅皮屋顶的囚牢,"里面的房间空气清新",简直就是人道主义的天堂。对于他生活中的这些悲惨至极的插曲,丝毫也未载入回忆录之中:他的回忆录及早结束,不再叙诉这些耻辱岁月的事情。他退进黑暗之中,也许是为了遮掩他脸上的羞红,大家为此真要感到高兴才是,因为这只拔光羽毛的公鸡,这个唱罢退场的歌手,和我们长时间来艳羡不已的那个所向披靡、快快活活的帅哥,形成多么可悲的讽刺漫画!

接着又过了几年,有个大腹便便、性格爽朗的先生从服饰用品店③走过,衣着打扮不大像个高尚人士。他竖起耳朵,东听西听,听威尼斯人都在说些什么。他在酒肆里入座,观察那些形迹可疑的人,晚上就给宗教法庭写些没完没了的冗长报告。这些肮脏的报告署名都是安杰罗·普拉托里尼。一名得到恩赦、诱人上钩的密探和十分巴结的小特务的假名。为了几枚金币,他就把陌生人送进他青年时代就领教过的监狱里去,他对这

---

① 原文是法文。
② 原文是拉丁文。
③ 原文是意大利文。

些监狱的描写使他一举成名。从那个衣衫华丽的德·珊加尔骑士①,妇女的宠儿,从卡萨诺瓦,这位光彩夺目的引诱者,变成了安杰罗·普拉托里尼,一个赤裸裸的卑下的告密者和无赖。当年戴着镶钻石指环的双手在肮脏的行当里乱搞,忽左忽右,溅洒毒汁般的墨水,最后甚至连威尼斯也都扬起一脚把这个满腹牢骚成天抱怨的家伙踢开了事。此后几年,没有一点消息,这个半死不活的废人,最后终于在波西米亚彻底崩溃,谁也不知道,在这之前,他走了哪些悲惨的道路。人们只知道,这个年迈的冒险家还像吉普赛人似的在欧洲逛荡,在贵族们面前强打精神,围着富人百般讨好,尝试着他旧日的技艺:赌钱作弊,传播卡拉巴②和拉皮条。但是青年时代促使他前进的两位天神,放肆大胆和信心满满,已经离他而去。女人们看见他一脸皱褶,都嘲笑不已。他再也无法重新振作起来,只好在维也纳的公使那里当个秘书(可能又是当个密探)艰难度日,苟延残喘,当个可怜巴巴的拙劣作家,毫无用处,不受欢迎,是个一再被警察请出欧洲各个城市的客人。最后在维也纳,他打算娶一位阴沟里的仙女为妻,想仰仗这位仙女收入甚丰的职业,多少有个安稳的生活,可就是这也遭到失败。最后,富甲一方的瓦尔德斯泰因伯爵③,那些神秘科学的一位信徒,在巴黎的一次宴会上,出于怜悯,捡到了这个

　　漂泊不定的诗人,从海岸到另一海岸。
　　海浪的可怜的玩具,海难的废品④。

发现这位在那里混吃混喝的诗人,觉得他虽然饶舌,面容憔悴,可依然还是非常逗乐。出于仁慈,他把这个有趣的玩世不恭的家伙带到杜克斯去当图书馆管理员,也就是充当御用弄臣;他用年薪一千古尔顿(金币)买下了这个稀罕玩意儿,并没有花更多的钱。当然,这一千古尔顿总是事先就抵押给了债主们。就在杜克斯,他活了十三年,或者不如说,虽

---

① 即卡萨诺瓦。
② 卡拉巴,犹太教的神秘教义。
③ 约瑟夫·卡尔·瓦尔德斯泰因伯爵(1755—1814),捷克波西米亚的贵族,曾邀歌德、席勒到他的城堡中做客。
④ 原文是法文。

生犹死地挨过了十三年。

经过多年的无声无息,他的形象突然在杜克斯,在阴影中出现,卡萨诺瓦,或者说得更确切点,那依稀使人记起卡萨诺瓦的东西,卡萨诺瓦的木乃伊,风干的躯体干瘪异常,尖酸刻薄,只有他自己喷出的恶毒的愤怒的胆汁对他还起了防腐作用,一件罕见的博物馆的展品,伯爵大人非常乐于把这展品展示给他的客人观赏。他们认为,这是一座喷完了岩浆的火山,一个讨笑逗乐、并不危险的小男人,凭着他南国男儿的火爆脾气,显得滑稽可笑。关在这波西米亚的鸟笼里,由于百无聊赖而渐渐毁掉。但是这个老骗子又一次欺骗了全世界。因为正当大家都认为这个老东西已经了结,只等着装进棺材送到墓地而已,他却用回忆录又一次塑造了他的人生,十分巧妙、大胆妄为地溜进永垂不朽的境地。

老年卡萨诺瓦的肖像

> 万物的外形如今全都改变，
> 我问我自己，我并非例外，
> 我现在已不是从前的我，
> 我并非衰朽：这是从前的我。①
>
> 卡萨诺瓦老年肖像的题字

1797、1798，大革命的铁扫帚把那个风流世纪一扫而光。最为笃信基督教的国王和王后的脑袋掉进断头机的篮子里，百十来个君王和小君王，连同威尼斯的宗教法庭的检察官老爷们，都被来自科西嘉的一位小个子将军撵走。大家阅读的不再是《大百科全书》、伏尔泰和卢梭的作品，而是关于战场战事的铿锵有力的每日公报。圣灰节星期三的气氛笼罩着整个欧罗巴，狂欢节已经终结，洛可可时代也随之结束，人们已不复穿戴鲸骨架的大裙子和扑了粉的假发、银制的鞋扣和布鲁塞尔的花边。大家不再身穿天鹅绒的上装，只穿军装制服或者市民装束。

可是奇哉怪也，在北边波希米亚的一个阴暗已极的角落，有个老朽不堪的小男人忘记了时代已变：有个穿得花里胡哨的小稻草人就像 E.T.A. 霍夫曼②的传

---

① 原文是拉丁文。
② E.T.A. 霍夫曼（1776—1822）即恩斯特·台奥多尔·阿玛台乌斯·霍夫曼的简称，德国作家、法学家、作曲家、画家。

56

奇里的那位骑士格鲁克先生,在大白天穿着天鹅绒背心,镀金的纽扣、磨损的黄色花边衣领,长筒丝袜,印花袜带,装着羽饰的白色帽子,从杜克斯宫沿着高低不平的铺石路面一直走到城里。这个古怪的老头依然还按照老式的风尚戴着发兜,虽说扑粉扑得不很均匀(他已经不再有佣人伺候!),那只哆哆嗦嗦的手神气活现地挂着一根老式的装着金顶的藤杖,就像1730年人们在王宫用的手杖一样。一点不错,这就是卡萨诺瓦,或者不如说是卡萨诺瓦的木乃伊。尽管贫困潦倒,烦恼不断,身染梅毒,皮肤像风干的羊皮纸,在那儿抖个不停,流着口水的嘴巴上面,弯钩鼻子活像一只老鹰的嘴巴,浓密的白色眉毛乱蓬蓬的;所有这一切已经发出衰老和腐烂的霉味,发出阵阵浸了胆汁风干之后和尘封多年的旧书味道。只有那双漆黑的眼睛还有着旧日骚动不安的神气,从闭上一半的眼皮底下射出尖锐恶毒的目光。但是这老人并没有东张西望左顾右盼,他只是没好气地嘴里唧唧咕咕地自言自语,因为他心情不好。自从命运把卡萨诺瓦抛到这个波希米亚的狗屎堆里来了以后,他永远也不会再有好心情。干吗抬头张望这些愚蠢的爱看热闹的家伙,这些咧着大嘴、狂吃土豆的德意志-波希米亚蠢货,鼠目寸光,没见过世面,从来都没有把鼻子伸到他们村子屎堆外面去过,竟然一次都不照规矩向他行礼问好,他可是德·珊加尔骑士,当年曾把一颗子弹打进波兰内廷总监的肚子里面,并且亲自从教皇手里接过金制的刺马针。这批蠢货,看他们一眼都太抬举他们。更叫人生气的是,那些女人也没向他表示敬意,而是用双手捂着嘴,生怕暴出一阵乡巴佬的粗声大笑,她们心知肚明为什么要笑,因为使女们告诉过神父,这个患痛风病的老东西喜欢伸手到她们裙子里去,用他那南腔北调的话语净在她们耳边说些极不正经的下流话。不过,这些下等民众比起府里那些该死的佣人来要好许多,他就落在这批佣人手里,"这批蠢驴,他不得不忍受他们抬起驴蹄踢他",尤其是那个管家费尔特刻尔希纳和他的狗腿子维德霍尔特。这帮流氓!他们昨天又故意把大把的盐撒在他的汤里,把通心粉给煮煳了,把他的肖像从相框里取了出来,挂在马桶上面;这帮无赖竟然胆敢把罗根多尔夫伯爵夫人馈赠给他的那条黑花小狗美朗比日揍了一顿,只是因为这条可爱的小狗在房间里撒了尿。啊,那美好的时代如今何在？啊，那时候这批当仆人当佣人的坏蛋统统都给套上刑具，这帮混蛋全给打个皮开肉绽，绝对不会容忍这样一些狂妄无礼的行为发生。可是今天，因为有了这个罗伯斯庇尔，这批流氓全都青云直上，雅各宾党人把这时代整个搞得乌七八糟，他自己也变成了一条掉光了牙齿的可怜的老狗。成天抱怨，大发牢骚又有什么用处？——最好的办法还是对这批无赖嗤之以鼻，上楼到自己房间里去，念他的贺拉斯吧。

可是今天所有恼人的事情全都不在乎了，这个木乃伊慌慌张张、急急忙忙地迈着沉重的脚步，从一个房间走到另一个房间。他又穿上旧日的宫廷外套，挂上勋章，仔仔细细地把自己上上下下刷了一遍，刷得身上一尘不染，因为伯爵大人预告过，今天台普里茨大人阁下将要亲自光临这座府邸，带来德·里涅侯爵和其他几位贵族老爷。席间大家将用法语交谈，这帮妒火中烧的仆役将不得不牙齿咬得咯咯直响，伺候他，弯腰曲背地给他端盘子，不像昨天，把一盘煮得乱糟糟脏兮兮的猪狗食扔到他的桌上，就像扔根骨头给条狗去啃似的。是啊，他今天中午将坐在盛大的宴席上，和奥地利的骑士们坐在一起，因为他们还懂得珍视一场讲究的谈话，并且毕恭毕敬地仔细聆听一位哲学家讲话，甚至连伏尔泰先生也曾放下架子，对此人表示尊重，在皇帝和国王们面前，他也都算个人物。说不定等到女士们退席之后，伯爵大人和侯爵大人还会亲自请求我，从某篇手稿里朗诵一段，是啊，他们将请求我，费尔特刻尔希纳先生，你这张肮脏的臭嘴——出身高贵的瓦尔德斯泰因伯爵大人和德·里涅侯爵这位陆军元帅大人将要请求我，从我趣味盎然的生平经历中再朗诵一小章，我也许会照办——也许！因为我并不是伯爵大人的下属，有责任服从他的命令，我不属于那帮卑下的仆役，我是客人，是图书馆管理员，我和他们可是平起平坐的——现在你们终于明白这是怎么回事，你们这帮雅各宾党的无赖们。但是我会给他们讲几则趣事逸闻的，当面讲述！——几段我老师克莱比容①先生的精美可口的故事，或者几件威尼斯类型的热辣刺激的小

---

① 克洛德·普罗斯·泼·乔尔约·德·克莱比容(1707—1777)，法国作家，写了一些情色小说，对当代及后世均有影响。

品——好了,我们毕竟是高尚人士相聚一堂,细枝末节,我们全都心领神会。大家纵声大笑,痛饮口味浓重、色泽深沉的勃艮第葡萄酒,就像在笃信基督的国王陛下的宫廷里,谈论战争、炼金术和书籍,尤其要谛听一位年迈哲学家讲述世界和女人。

这只瘦骨嶙峋的邪恶小鸟,激动万分地快步穿过大门敞开的几座大厅,一双眼睛因为恶意诽谤、忘乎所以而闪闪发光。他使劲擦拭镶嵌在他十字勋章四周的假金刚石——真正的宝石早就到了一个英国犹太人手里,仔仔细细地给头发扑上粉,照着镜子练习路易十五宫廷里旧式的鞠躬敬礼的样子(待在这些对文艺一窍不通的庸俗家伙身边,都忘记了一切礼数)。当然,脊背嘎嘎作响让人担忧,七十三年来,拖着这把行将散架的老朽骨头乘坐各式各样的邮政马车在欧洲大陆从东到西,从南到北,到处奔走,不可能不受惩罚。上帝知道,那么多女人从他身上吸去多少精液。总算在脑袋瓜子里那份灵气还没有流光,还能取悦大人先生们,在他们面前还算个人物。他用曲里拐弯的圆滚滚的、稍稍有点颤颤巍巍的字体,还用法文在一张粗糙的人工制造的信笺上,写一首表示欢迎的小诗,迎接德·雷克公主,又为他给业余演出的剧院创作的新喜剧写了一篇极为夸张的献辞。就是在杜克斯这里他也没有忘记哪些事是该做的,作为骑士,他知道充满敬意地迎接一批文艺上饶有兴味的观众。

的确如此,现在一队马车来到府前。他挪动患痛风病的一双脚,弯腰曲背地从高高的阶梯上笨重地走了下来。伯爵大人和他的客人漫不经心地把帽子、大衣和皮大衣扔给仆人,可是以贵族的方式和卡萨诺瓦拥抱。伯爵大人把他称作大名鼎鼎的德·珊加尔骑士,介绍给他邀请来的先生们,盛赞他在文学方面的杰出贡献,女士们争先恐后地要他作为席间的邻座。碗盏还没有撤走,烟斗已经送到桌上。这时,侯爵就像卡萨诺瓦事先预知的那样,向他打听他那紧张动人得无与伦比的人生故事的进展如何。先生们和女士们异口同声地请他从《回忆录》里朗诵一章,这部《回忆录》无疑注定了要成为一部佳作。怎么能拒绝这位最为可亲可爱的伯爵,他那仁慈的恩主的这一愿望呢?这位图书馆管理员先生忙不迭地爬到楼上他的房间里,从十五卷用绸带系好的大部头手稿中取出一卷:主要的一卷也是内部阅览的一卷,是少数几篇女士们也不必回避的章节:如何逃出威尼斯的铅皮屋顶监狱。这段不同凡响的冒险故事,他曾朗读过多少次,已经给多少人朗读过啊,给巴伐利亚和科隆的选帝侯、一群英国贵族、华沙的宫廷都朗读过,但是这些客人应该看看,卡萨诺瓦讲述起来,和那个枯燥乏味的普鲁士人封·特伦克先生大不相同。此人的狱中故事激起了极大的骚动。因为卡萨诺瓦新近在他的叙述中加进去了几个转折,使情节发生令人惊讶的一些曲折变化,妙不可言,最后从但丁的《神曲》中又引用了一句精美绝伦效果极佳的名言。在座的听众对这次朗读报以暴风雨般的掌声。伯爵和他热烈拥抱,并且用左手把一筒杜卡登①悄悄地塞进他的口袋。这些金币,魔鬼知道,他可以大派用场。因为尽管全世界都已把他遗忘,他的债主们可是对他穷追不舍,一直追到这个最偏远的犄角旮旯。公主仁慈地向他祝贺,所有人都向他敬酒,祝愿这部旷世杰作不久可以大功告成。请看,真的,这时,几滴大大的泪珠沿着他的面颊滚滚流下!

  可是到第二天,啊,那可就惨了,马匹已经套在车上,不耐烦地咬着嚼子咯咯直响,一队马车已经等在府邸门前,因为尊贵的老爷太太们即将出发前往布拉格。尽管图书馆管理员先生三次委婉地暗示,他也有各式各样紧迫的事务要到布拉格去处理,却没有一个人带他同行。他只好留在杜克斯这幢硕大寒冷、四处通风的石头大匣子里,落在这帮放肆无礼的波希米亚仆役无赖手里。伯爵大人的马车车轮后面扬起的灰尘还没有落定,这帮无赖又已经咧开大嘴露出一脸愚蠢的奸笑。四周尽是野蛮人,再也没有一个人会说法文和意大利文,会谈论阿里奥斯特和让-雅克·卢梭。你总不能老是给那个傲慢的处理公文的公驴,斯察斯劳的奥庇茨先生和几位愿意给他面子和他通信的好心的女士写信吧。无聊又如一团灰蒙蒙的烟雾,沉闷阴郁,睡意浓重地笼罩在无人居住的房间上面。昨天遭到遗忘的痛风病,今天又以加倍的痛苦折磨着他的双腿。卡萨诺瓦闷闷不乐地脱掉他宫中的礼服,穿上他厚羊毛的土耳其睡衣,裹住他全身冻僵的骨头,闷闷不乐地爬到他的书桌前面,他唯一的回忆往事的避难所:两

---

① 金币。

页对开的纸摞在桌上,充满期待地沙沙作响,几支削尖的羽毛笔静静地等在旁边。他呻吟着坐在桌旁,哆哆嗦嗦的手不停地写啊,写啊——多谢无聊,促使他不停地写!——写他毕生的故事。

因为在这骷髅一样的脑袋里,在这木乃伊似的干枯的皮肤后面,那天才的记忆力新鲜活跃生气勃勃,犹如骨头一样的硬壳包裹着的嫩白的果仁。从额头到后脑之间的这一小小的骨头空间里,这双炯炯发光的眼睛,深深呼吸的宽阔鼻翼,强劲、贪婪的双手在千百件艳遇中所攫取的一切,全都完整无损、干干净净地堆砌着。患有痛风病的疙疙瘩瘩的手指,每天一连十三个小时("十三小时对我而言,就像过了十三分钟")让鹅毛笔不停飞舞,还清楚记起它们当年曾经充分享受深情爱抚过的那些晶莹光滑的女人的肉体。他当年的情人们馈赠的半已发黄的素笺、笔记、发卷、账单和纪念品,横七竖八地排在桌上,就像业已熄灭的火焰还冒出银灰色的烟雾,这些失去光泽的回忆里还萦绕着看不见的柔情缠绵的芳香氤氲。每一次拥抱、每一个亲吻、每一次献身都从这色彩缤纷的幻影中迸涌而出——不,这样唤醒往事不是劳累而是快乐——回忆快乐的快乐①。这位身患痛风病的白发老人眼睛闪闪发光,嘴唇因为使劲和激动而不时抽搐,他自言自语地低声说话,是新发明的对话和一半来自回忆的对话。他不由自主地模仿那些女人从前的声音,对自己开的玩笑发出笑声。他忘记了吃喝、贫穷、苦难、屈辱和阳痿,忘记了老年的一切苦恼、苦闷和可恶可憎,他在回忆的镜子里幻梦连连,返老还童,亨利哀特、芭别特、德蕾莎,这些呼唤出来的梦中幻影微笑着飘然而至,他享受她们通过招魂摄魄的巫术浮现的情景,也许比他亲身经历的场面更为深切。于是他写啊,写啊,不停地写,用手指和羽毛笔去冒险经历,犹如从前用整个炽烈火烧的肉体去探寻芳踪。他楼上楼下四处摸索,高声吟诵,扬声欢笑,竟不知自己身在何处,是何人。

那帮愚蠢的仆人站在门口,相顾奸笑:"屋里这个外国傻子,跟谁在一起傻笑啊?"他们用手指指指额头,嘲笑这个怪人干的怪事。他们吵吵

---

① 原文是法文。

闹闹地跑下楼梯去喝酒,把这老头孤零零地一个人留在阁楼里。世界上不再有人知道他,最近的人和最远的人都不再知道他。这头愤怒的老迈的苍鹰,住在杜克斯府邸的塔楼上,就像身处冰山之巅,无人料想到他在这里,也无人知道他是谁。到 1798 年 6 月底,这颗精力耗尽的心脏轰然爆裂,人家把这可怜消瘦、曾经被上千个女人热烈拥抱过的躯体埋入地下的时候,教区记事录竟连他真正的姓名也不知道。他们写了一个错误的名字和一个错误的年龄,"卡萨奈乌斯,威尼斯人,享年八十四岁",连他身边的人都觉得他是个陌生人。谁也不关心他的墓碑和他的作品,他的躯体和信件都被遗忘,随之腐烂。他那多卷的作品被人遗忘,被人偷偷摸摸地漠不关心地在什么地方传来传去。从 1798 年到 1822 年,整整四分之一个世纪,似乎没有一个人比这个一切活人中最有活力的人死得更加彻底。

自我描述的天才

问题只在于,要有勇气。

——引言

他的一生荒诞离奇,他的复活也离奇荒诞。1820 年 12 月 13 日——谁还知道卡萨诺瓦?——享有盛名的出版家布洛克豪斯①收到了一位毫无名气的根彻尔先生的一封信,问他是否愿意发表一位同样名不见经传的卡萨诺瓦先生的作品《我直到 1797 年的生平历史》。出版家让他把稿件寄来,由专家审阅:可以想象,专家们看完之后何等兴奋。紧接着手稿就立刻买来,进行翻译。可能改动得面目全非,到处贴上无花果的叶子,进行调整、修订,便于出版。到第四小卷发表之后,该书取得如此重大的成功,一位狡黠异常的巴黎海盗,把这部译成德文的法文作品再次译成法文——改得更加不成样子——这下子布洛克豪斯的虚荣心也被激发起来,在这法文译文之外又推出一版法文译文——简而言之,基阿柯莫,这位得以重返青春的基阿柯莫又变得如此栩栩如生,就像当年在他足迹所至的所有国家和城市里那样,只有他的手稿庄严肃穆地埋葬在布洛克豪斯先生的保险柜里,也许只有上帝和布洛克豪斯知道,在二十三年里这些手稿都在哪些秘密小径里和小偷窃贼的手里传来传去,有多少卷帙就此

---

① 弗里德里希·阿诺尔德·布洛克豪斯(1772—1823),德国出版商、编辑,《布洛克豪斯百科全书》创办者。

丢失、散落、遭到删节、被恣意篡改、面目全非；作为真正的卡萨诺瓦的遗产，这整个事件发出秘密、冒险、诡诈和弄虚作假的刺鼻味道，但是我们毕竟还是拥有了这部古往今来最为放肆大胆、最为纯种精制的冒险小说，这可真是一件令人愉悦的奇迹！

而卡萨诺瓦他自己，从来没有认真相信过这部怪物能够发表。这位身患关节炎的隐士有一次这样忏悔："七年来我别无其他作为，只是写作我的回忆录。日久天长，我渐渐地产生这样一种需求，想把这事一干到底，尽管我很后悔开始动笔写作此书。我撰写时抱着这样的希望，我的故事永远不要公之于众，因为卑鄙无耻的书报检查，这个扑灭精神火花的灯罩，永远也不会允许此书付梓。除此之外，我希望在我最后罹患疾病期间，能够这样明智，叫人把我所有的这些卷手稿都在我面前付之一炬。"幸亏他忠于自己，卡萨诺瓦从来也不明智，他的"第二次脸红"就像他自己说的，那就是他自己从不为他不脸红而感到脸红，没有阻止他浓墨重彩地进行涂抹，日复一日一连十二小时以他漂亮的圆润的笔迹，在一张张新的对开的白纸上写下他杜撰出来的故事。这些回忆录不就是"唯一有效的药饵，使我不至于发疯，或者烦恼而死。烦恼来自那些妒忌心重的流氓无赖每天制造的种种不快和众多麻烦。他们和我一起住在瓦尔德斯泰因伯爵的府邸里。"

出于这样一个朴素的动机，我的天啊，撰写回忆录竟然成了驱赶无聊的苍蝇拍，防止智力僵化的药饵。但是，我们千万不要低估无聊作为创造的动力和活力。多亏塞万提斯荒凉枯寂的囚禁岁月才创造出了《堂吉诃德》，司汤达最优美的篇章归功于他在契维塔-维契亚的沼泽地里度过的流放年代；只有在暗箱里、在人为地遮住光线的暗室里，才能产生人生的五彩缤纷、色泽绚丽的图像。倘若瓦尔德斯泰因伯爵把好样的基阿柯莫一起带到巴黎或者维也纳，好吃好喝地喂养着他，让他嗅到女人的肉体，倘若人们在沙龙里盛赞他机智风趣，那么这些妙趣横生的故事就会在啜饮巧克力和品尝果汁冰糕之际，神聊海聊地说完就算，永远也不会诉之笔墨。但是这头老狗现在独自坐在波希米亚的旮旯里，冻得要死，于是他就像从死人的王国里回过头来追述往事。他的朋友们都已死去，他的冒险经历已经被人忘怀,没有人对他表示敬意和尊重,谁也不听他说话,于是这个白发苍苍的魔术师再一次施行犹太教玄妙的法术,把往日的人物召唤出来,只是要向自己证明他还活着,或者至少他曾经活过——我活过,因此我活着①。饥肠辘辘的人闻到烤肉的香味走了过来,战争和爱欲的伤残军人听人讲述自己的冒险经历也都凑了过来。"我回想往事,重享欢愉。我对从前的苦难嗤之以鼻,因为我已感觉不到。"卡萨诺瓦只把往日这一五颜六色的西洋镜,这一老年人的儿时玩具安排妥当,他想通过色彩斑斓的回忆来忘却这悲惨的现在。此外,他别无所求,恰好是这种对所有的人和事都采取完全彻底的漠然态度,赋予他的作品作为自我描述以独一无二的心理学的价值。因为无论是谁讲述自己的生平,总有目的性,某种意义上具有露天剧场的特点:他把自己放在一座舞台上,心里对观众有数,因此无意识地摆出一个特别的姿势,拥有一个有趣的性格。著名的人士在描述自我时从来不会毫无顾忌,因为他自己的人生肖像已事先和无数人的想象中或者经历中业已存在的肖像进行对比;这样他们就违反自己的意志,被迫把他们自己的描述根据自己业已定形的传说来加以修饰。这些名人,由于荣誉的缘故,不得不顾及他们的国家、他们的儿女,不得不顾及道德、敬畏和名誉——因此永远都是这样,谁若位高权重,必然受到多种羁绊。而卡萨诺瓦却得以享受极度的无拘无束,既不需要顾及家庭,亦没有道德上、实际上的顾虑。他的子女都是来历不明的鸟蛋,塞到别人的鸟窝里去了,曾和他同床共眠的女人,早已埋骨意大利、西班牙、英国、德国的泥土之中,他自己再也不受任何祖国、故乡,任何宗教的约束——见鬼,他再也无需对任何人手下留情:尤其无须姑息他自己!他所讲述的东西,已经再也不会对他有什么用处,也不会对他再有任何害处。因此他反躬自问:"我为什么不实话实说?人们从不欺骗自己,我写作只是为我自己。"

实话实说,对于卡萨诺瓦而言,并不是深挖细找,冥思苦索,而是非常简单:写起来毫无障碍,毫无顾虑,毫无羞耻。他脱掉身上的衣服,舒舒服

---

① 原文是拉丁文。

服、赤身裸体,把他自己业已衰朽的躯体再一次浸入肉欲温暖的流水之中,在回忆中欢快愉悦、大胆放肆地扑腾游动,完全彻底,毫不在乎待在一边的或者想象中的观众。他不像一位文人,一位统帅,一位诗人在讲述自己的冒险经历是为了使自己增光添彩,而是像一个小流氓讲他如何拔刀扎伤别人,像一个哀叹自己业已人老珠黄、风华不再的娼妓在讲述她那风流缠绵的时光,所以完全没有任何羞耻之心形成的内心障碍,顾虑重重。在他的我生平的概要①下面写了一句铭言:我不为我的福音脸红。② 我不为我的自白脸红。他既不鼓起腮帮子自吹自擂,也不一脸悔恨地凝视未来;他想讲什么就直截了当地从嘴里说出来。因此他的著作就成为世界史上最赤身露体、最自然率真的作品之一,也就不足为奇了,它简直是以一种真正模仿古希腊罗马文艺的坦率诚实,在离经叛道,违反道德。但是尽管这书显得粗俗色情,对于某些感情细腻、思虑过度的人而言,有时以一种自满自足的运动员的虚荣心过于明显地显示他的阳具坚挺伟岸——然而在情欲方面,这种恬不知耻的招摇过市还是比胆怯地变变戏法糊弄一下,或者肾虚气亏地大献殷勤要强上千百倍。他那时代其他的色情小册子,格累古③、克莱比容或者弗布拉斯故事④里玫瑰红色麝香滋味的伤风败俗的描述,在那里爱欲穿着一件乞丐穿的牧羊人的短衫,爱情就像一段淫荡的舞者不时移动位置的四组舞,是个风流至极的小游戏,玩过之后既不会生下孩子,也不会身染梅毒,诸位不妨把这些色情小册子和这种充满了直截了当、精准确切、健康放荡的享受之乐的描写比较一下,就可以充分评估他们的人性和原始的自然性。在卡萨诺瓦的作品里,男性的爱并不像一条浅蓝色的小溪,山林小泽中的女神在溪水中嬉戏,使纤脚得以凉爽,而像一股具有惊人强力的天然洪流,在它的水面上反映整个世界,同时在它的河底则卷走世上的一切烂泥污秽——没有一个别的自我描述

---

① 原文是法文。
② 原文是拉丁文。
③ 让-巴普蒂斯特·维拉·德·格累古(1683—1743),法国作家。
④ 《弗布拉斯骑士的冒险》,法国情色文学作品,作者是法国政客让-巴普蒂斯特·卢维,人称卢维·德·库夫赖(1760—1797)。

者像他这样显示了男性性欲所具有的令人惊恐万状席卷一切的狂野之势。这里终于出现一个人,有勇气显示在男性的爱情里灵肉融为一体,不仅讲述一些多愁善感的桃色事件,并不弄脏床席的男女私通,也讲述窑子小巷里的艳遇,赤裸裸的、仅仅涉及皮肉的性行为和每个真正的男人都要穿过的整座色情迷宫。并不是其他伟大的自传作家,歌德或者卢梭在他们的自我描述中干脆就没说实话,但是也有一种不实,表现为只说一半或者完全不说,这两位是故意健忘或者顾左右而言他,仔仔细细地把他们恋爱生活中的那些不大拿得上台面的,纯粹是情欲的插曲全都封杀,绝对避而不谈,只是为了广泛散播自己和克莱尔卿①和甘泪卿②之间纯粹精神层面的多愁善感,或者激情四射的谈情说爱。这样他们可就有意识地把男性情欲的栩栩如生的图像提升到理想的境界:歌德、托尔斯泰,甚至于平素不是那么古板拘谨的司汤达,全都迅速地心里有鬼似的从不胜枚举的纯粹床上的冒险经历,以及和低级淫荡的维纳斯们,和世俗的、过于世俗的爱情的多次邂逅一滑而过。倘若没有放肆大胆却又坦率真诚的卡萨诺瓦这个家伙,在这里把所有的帷幕全都掀了起来,世界文学就将缺少一幅关于男性性欲的充分诚实、绝对完整的图像。在他那里终于可以看见一次性欲的全部性冲动的机器在发挥作用,也在那里展现肉欲世界的肮脏、泥泞和潮湿。卡萨诺瓦在他的性欲描写中不仅说出了实话,还——难以估量的差别! ——说出他的爱情世界的整个实情,完全和现实世界一样的真实。

卡萨诺瓦说实话? ——我听见语言学家们义愤填膺地从他们的椅子上直跳起来,他们在最近五十年用机关枪向他的历史性的错误横加扫射,把他有些弥天大谎彻底戳穿。但是悠着点,悠着点!这个狡猾透顶的赌钱作弊的赌徒,这个职业的撒谎大王和"超级骗子"就是在回忆录里也在人为地巧妙洗牌,他要纠正命运③,给予平时往往动作迟钝的偶然事件以更为迅急的双腿。他修饰、点缀,用一种由于贫困匮乏而虚火甚旺、兴致

---

① 克莱尔卿,歌德的剧作《艾格蒙特》的女主人公。
② 甘泪卿,歌德的诗剧《浮士德》中的女主人公。
③ 原文是法文。

极高的想象力提供各种配料,像用胡椒和香料调制他的春药肉馅,也许甚至连他自己也未必全都知道。不——不要在卡萨诺瓦身上寻找一个热衷于追求个别真实情况的狂热分子,寻找一个可信可靠的历史学家。科学越仔细认真地审查我们善良的卡萨诺瓦,他的缺陷就越发暴露无遗。但是瑕不掩瑜,所有这些小小的欺骗,编年史上的疏忽,故弄玄虚,大吹法螺,这些随心所欲、往往很有理由的健忘,和他回忆录中显现的极为惊人的、简直可说是对生活整体绝无仅有的真实描绘相比,根本不算什么。毫无疑问,卡萨诺瓦在个别场合,充分行使了艺术家无可争议的权利,把时间和空间凑在一起,把发生的事件表现得更加充满感性——但是这又有什么违背他观察自己生活和他的时代作为整体的那种诚实坦率、心明眼亮的方式的呢。不仅是他自己,而是整整一个世纪突然之间便栩栩如生、鲜活生动地站立在舞台上,一系列戏剧性强、充满矛盾、对照强烈、蓄满电力的插曲把社会和民族的各个阶层、各个阶级、各个地区、各种氛围全都五光十色杂乱无章地卷在一起,呈现出一幅无与伦比的风俗画卷和陋俗画幅。他并没有深入挖掘,只是停于表面,这一表面上看来的缺陷,使他的观察方式对于文化而言,具有文献意味;卡萨诺瓦并没有从丰富的现象中抽出根源,从而想起现象的繁多,他让偶然发生的一切全都依照真实情况松松散散地排列在一起,不做归类,不加整理,杂乱无章,不使其凝练,所有的现象在他那里都放在同一条线上,同样重要,只要能使他愉悦——这是他评定世上万物价值的唯一标准!——他不分伟大和渺小,不论在道德意义上还是在现实意义上,不分善恶。因此他描写和腓特烈大帝的谈话,丝毫也不比十页前面他和一个小婊子所进行的谈话更加详尽,更为感人,他以同样实事求是完全彻底的态度描述巴黎的妓院,就和描述女沙皇叶卡捷琳娜二世①的冬宫一样。在赌法老牌时赢了几百枚杜卡登或者他和他的杜波阿或者海伦娜一夜风流,几度战胜她们,这对他而言就和跟伏尔泰先生讨论文学史同样的重要——他对世上任何东西都不附加道德的或者美学的分量,因此世上万物都这样美妙地保持平衡。正因为卡萨

---

① 叶卡捷琳娜二世(1729—1796),俄罗斯女沙皇。

诺瓦的回忆录,并不比一个聪明的中等旅行者,在漫游人生最有趣的地域时所记下的笔记含有更多的内容,虽说不能借此确定哲学考试的内容,但却同时造就了一部历史性的国内外漫游的旅行指南,一部十八世纪的宫闱秘史,一部有趣的恶行编年史和一段世界历史日常生活的完整无缺的概况。任何人也比不上卡萨诺瓦能让我们这样清晰地看到十八世纪的日常生活,从而也看到它的文化生活,十八世纪的舞会、剧院、咖啡厅、庆典、旅馆、赌场、妓院、狩猎、修道院和城堡。通过卡萨诺瓦,我们知道人们如何旅行,如何进餐,如何赌博,如何跳舞,如何居住,如何相爱,如何娱乐。通过他,我们知道十八世纪的风俗习惯、举止谈吐和生活方式。事实多得不胜枚举,现实生活的实际状况林林总总,再加上使人眼花缭乱的众多人物形象,足以充满二十部长篇小说,为一代,不,为十代小说家提供创作的素材。多么丰富的人物形象:士兵和君主,教皇和国王,小流氓和骗子手,商人和公证人,阉人歌手,皮条客,歌唱家,处女和妓女,作家和哲学家,智者和弄臣,曾经在一本书的畜栏里关在一起的最为引人入胜、最为内容丰富的人类-动物园里的展品。几百部小说和戏剧多亏他的这部作品得到了最好的人物和场景,尽管如此,这座矿山依然取之不尽:就像十代人从罗马论坛①采取石材建造新的宫室,几代文人还将从这位大肆挥霍的作家的作品里借用他的地基和人物。

因此对于卡萨诺瓦的这种暧昧的天才嗤之以鼻,或者由于他那有违法律的世俗举止加以道德上的谴责,或者甚至吹毛求疵地指责他在哲学上的鸡毛蒜皮的小事,实在无济于事——完全无济于事,纯粹无济于事,这个基阿柯莫·卡萨诺瓦就属于世界文学,就像他同悬绞索的兄弟维庸②以及其他各式各样的可疑的人物,将比无数道德高尚的诗人和法官活得更加长久。就像在生活中一样,他后来也把一切有效的美学法则全

---

① 罗马论坛是一个长方形的广场,周围是罗马市中心几座重要的古代政府建筑的废墟。古城的市民们把这个空间称为"论坛",这个论坛是古罗马日常生活的中心——凯旋游行和选举的场所。

② 弗朗索瓦·维庸(约1431—1474),法国中世纪抒情诗人。

都扬弃,把道德的《教理问答》①肆无忌惮地扔到桌下,由于他的效果持续发生作用,从而证明,用不着特别才气横溢,勤奋过人,极为正派、高贵和高尚,就可以闯入文学不朽的神圣殿堂。卡萨诺瓦证明,用不着是诗人,就能写出世上最为趣味盎然的长篇小说,用不着是历史学家,就能勾画出最为完美无缺的时代图像,因为,那个作出最后裁决的法院从来不问你采用什么途径,而只问效果,不问品德如何,只问实力如何。每一种完整的感情都可能变得有创造性,寡廉鲜耻和羞耻之心一样,意志薄弱和意志坚强一样,邪恶和善良一样,能决定是否亘古长存的从来不是心灵的形式,而是一个人的丰盈。只有生活的强度能亘古长存。一个人生活得越坚强,越有生命力,越性格统一,越独树一帜,就越能使自己表现得完美无缺。因为永垂不朽不懂什么合乎道德,什么有违道德,不懂善与恶;它只衡量作品和强度,只要求人的统一,不要求人的纯净、榜样和形象。道德对永垂不朽而言,什么也不是,人生的强度才是一切。

---

① 《教理问答》,天主教会为学童制作的基本教理教材。

司 汤 达

我曾经是什么？我现在是什么？
若要我说，我实在难以启齿。①

——司汤达《亨利·布吕拉》

---

① 原文是法文。

乐于撒谎和爱说真话

我恨不得戴上一副面具，
改变我的姓名。

——书信

很少有人比司汤达更会撒谎，比他更加热情洋溢地蒙蔽世人，很少有人比他把说真话说得更精彩，更深邃。

他戴着面具演戏，蒙蔽世人之举层出不穷，不胜枚举。你刚打开他的一本著作，第一件令人困惑之事立刻就从封面或者前言向你迎面扑来，因为作者亨利·贝尔从来也不朴素干净地承认他自己真正的姓名。他有时自作主张地给自己加上一个贵族的封号，有时又乔装打扮成"凯撒·邦贝"，或者给他的缩写H.B.再加上一个神秘莫测的A.A.，鬼也猜不出这A.A.两字是极为简单的"ancien auditeur"（法文：前审计员），译成德文就是"昔日的国家审计员"；只有使用笔名，在假报告中，他才感到安全。有一次他化装成一个奥地利的退休者，另一次化装成一位前骑兵军官①，他最喜欢用上他的同胞深感莫名其妙的名字司汤达（根据一座普鲁士小城的名字命名，这座小城多亏他的嘉年华的逗乐情绪得以不朽）。他要是提出一个年份，那么我们可以发誓，这年份绝对不准，他在小说《帕尔玛

---

① 《司汤达》中凡未单独注明的楷体字，原文中皆为法文。

女修道院长》①的前言中说,此书是在1830年,而且是在离巴黎一千二百里之遥的地方写成,这个恶作剧并不影响他实际上是在1839年,而且就是在巴黎城里撰写此书的。就是在铁证如山的事实上面,也会出现自相矛盾的种种说法。在一篇自传里,他堂而皇之地报导,他在瓦格拉姆②、阿斯帕恩③和埃劳④战役期间,都曾亲临战场。没有一句话是真的,因为他的日记无可批驳地证明:在这三场战役进行时,他都舒舒服服地待在巴黎。有好几次他都谈到和拿破仑曾经有过一次重要的长谈。可是,糟糕的是!在下一卷里我们读到他更加可信的自白:"拿破仑没有和我这类傻瓜交谈过。"所以在司汤达身上,他每说一句什么,我们都得小心翼翼地紧紧抓住,尤其值得怀疑的是他的书信。据说他是害怕警察,原则上总是用假的日期,而且每次都用另外一个假名签字。他分明优哉游哉地在罗马散步,他写的寄信地点明确地用俄尔维埃托。据说他是在贝桑松写的信,而实际上那一天他身在格雷诺布勒。有时候信上的年份,大多数情况下是月份使人迷惑,几乎经常使人困惑的是他的签名。但是这并不像有些人认为的,是因为他害怕奥地利警察的黑屋,才促使他这样胡闹,而是由于一种天生的原始的喜欢使人上当让人惊讶、喜欢装假骗人、自我掩饰的脾气。司汤达这样故弄玄虚地使用笔名假名,就像挥动一柄晶光四射的花剑,出神入化地围绕在自己身体四周,只是为了使好奇之徒无法近身。他对自己愚弄别人、搞阴谋诡计的强烈倾向从来也不隐讳。有一次,一个朋友十分恼火地在一封信里责怪他无耻地撒谎,他就心平气和地在这份控告书的边上写下"Vrai"(法文:真的)——"没错,果真如此!"他一脸嘲笑,十分欢快地在他的官方文件上捏造任职的年限,时而对波旁王室,时而对拿破仑假装忠诚,在他所有的文件里,公开刊印的文件和私人文件里,矛盾百出,错误连天,犹如沼泽地里不胜枚举的鱼卵。他那最后

---

① 又译《帕尔玛宫闱秘史》。
② 瓦格拉姆是奥地利的一个小镇,1809年拿破仑在此大败奥地利卡尔大公。
③ 阿斯帕恩战役于1809年5月21日和5月22日在附近的罗博进行。拿破仑在此被奥军打败。
④ 1807年拿破仑在埃劳与普俄联军激战。

迷惑人的一招乃是——一切谎话的最高纪录！——按照他遗嘱中表达的愿望甚至镌刻在大理石上,镌刻在蒙马特尔公墓他的墓碑上。在那里至今还能读到这一骗人的把戏:阿里哥①·贝尔,米兰人,这里是他最终的安息之地,按照标准法文,亨利·贝尔为受洗的教名,使他生气的是,他出生在穷困的格雷诺布勒。甚至面对死亡,他也要戴着面具前去,为了死神,他还要把自己罗曼蒂克地打扮一番。

　　但是尽管如此,只有少数几个人像这位出类拔萃的装假大师一样,向世人说出这么多关于自己的自白性质的真话。司汤达善于在必要的情况下以同样完美的状态实话实说,就像他喜欢以同样状况说谎骗人一样。他以一种起先令人惊诧,往往令人吃惊,最后才使人折服的无所顾忌,以前所未有的大胆态度,把他某些极度私密的经历和自我观察,放大嗓门,坦率直接地说了出来,别人碰到意识的门槛就急急忙忙地把这些东西遮盖起来,或者变个戏法把它们弄得不见踪迹。因为司汤达有同样多的勇气,甚至有同样多的狂妄来叙说真话和撒谎,无论是说真话还是谎话,他都以一种出色的无所顾忌的神气越过一切社会道德的障碍,偷偷地越过他内心检查的一切边界和路障;他在生活中畏缩不前,在女人面前胆怯羞涩,可是一旦握笔在手,他就勇气十足、那就没有任何"障碍"能拦阻他,相反,不论在他身上什么地方找到这种阻力,他就一把抓住它们,从他内心取出,以最大的实事求是的态度对它们进行剖析。在生活中对他阻碍最大的东西,恰好是他在心理学中驾驭得最为得心应手之物。早在1820年,他已凭着直觉,真正是天才的灵光一闪,便已撬开了心灵机簧最为精彩巧妙的搭扣和锁,一直要到一百年后,心理分析才使用它那复杂、高明的器械把这些扣和锁一一拆开,并加以复制——他那与生俱来的心理学家的勇气,经过体操似的训练,一步就跳过了缓缓挺进的科学足足一百年。在这过程中,司汤达除了自己的观察,并未拥有其他的实验室:他唯一的工具永远只是一种犀利、坚硬、打磨得锋利异常的好奇心。他仔细观察他所感觉到的东西,而他感觉到的东西,他又真率坦诚、放肆大胆地说

---

① 阿里哥为意大利文的"亨利"。

出口来,感觉越大胆,说得越精彩绝伦;感觉越私密,说得越激情四射。他最喜欢仔细考察的乃是他最为糟糕、最为隐蔽的感情:我只记得他曾多么经常、多么狂热地自诩他对父亲心怀仇恨,就像他以嘲讽的口气所报导的,在听到父亲去世的消息后,他有一个月之久,白白地努力寻找心里悲痛的感觉。他对自己在性欲方面的障碍所作的最最难堪的自白,他在女人那里接连不断地遭到的失利,他那毫无节制的虚荣心遭到的危机,他都以实事求是的态度,精确仔细、字斟句酌地展现在读者面前,犹如摊开一张参谋本部的地图:所以在司汤达的作品里可以找到某些报导以极具特色、最为细腻精致的坦率笔触,像临床诊治一样冷静地描摹出来,在他之前,没有一个人曾经吐露过这样的报导,或者甚至进而把它们付梓。这就是他的行动:在他那聪明才智清澈透明、自私冰冷的水晶体里,有一些无比珍贵的心灵的认识永远冻结在那里,留给后世。没有这位善于装假的奇妙已极的大师,我们将会对感情世界及其阴曹地府的真实情况知道得更少。因为谁要是哪怕只有一次对自己采取真实的态度,情况便永远如此。谁要是猜出了他自己的秘密,也就认识了大家的秘密。

肖　像

你很丑,但这仅限于外貌。

——戛尼翁舅舅对年轻的

亨利·贝尔如是说

　　黎歇留大街的这个小阁楼里,夜色浓重。书桌上燃着两支蜡烛,从中午起,司汤达就在写他的长篇小说。现在他一下子扔掉手里的羽毛笔:够了,今天就写到这里!此刻休息一下,出去走走,好好吃上一顿,在社交圈子里,开开心心地和人交谈,和妇女厮混,使自己生气勃勃。

　　他做好准备,穿上外套,戴好假发:现在再赶快往镜子里瞅上一眼!他打量自己,立刻就有一道讽刺的皱纹把他的嘴角扯弯:不行。他不喜欢他这张脸。这是一张什么样的斗牛犬似的脸,圆滚滚的红脸膛,毫不俊俏,粗里粗气,肥头大耳,市民气十足,唉,那个鼻孔很大的鼻子,厚厚的一大团,叫人恶心,搁在这张乡里乡气的脸庞中央!虽说那双眼睛长得还不赖,小小的黑眼睛闪闪发光,充满了闪烁不定的好奇心,可是在那沉重的轮廓分明的正方形额头下面,眼睛在浓重的眉毛底下陷得太深,显得太小:当年别人在团队里就因为他眼睛太小,嘲笑他是个中国人[①]。那么,在这张脸上还有什么可以称道的呢?司汤达望着镜中的他,暗自发火。没有什么可以称道,没有清秀文雅的线条,没有灵气十足、朝气蓬勃的神

---

① 原文是法文。

气,整个脸都显得粗笨、庸俗,最最糟糕的市民阶级的模样。只有那个长着一副褐色络腮胡子的圆滚滚的脑袋,也许可以算是这个令人厌烦的身体上面最好的东西了;因为从下巴往下,脖子太短,就拧巴在一起。再往下,他简直都不敢再往下看,因为他痛恨他那傻气十足、实在过分夸张的肥胖肚子和实在难看的两条短腿,如此艰难地承载着亨利·贝尔这个沉重的大块头,所以他中学同学都管他叫"活宝塔"。司汤达还一直在镜子里寻觅一点什么安慰。一双手还行,是的,手还过得去,像女人的手一样娇嫩、灵活、柔软,手指尖尖,指甲修剪得非常光滑,透着些许灵气、贵族气派。再就是皮肤,像少女的娇嫩肌肤,敏感而又柔和,泄露出柔情脉脉的思绪,多少含有些许贵族的风采和纤细的感情。可是谁会看到、谁会注意到一个男人身上的这些女性的细节?女人总是只问脸长得怎么样,身段如何?而这些东西,他已经清楚知道了五十年之久,这些东西都粗俗不堪,无可救药。奥古斯丁·费龙①说他的脸只配裱糊匠的脑袋。蒙色莱②说他是个"长着小铺老板脸的外交官";可是即便是这样的鉴定,他觉得都还过于友好,因为司汤达现在心情懊恼地直盯着铁面无私的镜子,在作出自我判断:"意大利的屠夫"③,整个一张意大利屠夫的脸。

  但是倘若他,这个身体肥胖结结实实的大块头,至少举止粗暴,男性十足那也不错啊!有些女人就服那些虎背熊腰的壮汉,一个哥萨克在有些时候比一个花花公子更容易讨她们的欢心。可是卑鄙的是,他知道,这个粗壮的农夫一样的身材,他身上血脉偾张,脸庞通红,仅仅只是装装样子的假货,是血液发出的虚假情报。这个庞然大物般的男子身体里面却是一束纤细灵敏、几乎可说是病态般敏感汇成的神经。所有的医生都不胜惊愕地称他为感觉灵敏的怪物④。这种像蝴蝶一样轻佻的心灵却偏偏缝在这样一堆肥肉之中——这可真是灾难!不知道哪一个夜魔在摇篮里把他的肉体和灵魂给偷偷地换掉了,因为这一病态的过度敏感的心灵在

---

① 奥古斯丁·费龙(1841—1916),法国作家。
② 查理·蒙色莱(1825—1888),法国作家、抒情诗人。
③ 原文是意大利文。
④ 原文是法文。

司汤达

司汤达

它那粗蠢的皮囊里面,稍一激动就如何地冷得发颤、不断发抖。隔壁房间里有扇窗户没有关上,这布满纤细血管的皮肤上面就立刻激起一阵寒噤。有扇房门砰地一下关上,他的神经就猛地一震,激起锥心的痛苦。要是飘来一股臭味,他就马上头晕。一个女人走到跟前,他就六神无主,心惊胆战;或者因为恐惧,反过来变得粗鲁不堪或者做出有伤风化的动作。这种肉体与神经的混合真叫人难以理解!干吗长这么多肉,长这么多肥肉,挺这么大个肚子;干吗这粗壮的马车夫一样的骨头架子缠绕着蛛丝般细密、脆弱的感情;干吗要给这样粗蠢、不讨人喜欢、笨重的身体配上一个这样繁复过敏的灵魂?

司汤达扭头离开镜子。这个外表已无法挽回,他从青年时代起就知道这点。即使让魔术大师充当裁缝,在他的背心下面添加一件紧身马甲,把他沉重下垂的肚子巧妙地往上一挤,给他用里昂的丝绸制作一条出色的齐膝裤子,遮住他可笑的短腿,也无济于事。染发液在他早已花白的鬓角上,把一道富有男子气概的浓眉染黑,这也无济于事。一顶时髦的假发遮住他业已光秃的头顶,再加上绣着金线的公使礼服和精致修饰过的微微发光的指甲,这一切全都无济于事。这些巧妙的手段和修饰,只能对他稍加拾掇,掩饰了他身上的肥肉和一身的衰败。可是,在马路上没有一个女人会转过头来向他张望,没有一个女人会怀着狂喜的心情注视着他的眼睛,就像德·瑞纳夫人①凝视她的于连,或者德·夏斯德莱夫人②凝视她的吕西安·娄凡一样。没有,她们从来也没有注意到他,即使当他还是一个年轻的少尉时,她们都没注意他,更何况现在,他的灵魂已陷在厚重的油脂里,年龄已使他额上布满皱纹。完了,一切全都玩完了!凭着这样一张脸不可能在女人那里鸿运高照,此外别无其他幸运!

于是只剩一途:放聪明点儿,变得机智灵活,在精神上吸引人,显得有趣,把人们的注意力从脸上引到内心,通过出人意表的言谈举止来使人目眩神迷,蒙蔽人们。天才可以弥补美貌的缺失。必要时,机灵巧妙可以取

---

① 德·瑞纳夫人,司汤达小说《红与黑》的女主角。
② 德·夏斯德莱夫人,小说《吕西安·娄凡》的女主人公。

代相貌美丽。既然相貌这样不讨人喜欢,无法从审美的角度来打动女人的感官,那就只好凭聪明才智来吸引女人。于是在多愁善感的女人那里就装出一副抑郁忧伤的模样,在轻浮佻达的女人那里就摆出玩世不恭的神气,有时候就要反过来,永远提高警惕,永远俏皮风趣。博得一个女人的欢心,你就能得到她。聪明地抓住女人的每一个弱点,即使自己冷静异常,也要装出感情炽烈。倘若自己欲火中烧,也要装得冷若冰霜。用情绪变幻来使女人目瞪口呆,使出各种花招使女人晕头转向。永远要显示自己与众不同。尤其不要错过任何机会,要百折不挠,不怕失败。因为有时候女人会忘记一个男人的脸,在稀奇古怪的仲夏夜里,不是连蒂泰妮娅①也会亲吻一个驴头吗?

司汤达戴上了时髦的帽子,拿起黄色的手套,在镜子里试着摆出一副冷漠的、嘲讽的微笑。是啊,今天晚上他就带着这副神气去出席德·T.夫人的晚会,冷嘲热讽,玩世不恭,轻浮佻达,冷如山岩;得使人惊讶,引起人们的兴趣,使人神魂颠倒,让话语像一张闪闪发光的面具,套在令人憎恶的这张脸上。只有一上来就使人目瞪口呆,一下子就引人注意,这是最妙的绝招,在大声喧哗后面隐藏着内心的胆小怯懦。在他走下楼梯的时候,他已经给自己想出了一个声音响亮的进入沙龙的场景:他要仆人今天在沙龙里通报,他是商人凯撒·邦贝先生,然后他才走进沙龙,佯装一个健谈已极、大声讲诉的羊毛商人,不容任何人插嘴说话,把他那虚构的生意说得花里胡哨、放肆大胆、冗长不堪,直到那些哈哈大笑、好奇心切的人全都一股脑儿地为他征服,妇女们都习惯于他这张面孔。然后再像放烟火似的,说上一通趣事逸闻,内容刺激,趣味盎然,说得妇女们的感官全都轻松活跃起来,然后找个阴暗的角落,有助于把他肥胖的身躯遮掩一二,再喝上几杯潘趣酒:说不定,说不定,到午夜时分女人们还会觉得他颇为迷人。

---

① 蒂泰妮娅,莎士比亚剧本《仲夏夜之梦》中的仙后,可怜的织工波顿被小精灵帕克恶作剧变成驴头人身,仙后醒来钟情于他,对他狂吻不止。

影片中他的一生

　　1799年,从格雷诺布勒驰往巴黎的邮车停在奈姆尔换马。人们三五成群,激动万分,到处张贴着海报、报纸:年轻的波拿巴将军昨天在巴黎给共和国致命一击,把国民议会一脚踢开,任命自己为第一执政。所有的旅行者都七嘴八舌地进行热烈的讨论,只有一个十六岁的少年,肩膀宽宽的,面颊红红的,对此很少表示关注。共和国或者督政府关他什么事,他前往巴黎,表面上是上综合工科学校去学习,实际上是为了逃离外省,去巴黎闯荡一番,巴黎,巴黎!这个名字的宏大外壳将渐渐充满五彩缤纷的梦幻洪流。巴黎,就意味着奢侈、时髦、兴高采烈、摆脱乡气、自由自在,尤其意味着女人,许许多多的女人。不知哪一个年轻美貌、娇嫩时髦的女人(就像他在格雷诺布勒胆怯地躲在远处暗恋的那个女演员维克多里娜·加布里),他会突然以一种浪漫的方式与之邂逅,他会扑向那些撒欢狂奔的马匹,从摔得粉碎的马车里把那女人拯救出来。他梦想着为这女人做出什么英雄业绩,这个女人将成为他的情妇。

　　邮车颠簸着继续向前,无情地碾碎了这个少年过早的梦幻。少年刚向四外风景瞥上一眼,还没来得及和他的同行者说句话,邮车已经在关口的栏木前停下。车轮从凹凸不平的大街上隆隆滚过,一直驰进狭窄、肮脏、高耸的房子堆里,到处蒸腾着变味了的食物和汗水淋漓的贫穷寒酸的怪味。这个大失所望的少年看到他的梦中王国,一脸惊愕。这么说,这就是巴黎,这不是别的,就是巴黎?以后他得一而再地重复这句话:在第一次战斗之后,在法兰西大军越过圣·伯纳德山口之际,在第一次销魂荡魄的热恋之夜以后,他都会重复这句话。经历了这样感情奔放的幻梦之后,现实和这种漫无节制的浪漫渴求相比,就显得淡而无味。

  人家在圣-多米尼克大街的一个普普通通的饭店前面让他下车。于是这个小亨利·贝尔就在这家饭店六层楼的一间阁楼上住了几个星期。房间里没有窗户,只有一个天窗:这可真是酝酿愤怒忧伤最好的场所。他看也不看他的数学课本,一连几个小时在马路上溜溜达达,盯着女人瞎看:看她们穿着新罗马式袒胸露背的时装显得分外迷人,看她们如何殷勤热情地和她们的追求者取笑逗乐,寻寻开心,如何善于发笑,既诱人又轻佻;但是小亨利·贝尔不敢接近任何一个女人,这个举止笨拙的傻小子穿着乡下人的绿色外套,实在谈不上时髦,更不敢放肆大胆。他甚至都不敢走近那些徜徉在路灯底下卖笑卖春的姑娘,对那些更加大胆的同伴,他嫉妒得咬牙切齿。他没有朋友,没有社交,也没有工作;他闷闷不乐地白日做梦,期待着碰到浪漫的艳遇,走在肮脏的马路上,神不守舍,心不在焉,有时候差点被马车撞倒。

  最后终于沮丧已极,渴望着和人交谈,渴求温暖和信任,他于是去拜访他富有的亲戚达吕一家①。他们对他都很亲切,邀请他来做客,把他带进他们的豪宅,但是——他们都出身于外省;这对亨利·贝尔而言可是原罪!他无法原谅他们!他们过着市民阶级的生活,家资万贯,肥肥胖胖,而他自己则囊中羞涩,这使他非常生气。他和他们一起坐在桌旁用餐,摆出一副闷闷不乐、沉默寡言、笨手笨脚的样子,俨然是个秘密的仇敌。他渴求柔情蜜意的强烈愿望隐藏在紧绷着的脸庞后面,神情冷嘲热讽,犟头倔脑。达吕家的长辈大概暗自断言,他是个令人不悦忘恩负义的浑小子。直到深夜,这家的英雄彼耶尔·达吕(日后的伯爵),权力无限的波拿巴的左膀右臂,精疲力尽地从国防部回到家里,疲惫不堪,沉默寡言。要是按照他内心的倾向,这位赳赳武夫宁可做这个小诗人的同行(因为这个少年不爱说话,把自己包得很紧,达吕把他当作一个笨头笨脑的傻瓜,尤

---

① 彼耶尔·安多阿纳·诺哀尔·布鲁诺·达吕(1767—1829),拿破仑的重要助手,负责军队的后勤,任拿破仑的大臣,被封为伯爵,是诗人和历史学家。

其把他看作蠢驴一样地不学无术);因为达吕在闲暇时翻译霍拉兹的诗,写哲学论文,要是日后脱下军装,他将要撰写一部威尼斯的历史。现在他待在波拿巴身边,有更加重要的任务要去完成。他是个永远不知疲倦的工作狂,夜以继日地在参谋总部的密室里制定计划,进行计算,起草信件,谁也不知道要达到什么目的。恰好因为这个缘故,小亨利恨他恨得要命,因为达吕要帮他前进,而他不愿意前进,只愿意自己待着。

可是有一天,彼耶尔·达吕把这个懒骨头叫来,要他立即和他一起赶到国防部去,他给这个小伙子谋个职位。在达吕的教鞭威胁之下,这个肥胖的小亨利得从早上十点到夜里一点起草信函,没完没了的信函、短评和报告,直写得手指都几乎写断。他还不明白这样疯写个没完到底是为了什么,但是不久全世界将会明白是怎么回事。他浑然不觉地参与了意大利远征,这场征战始于马伦哥①,终于一个帝国的建立;最后《箴言报》②说明了这个秘密:已经宣战。小亨利这下舒了一大口气,感谢上帝!现在这个折磨人的家伙达吕得开赴前线,到总司令部去,这漫无止境的写信苦役也就此过去了,他松了一大口气;宁可上前线打仗,也不愿继续干这世上最可怕的事情,那就是他深恶痛绝的两件事:干活和无聊。

1800年,5月。波拿巴的意大利大军的后勤部队。

几位骑兵军官把他们的坐骑赶到一起,笑得前仰后合,笑得他们军帽上的羽毛都颤抖不已。眼前是个滑稽透顶的景象:在一匹倔强的烈马上骑着一个短腿少年,半像平民,半像军人,他像一只猴子似的紧紧抓住那匹马,和这匹犟头倔脑的烈马拼命格斗,而那匹烈马却一心要把这个外行骑手掀翻在地。少年身上的一把沉重的佩剑斜挂在肚子上,不停地摇晃着,一个劲地拍打马儿的屁股,刺激得那可怜的骏马痒得不行,最后终于奋起蹄子,并非故意地狂奔起来,把那可悲的骑士硬生生地摔在阡陌和沟壑之间。

---

① 马伦哥会战,1800年6月14日,拿破仑在此大败奥地利军队。
② 《箴言报》,拿破仑时期法国政府的官方报纸和宣传工具。

军官们乐得好不开心。最后布莱尔维耶上尉终于出于同情,命令他的勤务兵:"骑过去,帮帮这个愣头青!"勤务兵驱马冲了过去,给那匹陌生的烈马抽上几鞭,直到它站住为止,然后抓住马的缰绳,把那个新手带来。少年一脸通红,又怒又羞。他情绪激动地询问上尉:"您打算把我怎么样?"这位老在幻想的少年已经梦想着要蹲禁闭或者要进行决斗,可是上尉心里只想开开玩笑。他听说这个少年是有权有势的达吕将军的表弟,态度立刻变得非常客气,建议当他的伙伴,询问这位十分可疑的新兵,迄今为止都在干些什么。亨利脸涨得通红:总不能向这些不通文艺的俗人坦承,他在日内瓦眼泪汪汪地站在让-雅克·卢梭出生的那幢房子前面。所以他就摆出态度果断、放肆大胆的神气,十分拙劣地扮演无畏的勇士,让大家看了都乐不可支。军官们首先很友好地教他崇高的艺术,骑马时得把缰绳正确无误地夹在食指和中指之间,佩刀得直直地挂在身体的左侧,另外还告诉他一些军旅生涯中的秘密。亨利·贝尔立刻觉得自己已是一名军人,一位英雄。

他感到自己是位英雄,或者至少他不允许别人怀疑他的勇气。他宁可咬掉舌头,也不提出一个不得体的问题,或者吐出一声惊恐的叹息。在那次举世闻名的攀越圣·伯纳德山口的壮举之后,他就懒洋洋地骑在马鞍上,几乎十分轻蔑地向上尉提出他那永恒的问题:"这难道就是一切?"在巴尔德要塞听到几门大炮轰鸣,他又一次不胜惊讶地问道:"这难道就是战争,除此之外别无其他?"无论如何,他毕竟还是嗅到了火药的气味,于是失去了人生的某种处女贞操,他更加焦躁不耐地用刺马针刺激他的坐骑,迅速下山,到意大利去。这下他将失去另一种处女贞操,在经历了短暂的战争奇遇之后,他将扑向无限的爱情的奇遇。

1801年,米兰。东方大门前的林荫大道。

战争把彼埃蒙特的妇女从她们的禁锢之中唤醒。自从法国人进入境内,她们每天乘坐低矮的豪华马车,在湛蓝色的天空下沿着闪闪发光的大街疾驰,中途停顿,和她们的情人们或者她们的清客、游伴聊天,相当乐意地冲着那些放肆的年轻军官的眼睛微笑,摆弄着扇子和鲜花意味深长地示意。

一个十七岁的下级军官挤在狭窄的阴影里,带着渴求的目光看着这些时髦的女人。不错,亨利·贝尔一次仗也没有打过,就突然之间变成第六龙骑兵中的军曹。作为有权有势的达吕将军的表弟,他得到各种提携。在他的额上,法兰西龙骑兵的黑色马鬃顶饰在锃亮的头盔上飘拂摆动。在他白色的骑兵大氅后面,硕大的佩刀铿锵作响。在他马靴翻转的靴筒上刺马针发出声响——果然前天的那个肥肥胖胖的小个子少年,如今看上去一副军人气概,令人望而生畏。

其实他本不该在这林荫道上闲逛,每天戴着沉重的佩剑,步履铿锵地踏遍铺着石子的道路,万般渴慕地盯着女人直瞧,而是该回到他的连队,帮着把奥地利人赶到明契阿①河对岸。但是年方十七,他就不喜欢粗俗的事情,他业已发现,"挥舞佩刀四下砍杀,只需要极少的聪明才智"。既然身为伟大的达吕将军的表弟,他就宁可待在光鲜亮丽的后方米兰,也不去从事那些粗野的丘八干的勾当。因为在野外露营没法召来这么美丽的女人,尤其没有斯卡拉②大剧院,那天国般的斯卡拉上演着奇玛罗萨③的歌剧,有高雅的歌唱家们吟唱。就在那里,而不是在上意大利沼泽地的某个帐篷里,亨利·贝尔设下了他自己的大本营。晚上他总是第一个来到斯卡拉,剧院的五层包厢渐渐地亮起灯光,女士们走了进去,穿得比半裸还少,在薄薄的绸衫下面,身穿各色闪光军服的军官们向着女士们白皙耀眼的肩膀俯下身去。唉,这些意大利女人真是美艳绝伦,她们欣喜万状,无比快乐,无比幸福地充分享受着波拿巴把五万名年轻小伙子带到意大利来,使得米兰的丈夫们痛苦不堪,也减轻了他们的负担。

但是万分可惜,这些意大利女人竟没有一个在这五万小伙子当中选中格雷诺布勒的亨利·贝尔。安琪拉·比埃特拉格鲁阿,微微有点发胖的绸布商的女儿,乐意在客人面前袒露她白皙的丰乳,在军官们的八字胡

---

① 明契阿,意大利北部的一条河流。
② 斯卡拉,米兰的大影剧院。
③ 多美尼柯·奇玛罗萨(1749—1801),意大利歌剧那不勒斯学派的作曲家。他一生创作了八十多部歌剧,代表作为《秘密婚姻》。

上让她的樱唇取暖,她又怎么会知道这个脑袋圆滚滚,长着一双晶光闪闪、眯得细细的黑眼睛的小伙子——她开玩笑似的有点漠不关心地给他起的绰号是Cinese(中国人)——竟然会钟情于她,白天黑夜都把她,这个并非铁石心肠的女人,当作一个难以企及的梦中偶像一样崇拜,而她,这个胖乎乎的市民新娘,通过他那浪漫的爱情将得以永垂不朽?当然,他每晚都跑来和其他军官一起玩法老牌,默默无言怯生生地坐在一个犄角里,比埃特拉格鲁阿和他搭讪,他就脸色苍白。那么他是不是握过这意大利女人的手,轻轻地用自己的膝盖去碰那女人的膝盖,或者曾经给她写过一封信,或者在她身边悄声说过一句我很高兴①?胸脯丰满的安琪拉早已习惯于法国龙骑兵军官其他露骨的示爱动作,压根儿就没有注意这个小个子下级军官,于是这个举止笨拙的小伙子就没能得到她的恩宠,丝毫没有预感到安琪拉是多么心甘情愿、多么乐意把她的爱情分给每一个贪得无厌的男子。因为尽管亨利·贝尔身佩粗大的佩刀,脚踏靴筒翻转的马靴,他依然和在巴黎时一样腼腆羞怯。这位畏畏缩缩的唐璜还依然是个处男。每天晚上他都下定决心,冒险发起一次大型的冲锋,他在笔记本里仔仔细细地记下了年长的同伴们取得的教训,如何使用武力攻克了一个女人的贞操,可是,等他走到心爱的天仙般的安琪拉身边,这位理论上的卡萨诺瓦立刻惊慌失措,目眩神迷,面红耳赤,活像一个少女。为了变成一个真正的男子汉,他决定牺牲掉他的处男贞操。不知是哪一个米兰的职业卖春女子(他后来在笔记里写道"我全然忘记她是谁,相貌如何")献身给他,作为这次献礼的祭坛。可惜这个女人对他处男的祭品献上的却是一种更加低下的礼物。据说波旁王朝陆军统帅麾下的将士将一种疾病带到意大利,这种病从此就叫做"法兰西病"②。这位卖春女就把这种"法兰西病"还给了这个法兰西人。于是这位寻求爱神维纳斯柔和服务的战神的仆人,还为严厉的商神墨丘利作出几年牺牲。

---

① 原文是意大利语。
② 即梅毒。

86

1803年,巴黎。又住在六层楼的那间阁楼里,又身着便衣。佩刀不见了,刺马针和线状饰带、中尉的委任状都给扔到犄角里去。士兵游戏他已经受够,简直够到快吐的地步,——这些事情,我厌烦死了。那些傻瓜们正想苛求他在肮脏的村子里严肃执行军务,好好洗刷马匹,服从上级命令,亨利·贝尔已经拔腿就跑。不,服从命令可不是这个固执己见的小伙子爱干的事。他的最高的幸福,乃是"不对任何人发号施令,也不做任何人的部下"。于是他就给部长写了一封短短的辞职信,同时又给他无比吝啬的父亲写了封信,要父亲从口袋里掏点钱出来。亨利在他写的好几本书里对父亲百般诬蔑(而这位父亲也许爱他的儿子,就像那位儿子爱女人一样地笨拙,一样地不善表露)。亨利在他的笔记中总是带着嘲笑的口吻称之为"father",杂种,这个"父亲""杂种"却果真每个月给他汇款。当然数目不大,但是够他做一身蛮不错的西装,买几条很有气派的领带和一些白纸,可以在上面撰写喜剧。因为亨利·贝尔又重新下定决心:不再想上大学去学数学,而是当个戏剧诗人。

他首先采取的措施是,常到法兰西喜剧院去,向高乃伊①和莫里哀②学习。其次便是取得经验,这对一位未来的戏剧家至关重要:必须赢得有关女人的知识,必须去爱、被爱;必须找到一个美丽的灵魂,一个多情的灵魂。于是他就向娇小玲珑的阿黛勒·蕾布斐大献殷勤,享受不幸情郎的浪漫喜悦达到极致;幸亏她那身材丰满的母亲(就像他在日记本里记载的),每周以世俗的方式安慰他几次。这很有趣,也极有教益。但是不论怎么说吧,这毕竟不是真正的爱情,不是让人神魂颠倒的伟大的爱情。于是他一个劲地寻找崇高的偶像。最后法兰西喜剧院的一名娇小的女演员卢阿松控制住了他的始终灼热沸腾的激情,容忍他表达的敬意,起先并没有允许他得到更多东西。但是亨利一向最爱的乃是一个女人拒绝委身于他,因为他爱的只是无法企及的东西,不久这个二十岁的小伙子完全置身于爱情的烈焰之中。

---

① 皮埃尔·高乃依(1606—1684),是法国作家,法国古典主义戏剧的奠基人。
② 莫里哀(1622—1673),原名让·巴蒂斯特·波克兰,法国作家,古典主义喜剧的创建者,在世界戏剧史上占有十分重要的地位,代表作为《无病呻吟》《伪君子》《悭吝人》等。

1803年,马赛。出人意表的转变,简直叫人难以置信。

这的的确确是亨利·贝尔吗?拿破仑大军的前少尉,巴黎的花花公子,昨天还算是个诗人?这的的确确是他吗?在缪尼埃食品杂货公司经营批发零售的狭窄的底层,那个系着黑色围裙的伙计,真的是他吗?那个在马赛码头左边那条龌里龌龊的胡同里,在这个到处散发出浓重的油料和无花果气味的有穹顶的地窖里,坐在高脚写字架后的那个人真的是他吗?那个昨天还用韵文表达庄严崇高感情的精微细致的灵魂,今天真的就在零售葡萄干和咖啡、白糖和面粉,向顾客们写催款信,在税务局里和官员们讨价还价?一点不错,就是那个脑袋圆滚滚的小伙子,那个倔强的家伙。特里斯坦不是化装成乞丐,为了接近他心爱的伊索尔德①?公主们不是穿上侍童的服装,只是为了参加十字军东征,追随她们心爱的骑士?而他,亨利·贝尔却完成了更具英雄气概的壮举,他摇身一变,变成了一家食品杂货店的伙计、面包师的助手、商店的学徒,就是为了陪伴他的卢阿松来到马赛,卢阿松受聘在当地的剧院演出。亨利·贝尔晚上能到剧院里去接一位女演员,把她当作情人带到床上,那么白天手上沾满了白糖和面粉,又算得了什么?

美妙无比的时光,美妙无比的理想实现!但可惜对于一位浪漫主义者最危险的,莫过于过分接近他的理想。人们发现,马赛这座梦寐以求的南国城市,在南方人嘈杂喧闹的手势话语声中,和格雷诺布勒一样土里土气,这里的街道也和巴黎一样,臭气冲天,肮脏不堪。即使和他心爱的仙女共同生活,也会大失所望地发现,这个仙女虽说还依然貌若天仙,可是蠢得要命,亨利·贝尔开始厌倦起来。最后有一天,仙女被剧院解雇,像朵云彩似的飘向巴黎,不见踪影,他甚至感到心花怒放:他终于治愈了一个幻想,明天可以不辞辛苦地去寻觅下一个幻想。

1806年,布劳恩什魏格。再次改换戏装。

---

① 瓦格纳歌剧《特里斯坦与伊索尔德》中的男女主人公。

重新穿上军装,但是不再是作为下级军官去服粗鲁的兵役,这只能获得随军女贩和缝衣女郎的尊重。现在却是法兰西大军的副督察。督察先生亨利·贝尔先生和封·施特罗姆贝克先生或者和另外哪一位布劳恩什魏格社交界的著名代表走过大街,德国士绅名流全都刷的一下子毕恭毕敬地脱帽致敬。可是等一等,他现在已经不再是亨利·贝尔。请允许我们小小地更正一下:自从他在德国身居这样显要的位置,他的签名就是:亨利·封①·贝尔先生,"Henri de Beyle"。虽然拿破仑并没有授予他贵族称号,连一个小小的荣誉团十字勋章或者其他什么别在纽扣里的装饰品也没有给他,但是亨利·贝尔善于观察,目光灵敏。他发现,好样的德国人对于头衔趋之若鹜,就像飞蛾扑火;在贵族社会里,各式各样相貌妍丽、模样诱人的金发佳丽引诱着你婆娑起舞,你总不愿意作为一个平庸的市民在那里出现吧;在华丽阔气的军装上面变戏法似的再加上这两个字母就能给你头上加上一道特别的光轮。

　　分给亨利·贝尔先生去处理的其实是些难办的使命。他得在狂征暴敛过的地区再搜刮七百万战争税款,维持秩序,加以组织;这一切他显然单凭一只左手就干得十分灵巧,十分迅速,他空出右手打打弹子,试试猎枪,去做一些更加富有柔情的娱乐。因为在德国也美女如云讨人喜欢。他可以向一位金发碧眼的贵族小姐,倾吐他那柏拉图式的爱情需求,而他的一个朋友的乐于助人的女友则减轻他那更加粗俗的爱情需求,在夜里给他安慰。她的芳名是克纳伯尔胡伯尔。就这样亨利又舒舒服服地安顿下来。他毫无妒意地眼看着元帅和将军们在奥斯特里茨②和耶拿③的烈日暴晒下烹煮汤水,而他自己则安安静静地坐在战争的阴影之中,读读书,让人给他翻译德文诗歌,自己又撰写优美的书信给他妹妹宝琳娜,越来越有意识地、越来越出色地使自己发展成一位生活艺术家,在各个战场

---

① 德语的"封"相当于法语的"德",表示贵族称呼。
② 奥斯特里茨战役,1805 年 12 月 2 日发生在第三次反法同盟战争期间,因参战方为法兰西帝国皇帝拿破仑·波拿巴、俄罗斯帝国皇帝沙皇亚历山大一世、神圣罗马帝国皇帝弗朗茨二世,所以又称"三皇之战"。
③ 耶拿战役,拿破仑在此大败奥俄普联军。

89

上都是一个迟到的旅行者,在各种艺术门类都是一个才智卓绝的半吊子。他越认识这个世界,越学会清晰地观察这个世界,他就觉得越发自由,越发靠近自己。

1809年,维也纳。5月31日,苏格兰人教堂一片阴暗,空了一半,沉浸在晓雾之中。

在第一排,跪着几个身材瘦小年迈的老爷爷老婆婆,身穿可怜巴巴的黑色丧服:是善良的海顿老爹①来自罗劳的亲戚。法兰西的燃烧弹突然飞落他心爱的维也纳,把这位风烛残年、颤颤巍巍的老人活活吓死:为国歌谱曲的人民作曲家死得富有爱国情怀,他结结巴巴地说出这样几个字:"上帝保佑弗朗茨皇帝②!"人们不得不把他孩子一样轻的遗体在挺进京城的法兰西大军人马杂沓的混乱之中,从郊区贡本多尔夫极为匆忙仓促地搬到墓地里。现在维也纳的音乐家们事后为他们的大师,在苏格兰人教堂举行庄严隆重的追思弥撒。有一大帮人壮着胆子,从被占领的房子里走了出来,为了对海顿老爹表示敬意;也许在他们当中也站着那个短腿的怪人,长着一头蓬乱狮子头发的梵·贝多芬先生;有个来自里希滕塔尔的十二岁男孩,名叫弗朗茨·舒伯特的也在那上面男童合唱队里唱歌。但是现在谁也不注意别人,因为突然之间,显然有个法国高级军官,身着全副军装走进教堂,陪伴他的是另外一个身穿科学院绣花礼服的先生。大家不由自主地都大吃一惊:难道法兰西侵略者到末了还想禁止人们在这里,向善良温和的海顿老爹表示最后的敬意吗?不是如此,完全不是如此:封·贝尔先生,法兰西大军的军事法庭庭长,完全是私人探访。他在宿营地的什么地方听说,在这次隆重的典礼上将演奏莫扎特的《安魂曲》。为了谛听莫扎特或者奇玛罗萨的曲子,这位可疑的赳赳武夫不惜骑马奔驰一百里路程,因为对他而言,他心爱的这些大师们的四十拍乐曲胜过一场陈尸四万、壮观惨烈、具有世界历史意义的鏖战。他小心翼翼地

---

① 约瑟夫·海顿(1732—1809),奥地利作曲家。
② 弗朗茨二世(1768—1835),奥地利皇帝。

走进教堂里排列的座位,倾听此刻缓缓奏响的音乐。奇怪的是,《安魂曲》并不使他感到悦耳。他觉得这曲子"过于喧闹",这不是"他心目中的"莫扎特,那像羽翼一样轻盈、无忧无虑的莫扎特;每当艺术超越了那清亮歌咏的界限,大胆地升腾,超过人的嗓音,进入永恒的元素,更加狂野、更加无拘无束的境地,他就觉得这艺术殊为陌生。就是晚上在凯恩特纳门①剧院上演的《唐璜》②,他也要缓缓地过一阵子才理解,倘若和他待在同一屋里的邻人,路特维希·梵·贝多芬先生(司汤达对他还一无所知)让自己秉性中的北风之神向他狂呼怒号,司汤达碰到这神圣的混乱音响,一定会和他身在魏玛的伟大诗人兄长,封·歌德先生一样大吃一惊。

弥撒结束。亨利·贝尔脸色开朗地走出教堂,军装锃亮,情绪高涨,目空一切,沿着格拉本大街信步徜徉。他觉得这座美丽清洁的城市维也纳和它的居民真叫人着迷,他们制作优美悦耳的音乐,并不因此变得如此生硬、如此喜欢冥思苦想,就像远在北国的另外一些德国人那样。照理他现在应该回去办公,去操办法兰西大军的粮秣事项,但是他觉得这事并非头等重要。达吕表哥像个工作狂似的废寝忘食地工作,拿破仑眼看就要赢得胜利——感谢上帝,创造了这样一批喜欢干活的怪物:靠着他们,日子可以过得很好。贝尔表弟从青年时代起就精通忘恩负义的魔鬼艺术,于是他便宁可选择更加舒适的职务,在维也纳安慰达吕夫人,排解她因为丈夫的工作狂而引起的烦恼。报答一个恩人,还有什么比用感情和柔情仁慈地对待他的妻子更好的法子呢?贝尔和达吕的妻子一起骑马出游,前往普拉特尔公园,在被枪炮打得千疮百孔的贵族别墅的亭榭里,发生了多少亲密的事件。他们一起观赏画廊、珍宝库和贵族家美丽的乡间府邸,乘坐弹簧极佳的四轮轻便马车一阵疾驰,直到匈牙利,与此同时,士兵们在瓦格拉姆互相厮杀,打得脑袋开花,正直的丈夫达吕写得汗流浃背。下午属于爱情,晚上属于凯恩特纳门剧院,最好能欣赏莫扎特的作品,永远

---

① 凯恩特纳门剧院,维也纳的著名剧院。
② 《唐璜》,莫扎特的歌剧。

91

有音乐可听——渐渐地这位身穿督察制服的奇人理解到,对他而言,人生的一切意义和甜蜜都存在于艺术之中。

1810年至1812年,巴黎。帝国的繁荣昌盛年代。

日子越过越美妙。他有钱,没有职位,——上帝也知道,他没有功勋!——多亏柔软的女人的小手,他变成了国务咨询会议的成员和皇家家具总管。幸亏拿破仑从不认真需要国务咨询会议的任何忠告,他们有大量时间可以散步——不,是驱车出游!因为突然之间得到大笔薪俸,钱包塞得鼓鼓的,亨利·贝尔现在亲自驾驭他自己的漆得耀眼生辉的单马双轮轻便马车,在德·福伊咖啡馆用餐,让首席裁缝给他制衣,和他的表嫂私通,另外又包养一个名叫伯赖特尔的舞女(这是他青年时代的理想)。多么奇怪,到三十岁反倒比二十岁时得到更多女人的青睐,多么难以解释。你越装得冷漠,女人反而越发激情似火;现在,巴黎也慢慢地让他喜欢起来,而他还是个穷大学生时,觉得巴黎如此丑陋不堪;真的,生活变得美好起来。最美妙的是,他现在有钱,有时间,甚至有那么多时间,为了消遣,其实只是为了回忆他心爱的意大利,他撰写一本《绘画史》。唉,撰写艺术史的著作,实在是个愉快已极的消遣,不承担任何义务,尤其是像亨利·贝尔那样舒服的做法,全书的四分之三干脆抄自其他书籍,只有剩下的那部分松松散散地用趣事逸闻、笑话噱头来填满:可是仅仅作为享受者来接近精神的产品,这是什么样的幸福啊!亨利·贝尔心想,也许说不定,等他老了,他可以写些书,用回忆录来捕捉失去的岁月和往昔的女人。但是何必现在就动手:现在生活还过于丰富,过于充实,过于美好,不必在书桌前蹉跎光阴!

1812年至1813年,小小的干扰:拿破仑又发动战争,这一次远在千里之外。但是俄罗斯,这个具有冒险色彩的国度,引诱这位永远好奇心切的旅行者出游:能够亲眼看见克里姆林宫和莫斯科人,这是绝无仅有的良好机会,而且是国家出钱,让他溜到东方去逛一趟,不言而喻,是和后勤部队待在一起,既舒服惬意,又没有危险,就和当年远征意大利、德国和奥地利那样。果不其然,他拿到玛丽·路易丝①的一个大皮夹,满载着给她伟大夫君的信札。贝尔庄严隆重地受到委托,乘坐加快马车和铺了皮毯的雪橇,把这秘密邮件一直送到莫斯科。贝尔凭经验得知,在近处观看战争,他总觉得无聊已极,所以他自己私下带了一些东西,供他个人消遣,用绿色摩洛哥羊皮装订的十二卷《绘画史》草稿的抄件,和他动笔写了几年的一出喜剧;在什么地方给自己干点私活比在大本营更好呢?说到底,塔尔玛②也会到莫斯科来,还有大歌剧院,他在这儿不会感到过于无聊的。再说了,还可以换换新鲜口味,有波兰女人、俄罗斯女人……

贝尔一路上只有在上演戏剧的地方,才停止前进:即使在战争中,即使在旅途中,他也不能缺少音乐。在任何地方,艺术都必须是他的女伴。可是在俄罗斯,有一场更加令人瞠目结舌的好戏在等待着他。莫斯科变成一座熊熊燃烧的世界都城,那副火光烛天的景象,自尼禄王③以来,没有一位诗人看见过比这更加壮丽辉煌的景色。只不过亨利·贝尔碰到这样慷慨激昂的契机,并没有撰写颂歌,他的书信也很少传播这一令人不快的事件。对于这位感觉细腻的享乐者来说,世界上军事的混战一场已经不再像十个节拍的音乐,或者一本聪明的书籍那样重要:心灵的颤动比波罗金诺④的火炮更使他感到震撼。他觉得他自己一生的历史比其他的历史更有意义,因此他在这场冲天烈火中只捞出一本装帧得很好的伏尔泰的文集,打算把此书带走:作为莫斯科的纪念品。但是这一次,战争也以它冰冻的双腿给这位躲在后勤部队里耽于空想的亨利·贝尔狠狠地踢了一下。在别列津纳河⑤河畔,军事法庭庭长还有时间干干净净地刮了次脸(在整个军队里只有他这位独一无二的军官,还想着干这档子事),接着可就手忙脚乱地越过咯吱咯吱直响的行将断裂的大桥,不然可就有送命之虞。他的日记本、《绘画史》、美丽的《伏尔泰文集》,他的马匹、皮大

---

① 玛丽·路易丝(1791—1847),拿破仑的皇后,原来是奥地利公主。
② 法朗梭阿-约瑟夫·塔尔玛(1763—1826),当时巴黎的著名演员。
③ 尼禄王,古罗马暴君,曾纵火焚烧罗马城。
④ 1812年法兰西大军在此与俄军血战,史称波罗金诺战役,双方伤亡惨重。
⑤ 别列津纳河,第聂伯河上游的支流,1812年11月俄法军队在横跨此河的桥梁上发生激战,溃退的法军伤亡惨重。

氅和旅行袋全都落到哥萨克的手中。只是穿着一身褴褛的衣裳,浑身稀脏,受到追赶,皮肤冻裂,他才逃到普鲁士。他第一时间又是奔到歌剧院:就像别人首先洗澡,他却冲到音乐之中,使自己心旷神怡。所以对于亨利·贝尔而言,远征俄罗斯,大军遭到歼灭,仅仅只意味着两个夜场演出之间的一场插曲而已。回程时在科尼斯堡听《克莱门齐娅·蒂·提托》①,而在出发上前线时,在德累斯顿听《秘密婚姻》②。

1814年至1821年,米兰。又身着便服,亨利·贝尔受够了战争,终于受够了战争。从近处看,一场战役和另一场战役一模一样,每场战役看到的都是同样的东西——"那就是一无所有"。所有的任务和职务,爱国志士和屠杀,文件和军官,他都受够了。让拿破仑"皇冠梦"发作,战争狂发作,再一次征服法兰西:好,就让他干吧,但是从此别指望得到军事法庭庭长贝尔的援助。贝尔现在别无所求,只求不对别人发号施令,也不服从别人,他不贪求别的,只求得到最自然不过的东西,可也是最难得到的东西:终于,终于能过他自己的生活。

早在三年前,在习以为常的两次拿破仑战争之间,贝尔口袋里揣着两千法郎,兴高采烈,乐不可支,就像个孩子,驱车疾驰到意大利去度假:这时他对自己青年时代所怀有的思乡症已经开始,这种思乡症随着贝尔年龄增长,直到他的临终时刻,从来没有离开过他。而他的青春便叫做意大利:意大利和安琪拉·比埃特拉格鲁阿。他作为小小的下级军官曾经怯生生地暗恋过她,等到马车越过古老的山间隘口向下疾驰,他一下子控制不住,不得不又想起这个女郎。晚上抵达米兰,迅速洗去征尘,另换衣裳,赶到他心灵的故乡,斯卡拉剧院去听音乐。的确像他自己说的:"音乐唤醒爱情。"

第二天一早他就匆匆前去探望安琪拉,让人通报;安琪拉出现在他面前,依然还靓丽美艳,她客客气气地向贝尔表示欢迎,但是神情十分陌生。

---

① 《克莱门齐娅·蒂·提托》,意大利作曲家安东尼奥·卡尔达拉(1678—1736)根据意大利作家彼哀特罗·梅塔斯塔西奥的同名剧作创作的歌剧。
② 《秘密婚姻》,两幕喜歌剧,奇玛罗萨作于1792年,是18世纪意大利喜歌剧的代表作。

他自我介绍：亨利·贝尔。这个名字不起任何作用。于是贝尔开始回忆，提到约安维勒和其他伙伴，终于，他千百次梦见的这张心爱的脸庞，绽放出灿烂的微笑。啊，啊，您就是那个中国人。① ——这个嘲讽性的绰号是安琪拉·比埃特拉格鲁阿对她的这位浪漫的情郎还知道的一切。当然，现在亨利·贝尔已经不是十七岁，不再是一个毛头小伙子，他放肆而贪婪地承认他当年和今天对安琪拉的激情。安琪拉不胜惊讶地叫道："唉呀，为什么您当时不告诉我这事？"那她当时一定乐于满足贝尔小小的要求，这对一个慷慨成性的女人所费无几，幸亏现在还有时间，不久，这位浪漫主义者让人在他裤子的背带上绣上了他赢得那一次征服安琪拉·比埃特拉格鲁阿的爱情胜利的日期，当然，晚了十一年，在9月21日，中午十一点半。

紧接着，他们又十万火急地再一次把他召回巴黎。1814年，再一次，最后一次，为了这位科西嘉的战争狂人管理外省，保卫祖国。但是所幸的是——是啊，幸亏打仗终于结束，虽说是以一次失败告终，这个糟糕的法国人亨利·贝尔高兴得要死——三位皇帝②进入巴黎。现在他终于可以最终前往意大利，永远摆脱任何职务和祖国。美妙无比的岁月，可以完全献身于音乐、女人、谈话、写作和艺术。和情人们共度的岁月，当然是和那些把他欺骗得很惨的情人，就像过于慷慨的安琪拉，或者出于贞洁拒人于千里之外的情人，譬如那美丽的玛蒂尔德。但是在这些年里，他越来越感觉到、认识到他的自我，每天晚上在斯卡拉大剧院，灵魂在音乐中重新沐浴，得到净化，有时候享受到和当代最高贵的诗人拜伦③爵士的一次谈话，可以把从那不勒斯到拉万纳，全国所有的美景，把精通艺术的学者们所有的财富都汇集到自己心里。不屈从于任何人，不妨碍任何人的路，是自己的主人，不久是他自己的首领：无与伦比的自由岁月！ 自由万岁！④

---

① 原文是意大利文。
② 指奥地利皇帝、俄国沙皇和普鲁士国王。
③ 乔治·戈登·拜伦（1788—1824），英国伟大的浪漫主义诗人，代表作品有《恰尔德·哈洛尔德游记》《唐璜》等。
④ 原文是意大利文。

1821年，巴黎。自由万岁？在意大利谈论自由已经不再有什么好处。奥地利的老爷们和官府们听见"自由"二字就火冒三丈。也别写什么书，因为即使全是剽窃，就像《论海顿的信札》，或者全书的四分之三是从别的作家那里抄来的，例如《意大利绘画史》和《罗马、佛罗伦斯、那不勒斯》，他也会不自觉地在书页之间撒上一些盐巴和胡椒面，刺激得奥地利的官方的鼻子奇痒难熬。不久，严酷的书报检察官瓦布鲁谢克（实在想不出更妙的姓名，可是上帝有知！他的确就叫这个名字），就会向维也纳的警察大臣赛德尔尼茨基报告，在书中发现"无数可以指责的地方"。这样一来，他这个持有自由思想、居无定所的人，便很容易有风险，被奥地利人当作一个烧炭党①人，被意大利人视为一个间谍——所以最好立即开溜，这样又失去一个幻想。再说，要想自由，还有一点十分必要，那就是要有钱。这个杂种老爸（贝尔很少给他父亲更客气的称号），现在最终证明自己是个什么样的傻瓜，他居然连微不足道的一点年金也不留给他这个不孝的儿子。现在到哪儿去呢？在格雷诺布勒非窒息而死不可，自从波旁王室那些肥头胖耳的脑袋贴在银币上面以后，待在后勤部队里舒舒服服地驱车漫游的日子可惜一去不返。所以，还是回到巴黎，回到阁楼上。过去仅仅是消遣消遣，业余地信笔涂鸦，现在可要变成工作：写书，写书，撰写书籍。

1828年，巴黎。哲学家的夫人，德·特拉希夫人的沙龙。

午夜时分。蜡烛几乎已经燃尽。先生们在玩惠斯特牌。德·特拉希夫人，一位上了年纪的女士，坐在沙发上和一位侯爵夫人及其女友聊天。但是她并没有全神贯注地进行谈话，她一再心情不安地竖起耳朵。从后面，另一个房间里，在壁炉旁边，传来各式各样可疑的声响，女人的尖声大笑，一位先生怪声怪气的洪亮的笑声，然后又夹杂着生气的叫喊——别说了，太过分了，接着又爆发出那阵奇怪的笑声，可是很快又停住。德·特拉希夫人烦躁起来，肯定又是那个极端讨厌的贝尔给女士们撒了胡椒面。

---

① 烧炭党是19世纪后期活跃在意大利等国的秘密民族主义政党，谋求成立统一、自由的意大利，在意大利统一过程中发挥了重要作用。

平时他是一个聪明的人,感觉细腻,另外又古里古怪,有些放肆,还讨人喜欢,可是净和女演员们厮混,尤其和那个意大利的帕斯塔夫人过从甚密,把他的举止风度全都毁了。她向两位夫人说声失陪,急急忙忙地踏着小碎步跑了出去,让大家维护体面。可不是,贝尔就站在那里,完全置身于壁炉的阴影里,大概为了遮住他发福的肚子,手里拿着一杯潘趣酒,光彩夺目地说出一些趣事逸闻,就是火枪手听了也会脸上发烧。女士们似乎都准备逃走,她们一边笑,一边抗议,可是被这出色的叙述者所吸引,一再好奇而又激动地站住身子。他看上去就像森林之神西伦一样,红红的脸,胖胖的,眼睛闪闪发光,性格温和,极度聪明;现在既然德·特拉希夫人走来,向他投来严峻的目光,他就慌忙住口。女士们利用这一良好的机会,哈哈大笑着全都拔腿就跑。

不久,烛火熄灭。仆人们擎着直流烛泪的枝形灯盏陪送客人走下楼梯;三四辆马车等待着,女士们和她们的丈夫登上了马车,贝尔独自一人留了下来,情绪恶劣。没有一位女士让他上车,也没有一个女士向他发出邀请。作为一个讲述趣事逸闻的人,他还是蛮不错的。除此之外,他在女士们那里已经什么也不是。居里阿尔伯爵夫人和他断绝往来,他又没钱像从前那样包养一个舞女,慢慢地就上了年纪,他心情恶劣地在十一月的冷雨中踯躅着,走向他在黎歇留大街的寓所;要是衣服弄脏了怎么办,裁缝那儿还没付账呢。他深深地叹了口气,反正,人生中最美好的光景是一去不复返了,其实真该做个自我了断。他没好气地爬上楼梯(他脖子短,现在有时候呼吸也很急促),一直爬到顶层,点燃了油灯,翻翻纸张和账单。结算真是可悲!财产全花光了,撰写的书籍毫无进账,这么些年《论爱情》一书只卖了二十七本。(昨天,出版商以玩世不恭的口气对他说:"大家真想称之为一本神圣的书,因为没有一个人敢去动它。")这样,每天只剩下五法郎的年金,这点钱也许对于一个朝气蓬勃的帅小伙子并不算少,可是对于一个大腹便便上了年纪的先生,他既爱女人,又爱自由,实在少得可怜。最好就此了断,亨利·贝尔抽出一张对开的白纸,在这忧郁哀伤的一个月里,他第四次立下遗嘱:"我作为遗嘱的签字人,把我在黎歇留大街71号寓所里所有的一切,全都遗赠给我的表弟罗曼·哥隆。我希望把我直接送进公墓,葬礼的费用不得超过三十法郎。"附言中还写道:"我请求罗曼·哥隆原谅我给他添的这一麻烦。我尤其要恳求他切勿因为这一不可避免的意外事件而悲哀。"

"因为这一不可避免的意外事件",如果人家第二天把朋友们请来,发现子弹不是留在军用手枪里,而是卡在脑壳的骨头里,他们就会明白,这谦虚慎重的措辞是怎么回事。可是所幸的是,亨利·贝尔今天感到疲乏,他想等一天再自杀。第二天朋友们来看他,使他情绪又欢快起来。有个朋友在房里转来转去,看见桌上有张对开的白纸,写着一个标题《于连》。他好奇地问道,这是什么意思;唉,司汤达回答道,他想写一部长篇小说。朋友们听了都兴奋不已,纷纷给情绪忧郁的司汤达打气。果然,他开始动笔写这部作品。《于连》这个标题给划去了,代之以一个日后变得永垂不朽的标题:红与黑①。的确如此,从那天起,亨利·贝尔就此告终,另一个名字开始永久持续存在,叫作:司汤达。

1831年,契维塔维契亚。重新摇身一变。

一列炮舰庄严隆重地发出一声炮响,旌旗飘扬,表示敬意,这时一位身体肥胖的先生身穿富丽豪华的法国外交官的礼服,走下轮船。敬礼!——这位先生,身穿绣花的背心,金丝滚边的裤子,就是法国领事亨利·贝尔先生。又一次政权更迭把他扶上马鞍,就像从前是战争,现在是七月革命使他重新上台。一直充当自由主义者,不断地反对愚蠢的波旁王朝,这是值得的:多亏女人们一个劲地为他说情,他立即被任命为领事,派往他心爱的南国。原来是派到的里雅斯特去,可惜梅特涅②先生宣布,不希望这个写过令人讨厌的书籍的作者到那里去就职,拒绝给予签证。这样他就只好到契维塔维契亚去当领事,代表法国。这当然不如原来那样令人愉悦,但无论怎么说,毕竟是在意大利,而且薪金是一万五千法郎。

---

① 原文是法文。
② 克莱门斯·梅特涅(1773—1859),奥地利外交家。从1809年开始任奥地利外交大臣,1821年起兼任奥地利首相。任内成为"神圣同盟"和"四国同盟"的核心人物,反对一切民族主义、自由主义和革命运动。

因为不是马上就知道契维塔维契亚在地图上的什么地方,我们就得为此感到羞愧吗?完全不必:在意大利所有的城市当中,这大概是最最寒碜不过的小巢了。一个烧烤得白热化的恶毒的锅炉,非洲的炎热在锅里烹煮着寒热,是古罗马帆船航行时代的一座狭窄的、因为泥沙淤塞逐渐停止航运的港口,一座贫瘠衰弱的城市,荒芜、无聊、空洞无物,"你在这里会因百无聊赖而死于非命"。这座流放地的中途停留站里,亨利·贝尔最喜欢的只有那条通往罗马的大道,因为它只有十七里长,亨利·贝尔立即下定决心要频繁地使用这条大道,超过他尊严的身份允许的程度。照理他应该工作,撰写报告,进行外交活动,待在他的岗位上,但是外交部的那批蠢驴根本不会阅读他的报告,那又何必在这批擅长久坐的艺术家们身上浪费脑子——不如把所有的公文都推到他的下属,那个无赖吕西马楚斯·卡夫唐里乌·塔维尔尼埃身上。这头凶恶的野兽恨他,可他还得给这无赖谋到一枚荣誉团勋章,以便这个无赖对他经常缺席绝口不提。因为即使在这里,亨利·贝尔也宁可对待他的职务别太认真。他觉得,对于一个诚实的利己主义者而言,欺骗这个国家实在是他荣誉的责任;这个国家竟然把一个诗人送到这样恶心的烂泥坑里来。的确,和聪明人一起在罗马观赏画廊,找出各种借口驱车前往巴黎,不是比待在这里肯定无疑地慢慢变成白痴更好吗?他总不能老是去光顾同一家古玩店去见布琪先生,老是和同样的一些单调乏味的半吊子贵族们闲聊胡扯吧?不行,那还不如自言自语呢。他从几座老图书馆买了一批编年史,挑出最精彩的几份,把它们写成中篇小说。他说自己已经五十岁,已经老了,可是内心依然年轻。是啊,这样做就对了:为了忘记时间,就回顾自己的往事。他正在描写的这个腼腆羞怯的男孩,在这个身躯肥胖的领事看来,显得如此遥远,竟使他觉得,是在"发现另一个人"。于是亨利·贝尔,也就是司汤达,描写他的青年时代,用密码书写,为了不让人家猜到这个 H. B.,这个亨利·布吕拉究竟是谁,把一切都写进厚厚的本子里。在这自我返老还童的既令人欣慰,又自欺欺人的艺术游戏中,他忘记了他自己,所有人也都忘记了他。

1836年至1839年,巴黎。

又一次复活——真是妙不可言!——又一次回到光明之中。上帝赐福给妇女们,所有的好事都是来自她们——大名鼎鼎的德·莫莱①伯爵,如今当上了部长,女人们就对他百般奉承,说尽好话,直到这位部长心甘情愿地对于这桩有违国家利益的行为视而不见。亨利·贝尔先生可是驻契维塔维契亚的领事,居然肆无忌惮地、一声不响地把他的三个礼拜的假期延长到三年之久,而且现在还不想回到他的岗位上去。是啊,这位领事三年之久没有待在他的烂泥坑里,而是舒舒服服地待在巴黎,而让他的下属,那个希腊骗子在那里为他卖命,而他自己却在巴黎领取薪水。他有时间,心情欢快,又可以出入社交界,再一次、已经非常怯生生地搞一段恋情。他现在爱干什么就干什么,尤其可以干他觉得生活中最美好不过的事情:在他的寓所里踱来踱去,口授他的长篇小说《帕尔玛女修道院长》。领着国家丰厚的薪金而不必干活,他完全可以奢侈一把,反对时尚地进行写作,写一部不加甜点、不添香料的长篇小说,因为他终于得到了自由。对于亨利·贝尔而言,除了自由,世上已无其他天空。

但是这个天空不久就坍塌下来。他的保护人,那位为人能干待人宽厚的部长德·莫莱伯爵——真该给他建立一座纪念碑!——被迫下台,一位新的法老入主外交部,一位士兵元帅苏尔②。他对一个叫司汤达的人一无所知,只在花名册上找到一位亨利·贝尔领事先生,此人领取薪金,在教皇国家代表法国,可是没在那里任职,却在巴黎的各大剧院里观赏玩乐。这位元帅先是大吃一惊,接着对这懒惰的官员怒不可遏:他不去处理公文,却在这里优哉游哉地鬼混。立刻颁布一道严峻的命令,要他立即启程,不得延误。亨利·贝尔心情恶劣地穿上领事的制服,脱下诗人司汤达的外衣:这位五十四岁的男子不得不在烈日烧烤的盛夏酷热之中再一次疲惫不堪、极不乐意地向南奔驰,投入他的流亡地。他感觉到:这是最后一次。

---

① 路易-马修·德·莫莱(1781—1855),法国政治家,法国国王路易·菲利普一世的密友。
② 让-德-狄安·苏尔公爵(1769—1851),法国将军和政治家,曾任部长会议主席、总理。

1841年,巴黎,3月22日。

一个身躯肥胖、体格沉重的男子费劲地拖着脚步走过他心爱的大街。但是那美好的时光如今何在,那时他在这里还左顾右盼地观赏美女,像个花花公子似的用手里的那根秀气的手杖快速地画着圆圈,卖弄风情;现在他那索索直抖的手臂每走一步就使劲地拄着那结实的木头手杖。在最近一年,他,司汤达,老得多么厉害,从前熠熠生辉的眼睛,现在疲弱地陷在沉重的布满蓝色阴影的眼皮底下,神经的颤动不时在他的唇边掠过。几个月前他第一次得了中风。他愤怒地回忆起在米兰得到的那第一份爱情的馈赠;人们给他放血,用药膏和混合药剂把他折腾得十分厉害,最后,外交部终于批准这位病人从契维塔维契亚回到巴黎。可是现在巴黎有什么用处,巴尔扎克《论〈帕尔玛女修道院长〉》的那篇热情洋溢的文章又有什么用处,荣誉刚刚迟迟疑疑地露出最初的蓓蕾,对于"万事皆空"的状况已经触及的人,对于死神已经用它全是骨头的手指发出召唤的人,又有什么用处。这万分疲惫的影子艰难地拖着脚步,走向他的寓所,他都没有抬眼张望灵巧地驰过的闪闪发光的华丽马车,悠闲慵懒地聊天漫谈的散步的人们,衣衫窸窣作响的娼妓们——他只不过是傍晚人头攒动的大街上一个缓缓向前挪动的悲哀的斑点而已。

突然,人们围了过来,好奇心盛的行人挤在一起——这位肥胖的先生就在交易所门前栽倒在地,躺在那里,眼睛突出,一动不动地直望着前方,脸色发青:他第二次中风,这是致命的一击。人们把这微微痰喘的男子身上勒着脖子的衣衫扯开,把他抬进药房,然后抬到楼上他狭小的寓所。房里到处都是纸张、笔记、刚动笔的作品和日记本。在一本日记本里写着一句未卜先知的话:"我觉得再也没有比死在大街上更可笑的事了,倘若不是故意为之。"

1842年。一口箱子。

一个硕大无朋的木箱,一件廉价的货物一路颠簸,从契维塔维契亚穿过意大利运到法国。这个木箱拖到司汤达的表弟和遗嘱执行人罗曼·哥隆家里。表弟出于对死者的敬意(因为谁还关心这位死者,各报刚给了他一份六行篇幅的讣告!),想要发表这个怪人作品的全集,他叫人把木箱撬开——啊,上帝,多少纸啊,全都密密麻麻、杂乱无章地写满了密码和秘密符号,一个百无聊赖的写作者留下的乱七八糟的一大堆东西!他把其中最便于理解、写得完完整整的几部作品捞了出来,让人抄写一遍,接着,这位最为忠心耿耿的朋友也感到疲倦。在长篇小说《吕西安·娄凡》上面,他无可奈何地写了一句没法下手①。"没法下手",便是自传《亨利·布吕拉》,也被视为不合适,给搁了回去,一搁就是几十年。怎么处理这一大堆乱七八糟的东西,这一大堆毫无用处的废物,这乱成一团的废纸?哥隆把它们又全都统统塞进木箱,把木箱寄到司汤达青年时代的朋友克罗采那里,克罗采又把这口木箱送到格雷诺布勒的图书馆,以此作为最后安顿的地方。在那里,根据古老的图书馆的习惯,在每个卷宗上面都贴上写有数目字的纸条,使劲盖上印章,注册登记:登记完毕②,六十个卷宗。司汤达生平的著作和他自我描述的一生,如今官方入殓,封存在这埋葬图书的庞大的陈尸堂里,可以不受骚扰地任凭灰尘积累。因为整整四十年,没有一个人想过翻动一下这些沉睡的卷宗,弄脏自己的手指。

1888 年,巴黎,11 月。

人口日益增长,城市延伸开去,巴黎已经拥有四百万居民。这些居民并不只想用脚走路:于是公共汽车公司计划开辟一条新的路线,直达蒙马特尔。可惜沿途碰到一个讨厌的障碍,碰到一座公墓,蒙马特尔公墓:好,技术人员有办法克服这样的弊端,他们将在死人上面为活人修筑一座高架桥。这样一来,就不得不迁移几座坟墓。这时,他们在公墓的第四行第十一号墓地上,发现了一座完全被人遗弃、受到严重损毁的坟墓,上面刻着稀奇古怪的碑文:亨利·贝尔,米兰人,他生活过,写作过,恋爱过。③在这座公墓里,居然埋葬着一个意大利人?稀奇古怪的碑文,稀奇古怪的人!恰好有个人从旁走过,想起曾经有过一个名叫亨利·贝尔的法国作

---

① 原文是法文。
② 原文是拉丁文。
③ 原文是意大利文。

家,他希望安葬时使用这个虚假的报导。于是立刻成立了一个委员会,募集了一点钱,用来为这老旧的坟墓购置一块大理石碑。于是在这早已腐朽的肉体上面,那早已湮没无闻的名字,在足足被遗忘了四十六年后,1888年又突然之间闪闪发光。

稀奇古怪的机缘巧合。在人们想到司汤达的坟墓,把他的肉体再一次从墓穴中取出来的同一年,命运把一位年轻的波兰语言教师,斯达尼斯拉斯·斯特里恩斯基,打发到格雷诺布勒,他在那里感到无聊得要命。有一次在图书馆里到处乱翻,发现有许许多多陈旧的、尘封的、手写的卷宗堆在角落里,便开始阅读起来,同时破译那些密码。他越读下去越感到兴味盎然;他到处寻找,找到一个出版商;司汤达的日记,他的自传《亨利·布吕拉》,小说《吕西安·娄凡》得以面世,这样,真正的司汤达也终于显现出来。他真正的同时代人,欢欣鼓舞地认识到这个兄弟般的灵魂,因为他并不想把他的作品,献给他那同时代的人、和他时代相近的人们,而是想到那些未来的一代人,下一代人。他在书里不止一次写着这句话:我将在1880年左右享有盛名。当年这只是抛向虚无的一句无助的空话,如今却变成了出人意表的现实。就在他的尸体从地下挖掘出来的同时,他的作品从并非永恒的阴影中昂然升起:这位平素很难让人信服的人预告了他的复活,时间准确到他哪一年复活。他一直是诗人,他说的每句话里他都是诗人,但在这句话里,他证明自己也是先知。

孤身一人与芸芸众生

> 他难以使人愉悦,他过于与众不同①。

亨利·贝尔身上的这种具有独创性的内心矛盾冲突与生俱来,早就得之于他的父母;在父母亲身上便是迥乎不同的两个半边勉强凑合在一起。契鲁宾·贝尔,——看到这个名字,请别想到莫扎特②,千万别这样想!——是他父亲或者是那个愤怒已极的儿子和敌人亨利永远恶毒地称之为"杂种"的人,充分代表着坚韧、吝啬、顽固聪明,完全转化为金钱的外省布尔乔亚,就像福楼拜和巴尔扎克用愤怒的拳头扔到文学的墙壁上去的那个样子:亨利·贝尔从他那里不仅继承了他的身材,那硕大肥胖的身材,也在脑子里和血液里继承了他的自私自利的自我迷恋。母亲亨利哀特·戛尼翁则相反,来自浪漫的南国,从心理学来看,来自长篇小说。她完全可以是拉马丁吟诵的对象,或者使让-雅克·卢梭多愁善感:她纤丽清秀富有音乐天赋,天性感情细腻缠绵,具有南国人奔放的热情。亨利·贝尔在爱情上激情如炽、神经敏感、多愁善感、近乎女性,归功于他过早去世的母亲。这两个内心互相矛盾的性格制造出来的奇特的产儿,始终在血液中被这两种互相冲突的洪流所裹挟,在父亲的遗产和母亲的遗产之间,在现实主义和浪漫主义之间摇摆不定:因而他,这个未来的诗人

---

① 原文是法文。
② 指莫扎特歌剧《费加罗的婚礼》中的人物契鲁比诺,为伯爵夫人的侍童。与司汤达的父亲契鲁宾·贝尔毫不相干。

亨利·贝尔就一直内心充满矛盾和冲突。

小亨利很早在情感上就受到感应,表现出他的倾向:他爱母亲(甚至像他自己承认的,是怀着一种危险的激情奔放的早熟的倾向),他憎恨他的"father",怀着妒嫉和轻蔑的情绪,怀着一种西班牙式的冷漠,玩世不恭的深藏不露的仇恨,像宗教裁判所的审判官那样严峻无情、深究不舍。心理分析在任何别的地方也不如在司汤达的自传《亨利·布吕拉》的开头几页里,找到一个无懈可击的俄狄浦斯情结,以文学的方式展现出来。但是这种早年的紧张关系猝然断裂:因为母亲在儿子七岁时突然逝世,儿子到十六岁,乘坐邮政驿车离开格雷诺布勒时,心里认为父亲已经死去,从这天起,他认为自己已经用沉默和轻蔑在心里把父亲解决掉、埋葬掉了。但是即使浇上碱液,撒上轻蔑的熟石灰,这位顽强的精于计算、心思冷凝、极端务实的市民老爸贝尔还要在亨利·贝尔的身上,在他的血液里继续发挥作用五十年之久。他的两个心灵种族的祖上,贝尔家族的和戛尼翁家族的祖上,那务实的精神和浪漫的精神还将不断地在他心里格斗五十年,谁也无法完全制服对方。这一分钟,司汤达是他母亲真正的儿子,可是下一分钟,往往在同一分钟,他又是他父亲的儿子。他时而羞怯、腼腆,时而硬如顽石、冷嘲热讽;一会儿热情奔放、罗曼蒂克,一会儿又满腔狐疑、精于算计——甚至在一秒至一秒间闪电般一掠而过的间隔时间里,这炽热与冰冷还嘶嘶作响地交汇在一起。感情淹没了理性,理智又陡然挡住感觉。这种矛盾对立的产品从来就不完全属于一个天体,也从不完全属于另一个天体;在精神和感情之间所存在的永恒的战争之中,从来没有进行过比这场宏伟的心理学上的战斗更加优美的战役,这场战斗我们称之为司汤达。

不过,必须预先提及:这并不是决定性的战役,并非毁灭性的战役。司汤达并没有被彻底打败,也没有被他的矛盾冲突扯得四分五裂。某种伦理学上的懒惰,一种冷静观察的十分警惕的好奇心,防止这种伊壁鸠鲁派的天性不致遭到每一种真正的悲剧的命运。这个本质上清醒的精神,一辈子都小心翼翼地躲开一切破坏性的、妖魔般的力量,因为他的聪明才智的第一信条乃是自我保护,就像他在实际上,在拿破仑战争中时刻都知道,要待在后勤部队里,远离枪炮的射程,司汤达在他的心灵鏖战中,也宁可选择充当旁观者的安全位置,而不是选择冒死拼命的战斗者的坚毅果决的立场。他完全缺乏一个帕斯卡尔①,一个尼采,一个克莱斯特所拥有的那种最后的道德上的自我放弃。他们把碰到的矛盾中的任何一种都提高到决定人生的程度;而他,司汤达,当他在感情上承受他的矛盾的折磨时,却从精神安全的角度,满足于享受这一审美的戏剧。因此他的本质从来也没有受到他的各种矛盾对立的强烈震撼,他甚至都没有认真地憎恨他的这种内心分裂,可不,他甚至喜欢它。他热爱他的像金刚钻一样锋利、精准的理智,把它当做一样非常珍贵的东西,因为他的理智使他理解这个世界。但是另一方面,司汤达也热爱他的感情充溢,他的极度敏感,因为这使他脱离平凡的日常生活的沉闷和麻木。同样,他也认识这本质两端相互联系的危险,一方面是理智的危险,恰好让最为崇高的瞬间冷却下来,清醒过来;另一方面是感情的危险,受到诱惑,过于沉湎于模糊不清并非真诚的状态之中,从而破坏了清晰的目光和事物的清澈,而这清楚明了,恰好是他人生必须的条件。因此他恨不得让他心灵的两种类型,每种都能学习另一种的特点:司汤达不断地把他的感情表现得具有智力那样的清澈,又使理性具有激情——在这同一张紧张而又敏感的皮肤下面,他一辈子既是浪漫的理智主义者,又是一个有理智的浪漫主义者。

　　因此司汤达的每一个表达方式总是一个两位数的数字,从来也不是一个完整的单位:只有在这种双重性之中,他才得以完全自我实现。他那最强烈的瞬间总归功于他那原始的矛盾对立互相交融或者相互并列。他有一次这样说他自己:如果没有激情,也就没有精神②。这就是说:如果感情上没有激动,他也就不能很好地思维。但是如果不能立刻测量他自己激动的心脏跳动,他又不能准确地感觉。一方面崇拜梦幻是他生命感觉的最珍贵的条件,我最热爱的乃是梦幻③。可是没有梦幻的对立面,没有清醒状态,他又没法生活,要是我不能清清楚楚地看见,我整个世界便

---

① 布莱兹·帕斯卡尔(1623—1662),法国数学家、物理学家和宗教哲学家,创立了概率论,是微分学的先驱之一,著有《致外省人》和《思想录》。
②③ 原文是法文。

全都破灭①。就像歌德有一次谈论自己,人们通常称之为享乐的东西,"对他而言,永远漂浮于感情世界和理智之间",司汤达也只能多亏精神和血液的炽烈燃烧的熔合,才能感到世界的内容丰富的美。他知道,只是他的对立矛盾不断地互相摩擦才能产生心灵的电,产生那种神经通道上的哔啵作响和闪烁发光,才能产生我们今天一接触司汤达的一本书、一张纸,还会感到的那种劈啪作响的使人紧张的、令人激动的生气和活力,只有多亏这种生命力从一个极点跳跃到另一个极点,他才享受到这种电热耦合,他本质的这种独创性的和创造光明的结果,他那始终清醒的自我提高的本能把所有的激情都用在维护这紧张关系。他在心理学上做了无数超乎寻常的观察,他有一次说出这样一个出色的观点:"就像我们身上的肌肉必须经常做操,才不至于松弛无力,心理上的力量也必须不断练习、提高和精心培养。"司汤达比任何人都更加坚持不懈地彻底进行这种趋向完美的工作,他不断地以同样的爱,怀着并且维护着他的本质的两端,为了这认识的斗争,就像一位艺术家维护他的乐器,一个士兵维护他的武器;他不断地忙着锻炼他心灵的自我。为了把这种感情的高压,"道德的勃起",潜伏地维持着,他每天晚上都到歌剧院去用音乐来刺激他的扩张的能力,作为年长的先生还使劲地陷入新的钟情迷恋的状态之中。他发现记忆力出现虚弱的迹象,为了帮助他的记忆力能够达到精确的程度,他就每天进行特别的操练,就像每天早上在刮刀布上摩擦修脸刀一样,他在自我观察的粗绳上摩擦他的觉察能力。他用大量书籍和谈话,每天都输送给自己"几桶新的观点"。他充实自己,激动自己,绷紧自己,控制自己,达到越来越敏锐细腻的强度;他不断地把他的理智磨得更加锋利,不断地把他的感情练得更加柔韧。

多亏这种有意识的精心设计的自我完善的技术,司汤达无论在智力上,还是在感觉上都达到了一个完全异乎寻常的心灵上极端敏感的程度。我们必须花几十年时间在世界文学中往回游荡,才能找到一个类似的感觉敏锐同时精神犀利的感受能力,一个皮肤如此单薄、神经不断颤抖的感

---

① 原文是法文。

性生活,而其理智则像清水一样清澈,像清水一样清醒。当然,他的皮肤下面神经末梢如此纤细,动辄颤动不已,这样尽知一切,充满肉欲,不可能不受到惩罚;纤细精致,总是容易受到伤害,对于艺术是恩赐的东西,对于艺术家自己几乎永远变成人生的苦难。这个精工制造的生物司汤达处在他周边的环境之中多么受苦,置身于这个唉声叹气、感情过于做作的时代,他感到多么陌生,多么懊恼!这样一种智力很强的分寸感必然会觉得每种没有文化修养的状态就是侮辱,这样一种浪漫的灵魂必然会觉得中庸之人的感觉迟钝,道德上的怠惰是一种梦魇;就像童话里的公主在百十来张鸭绒被子下面依然能够感觉到豌豆①,司汤达也总能感觉到让他痛苦的每一个错误的字,每一个虚假的手势。一切假冒的浪漫的东西,一切拙劣夸张的东西,一切胆怯的含糊不清的东西对他内行的本能所起的作用,犹如冷水触及病牙。因为他对真诚、自然的感觉,他在精神上行家的本领,碰到每种陌生的感觉,过分和不及,都使他难受——我深恶痛绝的是粗俗不堪和矫揉造作②——无论在平庸乏味上还是在扭捏作态上。一句话,把感情弄得甜腻腻的,或者在感情激越的酵母中发胀起来,可以毁掉他的一本书,一个拙劣的动作可以毁掉他最美好的爱情奇遇。有一次他感情激动地观察拿破仑的一次战役:战场上人马拼死厮杀,乱作一团,大炮的轰隆雷鸣震天动地,映照着落日晚霞的余晖令人意想不到的缤纷色彩,混杂在血雨腥风的云彩之中,无可抗拒地使他那艺术家的灵魂心醉神迷。司汤达站在那里,激动地颤抖着,心有同感,浑身战栗。这时不幸的是,站在他身边的一位将军忽然灵机一动,用一句豪言壮语来描述眼前的这幅动人心魄的壮丽戏剧。"一场巨人的鏖战",这位将军十分惬意地对他身边的人说。这句笨拙的慷慨激昂的话,对于司汤达而言,立即彻底粉碎了产生同感的可能性。他急急忙忙地快步走开,一边诅咒着这个笨蛋,火冒三丈,大失所望,再也不可能再继续欣赏下去;每当他那超级敏感的味觉在某人表达感情时感觉到空话、废话或者连篇谎话的一丝一毫的

---

① 见安徒生的童话《豌豆上的公主》。
② 原文是法文。

怪味,他的分寸感立刻抗议。模糊不清的思想,过分热情的话语,每一次把感情大肆渲染、着力铺排都会使这个敏感的天才立即在审美上产生想要呕吐的效果:因此他也就很少赞扬同时代人的艺术,因为这些人的艺术当时特别装饰着甜蜜蜜的浪漫主义的(譬如夏多布里昂)①和虚假的英雄主义的风采(譬如维克多·雨果),因此他忍受得了、经受得起的人如此之少。但是这种漫无节制的过度敏感也同样用在他自己身上。在任何地方,只要他发现自己的感觉有极微小的偏离,感情的表达有不必要的越来越上扬的趋势,或者发现自己滑到多愁善感的境地,或者陷入一种胆怯的模糊不清不甚真实的状况,他就像一位严厉的小学教师敲打自己的手指。他那始终警觉清醒冷酷无情的理智,一直潜入到他古里古怪的梦幻之中,毫无顾忌地把他身上所有的遮羞布全都撕扯下来。很少有一个艺术家这样彻彻底底地培养自己要诚实对待一切,很少有一位心灵观察家这样残酷地监视他的最隐蔽的歧途和迷宫。

正因为司汤达这样清晰地认识自己,所以他也比任何人都更了解这种神经和精神上的过分敏感,正好是他的天才、他的美德和他的危险,"轻轻触及别人的东西,会深深地伤害我,直到流血为止"。② 只是轻轻碰了一下别人的东西,会伤害他这个超级敏感的人,直到流血为止。所以司汤达从青年时代起就本能地觉得"别人"③,是他自我的正好相反的对立面,是一种陌生的心灵族类的成员。这个笨手笨脚的小男孩在格雷诺布勒,看到他的同学没有头脑地到处乱蹦乱跳,瞎吵瞎闹,很早就在自己身上感觉到自己与众不同,后来这个新提升的下级军官亨利·贝尔在意大利看见其他军官顺利地驯服米兰的女人,善于十分自信地神气活现地把佩刀弄得叮当作响,他就更加痛切地获悉这点,他羡慕这些军官,嫉妒他们却无法效法他们。但在当时,他还把自己的柔弱、自己的窘迫尴尬、自己的感情细腻,当作一种男人的缺点,一种可怜巴巴的劣等质量,而感到

---

① 弗朗索瓦·夏多布里昂(1768—1848),法国作家、政治家、外交家和历史学家,法国浪漫主义文学的创始人之一。
② 原文是法文。
③ 其他的人。

羞耻。多年来,他试图对他的天性施加暴力,跟着那些大声吵吵嚷嚷的下等人大声吹牛,只是为了显得和这些粗鲁笨拙的家伙相似,并且引起他们的赞赏——可笑之极,徒劳无功!渐渐地,非常艰难地,非常痛苦地,这位感情上容易冲动的人,才发现他那无可救药的与众不同含有一种忧伤的魅力:心理学家终于醒来,司汤达渐渐地对自己好奇起来,开始发现自己。首先他只觉察到,他和大多数人迥乎不同,比他们构造得更加精致、更加敏感,听觉更加灵敏。周围没有一个人这样激情如炽地感觉,没有一个人思维如此清晰,没有一个人是这样奇妙的混合物,他能够到处都感觉到最精致细微的东西,尽管如此,却在实际生活中一无所获。毫无疑问,世上想必还有其他人属于这个奇怪的种类优越的人①,因为,否则,他怎么可能理解蒙田②这位不易亲近,绝顶聪明,藐视一切广大的、粗俗的群氓的才智之士,如果他不是与之同类的话;他又怎么可能与莫扎特有同样感受,如果不是有同样心灵的轻盈飘逸寓于他的心里。所以大概是在三十岁上,司汤达开始第一次预感到,他并不是一个失败的人,而是一个特别的人,属于那种罕见的、非常高贵的种族,赋有特权的人。这种人或此或彼,散见于极不相同的民族、种族和国度之中,犹如宝石深藏在平平常常的岩石里面。他觉得他是在这些人当中安家落户(而不是在法国人当中,他把法国人的属性像一件过于狭小的衣服一样扔掉),他是定居在另外一个看不见的祖国里,在一些心灵的器官更加精致、神经更加聪明的人们中间。他们从来也不互相扎堆成为一群粗鲁的蠢人,也不成为一些忙忙碌碌的帮派,只是时不时地向时代派出一名使者。就是为了他们,为了这些快活的少数人③,这些听觉灵敏、目光犀利、快捷地领悟一切的人,这些可以阅读时无须划出重点就能领悟一切,单凭心灵的本能就能明白每个暗示和每个瞬间的人——他只是为了他们,越过他自己的世纪撰写他的著作,只是向他们,他才以反写体④的文字,泄露他感情的秘密。自从

---

① 原文是法文。
② 米歇尔·德·蒙田(1533—1592),法国思想家。主要作品有《蒙田随笔集》。
③ 原文是英文。
④ 左右方向和原字形完全相反。

他学会了轻蔑、藐视之后,他周围的这些大声喧闹的下等人又关他什么事,只有涂得粗粗的刺眼的广告牌上的字才射进他们的眼睛,只有辣味浓重、油腻已极的菜肴才塞进他们的嘴巴。他让他笔下的于连高傲地说:其余的人关我什么事?别人关我什么事。在这么一个充满流氓无赖,这样庸俗鄙陋的世界里,没有取得成功不会羞耻,不会;平等是个伟大的讨人喜欢的法令。你得和其余的人同等对待,才能适应这批流氓,但是谢天谢地,他是一个与众不同的人物,一个优越的人,一个个别的、特殊的人,一个个体人物,一个与众不同的人物,不是牛羊似的成群结队的牲口。自从司汤达发现了自己的特别之处后,他在外面受到的一切屈辱,在宦海中不得提升,在女人那里丢人现眼,在文坛上全然失败,这一切全都作为他优越性的证明,他都予以充分享受。他的自卑感便信心百倍地转变成强烈的傲慢,转变成那种司汤达的奇妙无比、欢快开朗而又无忧无虑的倨傲。他现在故意越来越远离任何集体,只还有一个忧虑,即塑造他自己的性格,把他的性格,把他心灵的外貌更加引人注目地显突出来。只有特点在一个如此美国化的、一个如此推行"泰勒制度①的世界"里才有价值,只有稍稍与众不同的人才有趣;那么我们就特殊吧,我们就在我们身上坚持并且加强那粒"奇特"的种子吧!没有一个荷兰的种植郁金香的傻瓜,曾经对于一种极度珍贵的杂交品种的培植,会比司汤达培植他的矛盾心理和特殊性更加精心谨慎;司汤达把它们放在一种他自己称之为"贝尔主义"的精神香精里储存着,只是一种哲学,别无其他意义,只是一种把亨利·贝尔一成不变地存放在亨利·贝尔身上的艺术。只是为了把自己更强烈地和其他所有人分隔开来,他故意有意识地走向他那时代的反对派,像他笔下的于连一样生活:"与全社会作战"。作为诗人,他藐视美丽的形式,宣布市民阶级的法典为真正的诗艺②;作为士兵,他嘲笑战争;作为政治家,他讽刺历史;作为法国人,他讥笑法国人;他处处都在自己与众人之间挖上深沟,拉上铁丝网,只是为了不让他们靠近他。不言而喻,这样一来,

---

① 泰勒制度:美国工程师弗雷德里克·泰勒创造的一套工业管理方法,实行差别工资制,按劳动进行奖惩,按科学管理原则指挥生产。
② 原文是拉丁文。

他就断送了自己的一切前程,无论是当兵,当外交官,当文学家,他都与成功擦肩而过,但是这只增长了他的傲气:"我不属于成群结队的牲口,所以我一无所是";不,只是对于这些下等人,他才一无所是,在这些一无所是的人们面前,他才一无所是。他很高兴到处都不合群,既不适合他们的任何阶级、任何种族、任何阶层,也不适合他们的任何祖国。他欢欣鼓舞,作为一个长着两条腿的荒谬的东西,踩着自己的脚,走自己的路,而不是和那些奴性十足、充当仆役的傻瓜为伍,沿着康庄大道,径直走向成功。宁可滞留在后,宁可摒弃在外,宁可孤身一生。但是自由自在。司汤达天才地知晓这种自由独处,摆脱一切束缚和影响。倘若他有时由于生活所需,接受一个职业,穿上一套制服,那他也是只做不可避免、非做不可的那些事,以免丢掉饭碗,绝对不会多做一丝一毫。他的表兄给他披上了一身轻骑兵的制服,他并未因此觉得自己是个士兵;他写小说,但并未因此而完全献身于专业写作;他不得不佩戴外交官绣花的绶带,他在办公时间让某一个亨利·贝尔先生坐在办公桌旁边,此人和真正的司汤达只有皮肤、滚圆的肚子和骨头是一致的。他从来没有把他真正的本质的一部分献给艺术、科学,尤其没有献给他的职务。事实上真是这样,他的公务上的伙伴一辈子也没有一个想到,是在和法国最伟大的作家在同一个连队操练,或者在同一张办公桌上处理文件。即使他在文坛上声名卓越的同行们(除了巴尔扎克),也只把他看成一个挺逗乐的健谈之人,一位前军官,此人时不时地在星期天到他们耕耘的田地里去骑上一会儿马。在他的同时代人当中,也许只有叔本华①在一个相似的密不通风的精神孤立状态中,像他在心理学上的伟大兄弟司汤达那样生活过和工作过。

司汤达那种独特本质的最后一部分始终偏在一旁,用化学方式研究这个特殊的元素,意味着司汤达唯一真正全力以赴的活动。他从来没有否认过这种内向的人生态度的自私自利和自我施淫,相反,他自诩他的利己并且特意为之取了一个新的挑衅性的名字:自我中心主义,Egotismus——这并非印刷错误,千万不要和它的粗俗的粗鲁的杂种兄弟利己

---

① 阿瑟·叔本华(1788—1860),德国哲学家,唯意志论的创始人。

主义(Egoismus)相混淆。因为利己主义只想粗暴地把属于别人的东西都抢到自己身边,它有一双贪得无厌的手和一张满是嫉妒的扭曲的丑脸。它猜忌成性,绝不慷慨,不知餍足,即便是精神欲望混杂进来也不能使它从毫无想象力的感情粗暴中摆脱出来。司汤达的自我中心主义则相反,从不想攫取别人任何东西。他怀着一种贵族气派的高傲,让那些捞钱的人守着他们的钱,让那些野心勃勃的人留着他们的职位,让那些追名逐利的人抓着他们的勋章和奖章,让文学家们守住自己荣誉的肥皂泡——让他们就这样高高兴兴地活着吧!他则居高临下地向他们报以轻蔑的微笑,眼瞅着他们伸长脖子去争夺黄金白银,卑躬屈膝地弯腰曲背给自己加上各种称号,给自己挂上荣誉头衔,如何拉帮结伙地组成各种组织和小组,自以为在统治世界——让他们拥有吧①!他带着嘲讽的微笑对他们说,既无妒意,也不贪婪:但愿他们塞满了口袋,填饱了肚子!司汤达的自我中心主义只是激情四射的防御,他并不跨入别人的地区,但是也不允许任何人越过他的门槛。他唯一的野心只在于:在亨利·贝尔这个人身上创造一个完全遗世独立的空间,一座温室。在这里,个性这一热带的罕见植物可以不受阻碍地生长。因为司汤达只想从自己心里培植他的观点、他的倾向、他的喜爱,而且只为他自己;一本书、一个事件对于其他所有人有多大价值,他完全无所谓,也觉得毫无分量;一个事实对于当代、对于世界历史,甚至对于永恒无限,如何发生影响,对此,他傲慢地完全不予理睬:他只认为他喜欢的是美的,他此刻认为合适的是对的,他鄙夷不屑的,便是可鄙的。他拥有他的这一看法,完全离群孤立,这丝毫也不使他感到不安,相反,孤立只使他的自尊心感到欣喜,得到加强:"别人关我什么事!"于连的这一座右铭在美学上也完全适用于真正的、训练有素的自我中心主义者。

"但是,"在这里也许有人会不假思索地打断我们,提出异议,"干吗用这样一个虚张声势的字眼,自我中心主义,来表示一切不言而喻的事情当中的这个不言而喻的事情?人总是把自己认为美的东西,称为美的,总

---

① 原文是拉丁文。

是根据自己的判断来安排自己的生活,这不是最最自然不过的事吗!"不错,大家都愿意这样认为,但是仔细一审视,谁又能成功地做到完完全全的感觉独立、思想独立呢?即便是那些似乎是出自自己的评价,形成自己对一本书、一幅画、一个事件的意见的人,他们当中有谁还有勇气,胆敢始终不渝地坚持自己的意见,反对整个时代,反对整个世界?我们大家都在更高程度上无意识地受到影响,超过我们向自己承认的程度:时代的空气滞留在我们的肺里,甚至我们的心脏里,我们的判断和观点无数次地相互摩擦,不知不觉地磨掉了它们的尖刺,磨平了它们的锋芒,群众意见的强烈影响像无线电波,肉眼看不见地在大气中震颤。所以人的自然的反射绝不是坚持己见,而是让自己的意见适应时代的意见,向大多数人的感觉投降。倘若人类的大多数,压倒性的大多数不是像桃子、李子那样柔软,善于适应,他们千百万人不是出于本能或者惰性放弃他们私人的、个人的观点,那巨大宏伟的机器,早已停止运转。因此,每一次都需要有完全特别的毅力,需要一种叛逆的奋发向上的勇气——多么稀少的人才认识这种勇气啊!——才能顶住这千万个大气高压的精神压力,坚持他孤立的意志。必须有完全罕见的经受考验的力量汇集在一个个人的身上发挥作用,这个个人才能保住他的品质:有一种稳健的世界认识,有一种反应迅速的精神洞察力,有一种对一切人群畜类全都成竹在胸的轻蔑,有一种大胆的无视道德的满不在乎,尤其是对自己的信念要有勇气,有一种不可动摇的稳坐马鞍的勇敢精神。

  司汤达这位一切自我中心主义者当中的自我中心主义者,他就拥有这种勇气,看他大胆地挺身而出反抗他的时代,独自一人对抗所有的人,看他如何采用闪烁的招数,毫无顾忌地冲锋,没有披挂任何其他铠甲,只凭他那光彩夺目的高傲,拼命厮杀达半个世纪,杀得遍体鳞伤,从许多隐秘的伤口流出鲜血,但是昂然挺立,直到最后一刻,没有失去一丝一毫他的特点、他的执拗,看到这些,使人心旷神怡。充当反对派,他最为拿手,保持独立自主,他极度欢乐。诸位不妨查对一下上百个例子,看看这位坚持不懈的投石党[①]人如何肆无忌惮地抵制大众舆论,如何放肆大胆地向

---

  ① 投石党运动指 1648—1653 年发生在法国的反对专制王权的政治运动。

舆论挑战。在大家都热情洋溢地奢谈战役厮杀的时代,在法国,就像他说的"英雄气概这个概念总是不可避免地和军乐队的鼓手长联系在一起",他却把滑铁卢描写成一片遮天蔽日的混乱不堪,乱七八糟的各股力量在互相厮杀的场景;他毫无顾忌地承认,在远征俄罗斯时(历史编纂学家把这次远征赞为世界历史上的重大史诗),他个人觉得实在百无聊赖。他毫不害怕地确认,到意大利去旅行一次,为了和他的情人重逢,对他而言,比他祖国的命运更加重要,莫扎特的一阕咏叹调比一次政治危机更加有趣。"被人征服,我无所谓",他根本不在乎法国被外国军队占领,因为他就是一个自选的欧洲人,一个世界公民,一分钟也不关心战争胜负的千变万化,也不关心时髦的舆论,不关心各式各样的爱国主义,"可笑的、最愚蠢的"民族主义,而只关心他自己的精神天性得以保持纯真,得以实现。在这世界历史像可怕的雪山崩塌之际,他却如此自负专横,如此充满柔情地强调他的这一个人的天性,以致在读他的日记时有时会产生怀疑,在所有这些历史上标明的重要日子里,他个人是否的的确确作为目击证人真的在场。但是在某种意义上,司汤达也根本并不在场,即使他骑马横穿战场经历战争,或者坐在办公室的椅子里,他的心思也一直只在自己身上;他从来也不觉得自己有责任插上一手,跟着动动脑子,也算是心灵上参加了那些他一点儿也不动心的事件,就像歌德在他的历史记载中,在历史性的日子里,他只是读点从中文翻译过来的作品,司汤达在他那时代最震撼世界的时刻也只记下了他个人认为最重要的事情而已:他那时代的历史和他的历史似乎是用不同的字母、不同的词汇写成的。因此司汤达对他周围的人而言,是个不可靠的证人,而对他自己的世界而言,却是一个无可超越的证人;对于他这个彻彻底底的、最最值得赞美的、超群出众的自我中心主义者而言,所有发生的事件仅仅归结于那绝无仅有的无可挽回的个人司汤达-贝尔对于世事所经历的和所遭到的感情冲动;也许从来没有一个艺术家比这位英雄主义的独行客和坚信不疑的自我中心主义者司汤达,对他的自我更坚定、更激进、更狂热地生活过,并且把他的自我更有艺术性地发展成特有的自我。

但是正因为通过这种充满妒意的与世隔绝,这仔仔细细的封闭和对外彻底密封的状态,司汤达这个香精才这样毫不减少、毫不掺假地给我们保存着它的纯粹自然的芳香。在他这个没有染上时代颜料的人身上,我们才能观察到典型的人,观察到那永恒的个人如何在一个稀有的精致的标本身上、从心理学上完全脱离出来。的确在他那个法兰西世纪里,没有一部作品、一个人物保持着这样公式化的新鲜、新颖,未受外来影响;因为他把时代远远推开,他的作品便显得不受时代影响,因为他只过着他最最内心的生活,他才显得如此生机勃勃。一个人越是为他的时代而生,也会越快地随他的时代而死。如果他越是在自己心里保持他真正的本质,那么他身上保留下来的东西也就越多。

艺 术 家

　　老实说，我不大有把握自以为有什么才能让别人来读我的作品。我有时候发现我很有兴趣写作。这就是一切。

——司汤达致巴尔扎克信

　　司汤达这个文坛上最最妒嫉心切的自我维护者，对什么都不会完全献出自己，对任何人、任何职业、任何职位都不会完全献身。他若写作书籍——长篇小说、中篇小说、心理学著作，他只是把自己写进这些书里：便是这种激情也仅仅为他自己的快乐效劳。司汤达在他的讣告里作为他一生最大成就大加自诩的乃是："毕生从未做过一件不是使他欢愉的事情"。只有在艺术这个行当给他启发的时候，他才是艺术家，他为艺术服务，就像艺术为他的最终目的服务：为他的欢愉①，为他的惬意，为他自己的快乐服务。有些人因为司汤达在这期间，作为重要诗人享誉世上，以为他自己也同样重视他的艺术，这些人全都大错特错了：我的上帝，这位独立不羁的狂热分子，把他算作诗人部族的一员，算作职业作家，不知会如何火冒三丈。他的遗嘱执行者完完全全是自作主张，故意歪曲司汤达的最终遗愿，才把这种过分强调文学镌刻到石头上面。他刻在大理石上的是"他写作过，恋爱过，生活过"，而遗嘱中强调的这几个字分明是另外的顺序："他生活过，写作过，恋爱过"。因为司汤达忠于自己的座右铭，希

---

① 原文是意大利文。

望这几个字是按照这一顺序永远流传下去,他把生活置于写作之前,他觉得乐享生活比创作更加重要。整个写作工作无非只起到他自我发展的一种有趣的补充作用,是许多反抗无聊的滋补强身的手段而已。如果不认识到文学对于这位热情的乐享人生的人而言,只是他个性的偶然表达形式,而不是决定性的表达形式,那就是把他看错了。

当然,作为年轻人,他在巴黎初来乍到,头脑简单耽于理想主义,也曾一度想当诗人,自然是当一名大名鼎鼎的诗人,哪一个十七岁的少年不想当个著名诗人?他当时琢磨再三,弄出几篇哲学文章,撰写一出永远也没完成的诗体喜剧;然后过了足足十四年,他把文学忘得一干二净,骑在马上或者坐在办公桌旁,在林荫大道上漫步,一脸愁容,向心仪的女人白费力气地大献殷勤,绝对更关心美术和音乐,而不是舞文弄墨。1814年,他一时手头拮据,恼火的是他甚至不得不卖掉他的马匹,于是急急忙忙地用假名编写了一本书——《海顿传》,或者不如说,他放肆地偷窃了此书的意大利作者,那个可怜的卡尔帕尼的原书。此人后来大声呼救,痛骂这个素不相识的邦贝先生如此出人意料地把他抢劫一空。然后司汤达又同样是从其他一些书里七拼八凑地弄出一部意大利美术史来,书中撒进去几则趣事逸闻,因为这样可以给他带来金钱,另外也因为他觉得信笔驰骋,用各式各样的笔名、假名愚弄大家,着实有趣,他便今天作为艺术史家,明天作为国民经济学家(写出《一场反对企业家的阴谋》),后天作为文学评论家(写出《拉辛和莎士比亚》),或者作为心理学家(写出《论爱情》),写出一批书籍。他这样偶然地小试一把,发现写作并非那么艰难。只要聪明并且思想能灵敏地从唇间射出,在写作和交谈之间其实并没有多少区别,而在谈话和口授之间差别就更小(因为形式如何,司汤达完全满不在乎,所以他的书不是用铅笔信手涂鸦写在纸上的,就是一举手之间随便口授的)——所以他把文学充其量当作一种讨人喜欢的怪人的消遣。他从来没有觉得有必要让他真正的名字亨利·贝尔出现在他的作品上,单凭这一点,就足以证明他对追名逐利全然无动于衷。

一直到四十岁,他才更加经常地坐下来写作。为什么?莫非因为他变得更加野心勃勃,更加激情洋溢,更加钟情于艺术?非也,完全不是如此。只是因为他变得更加肥胖,因为他——不幸!——在女人那里更少取得成功,囊中更加羞涩,多余的没有打发掉的时间大大增多;简而言之,因为他需要代用品:"为了打消无聊",为了使自己不致无聊。就像用假发来取代以往浓密杂乱的头发,现在对于司汤达而言,则是长篇小说代替了人生,他用各式各样制造出来的梦幻来补偿日益减少的真正奇遇;最后他甚至发现写作使人愉悦,对他而言,简直是一个比各种沙龙里的平庸陈腐的演说家更加讨人喜欢、更加巧妙风趣的谈话对手。可不是,撰写小说的确是一件非常欢快的娱乐,干干净净,极为高尚。其前提是,不要过于认真,别像那些巴黎文人似的,弄得手指沾满汗水和野心,写作完全配得上一个自我中心主义者,是一种潇潇洒洒的不受任何拘束的精神游戏,这位日益年老的人越来越觉得这种游戏具有魅力。这件事情并不是非常艰苦:他花三个月时间,向某一个便宜的抄写员口授一部没有提纲的长篇小说,浪费不了过多的时间,也并不过于费劲。另外他还可以开开玩笑,对他的敌人悄悄地进行一番讽刺,对芸芸众生的庸俗卑下加以冷嘲热讽;他可以躲在一张面具后面,不会自我暴露;可以坦承自己心灵最富柔情蜜意的心曲,而把它们推在陌生的小伙子身上。他可以热情奔放激情似火,而不至于有损自己的名誉,身为老年人,却可以像个少年一样春梦连连,而不必为之感到羞愧。就这样,司汤达的创作就变成了享受,渐渐地变成了这位业已满师的享受者最私密最隐蔽的个人喜爱。但是司汤达从来也没有感觉,要制作伟大的艺术或者甚至做一部文学史,"我谈论一些我喜欢的事情,我从来也没有想过创作一部长篇小说的艺术。"他坦白地向巴尔扎克承认,他不想形式,不想评论,不想公众,不想报纸,也不想永垂不朽。作为一个无懈可击的自我中心主义者,他在写作时只想到自己和他的快乐。最后,到很晚很晚的时候,在他将近五十岁时,他发现了一件奇怪的事情:写书甚至可以赚钱。这个发现使他大为愠意:因为亨利·贝尔的最大的理想一直都是孤独和独立。

当然啰,他的书籍没有取得真正的成功,公众的胃口不习惯烹调得干巴巴、没有用油脂和多愁善感来加以调制的菜肴。他必须在塑造自己的人物之外再设想出一批公众,让时间回溯过去,进到另外一个世纪,设想一批精英,少数快活的人①,1890年代或者1900年代的一代人。但是同时代人的漠不关心并没有非常严重地伤害司汤达:归根到底这些书只是写给他自己的书信,"其余的人关我什么事?"司汤达只是为自己写作。这位日渐衰老的伊壁鸠鲁主义者给自己发明了一种新颖的、最后的、最精致的快乐:在阁楼上,在他的木桌上点上两支蜡烛写作或者口授。和他的灵魂和他的思想进行的这种亲密的、完全内心的私人谈话在他生活的终结,比一切女人和欢乐,比福伊咖啡馆,比沙龙里的讨论,甚至比音乐都更加重要。这个五十岁的男人终于在艺术里发现他第一位的,也是最古老的原始理想:孤寂中的享受和享受中的孤寂。

当然啰,这是迟到的快乐,犹如夕阳西下,已经染上了心灰意冷的沉沉暮霭。因为司汤达的作品面世较晚,无法再独创性地决定他的人生,它们只是结束,只是用音乐陪伴他缓缓地死去。司汤达四十三岁才开始写他的第一部长篇小说《红与黑》(先前有一部小说《阿尔芒斯》没法正经地计算在内),五十岁开始写《吕西安·娄凡》,五十三岁开始写第三部小说《帕尔玛女修道院长》。三部长篇小说穷尽了司汤达文学上的成就,三部小说从推动力的中心来看,其实只是一部,是同一个和同样的原始经历的变种,即亨利·贝尔青年时代心灵的历史。这日益衰老的老者不愿让他的青春在他的心里渐渐死去,要一再使之更新复活。所有这三部小说都可以冠以他的后继者和蔑视者福楼拜②用的书名,——《情感教育》③。

因为所有这三个年轻人,于连,这个备受虐待的农民之子,法布里齐奥,这位娇生惯养的侯爵,吕西安,这位银行家之子,全都怀着同样炽热滚烫、漫无节制的理想踏进一个日益冷却的世纪,他们全都迷恋拿破仑,迷恋英雄业绩,迷恋丰功伟绩,迷恋自由;他们大家首先从洋溢的感情中找出一种更崇高、更有才智、更轻松愉快的形式,越过真实的生活允许的程度。他们三个人全都充满了压抑的激情,把一颗杂乱无章,却一片童贞的心献给女人。他们三个人全都残忍地被一种锋利的认识唤醒,在一个充

---

① 原文是英文。
② 居斯塔夫·福楼拜(1821—1880),法国著名作家。
③ 原文是法文。

满霜冻和令人厌恶的世界里,必须把自己火热的心掩饰起来,绝对不许耽于幻想;他们纯洁的起跑碰到"其他人"——司汤达的那些永恒仇人的胸襟狭窄和市民担忧,全都砸得粉碎。渐渐地他们学会了自己敌人的诡计多端,那些使用卑劣的阴谋怪招的灵活机敏,精明无比的精打细算,变得狡猾无比,满口谎言,善于应对,心如铁石。或者变得更糟:他们变得聪明,如此精于算计和自私自利,就像那个上了年纪的司汤达一样,他们变成光彩夺目的外交官,商业天才和超凡脱俗的主教;简而言之,自从他们感到完全被痛苦地逐出他们真正的心灵王国,青年的王国,纯粹理想的王国,他们就和现实完全和解,他们就去适应现实。

为了这三个年轻人的缘故,或者不如说,为了曾经在他胸中悄悄呼吸的那个业已销声匿迹的年轻人的缘故,为了"他二十岁时的生活",为了激情满怀地再过一次这二十岁的人的生活,五十岁的亨利·贝尔撰写了这三部长篇小说。作为一个深知一切、头脑清晰的唯理智论者,他描述开始时永恒的浪漫主义。就这样这三部小说就奇妙地结合了他本质的原始的矛盾对立;在这里以老年的目光清晰描述了青年时代高贵的迷惘困惑,描述了司汤达在精神和感情、现实主义和浪漫主义之间,在三场令人难忘的战役中,胜利地进行的毕生的战斗。每次战役都牢记在人类的记忆之中,犹如马伦哥、滑铁卢和奥斯特里茨。

这三个年轻人尽管命运不同、出身不同、性格迥异,在感情上却是兄弟;他们的创造者把他天性中的浪漫主义遗传给了他们,在他们身上发展。同样,他们三人的对手也是一个人;莫斯卡伯爵,银行家娄凡和德·拉·莫勒伯爵,他们又都是贝尔。但是这个完全凝结成理智主义者,后来又变成聪明的老者的人,在他身上理性的 X 光射线,渐渐地把一切理想全都烧灼殆尽。这三个对手象征性地表示,生活最终会把这些年轻人变成什么,"彻头彻尾的狂热者感到厌烦,渐渐看清楚了"(亨利·贝尔这样谈论他的一生)。对英雄事迹的迷恋已经死绝,现在,策略和手法的可悲的优越性取代了令人陶醉的醉意,一种冷静的赌博的快乐取代了原始的激情。他们统治了世界,莫斯卡伯爵统治了一个侯爵领地,银行家娄凡统治了交易所,德·拉·莫勒伯爵统治了外交界,但是他们并不喜欢那些被他们的绳索牵着跳舞的玩偶,他们看不起这些人,正因为他们太近,太清楚地认识这些人的卑微可耻。他们还能够分享美丽和英雄主义,但也仅仅只是分享而已,他们恨不得把他们已经实现的一切愿望来交换年轻人朦胧、杂乱、笨拙的渴望,年轻人什么也没有达到,却永远梦想着一切。就像安东尼奥①这位冷冷地知晓一切,极端聪明的贵族,待在年轻的热情洋溢的诗人塔索身边,这些生活中拘束无味的散文作家,也这样面对他们年轻的竞争者,半是表示帮助,半是怀有敌意,半是充满轻蔑,暗中却满怀妒意,就像精神面对感情,清醒面对梦幻。

司汤达的世界就在男性命运的这两个永恒的极点之间,在孩子混乱的渴望和渴求现实权力的稳定,嘲讽、优越的意志之间盘旋。女人就向这些羞怯的、热切渴求的年轻人迎面走去,把她们沸腾的渴望盛在叮咚作响的盘子里,用善意好心的音乐来平息自己愤怒的未曾消除的渴求。司汤达的这些温柔的、即使激情如炽依然保持高贵的女人,德·瑞纳夫人,德·夏斯德莱夫人,第·桑斯维里纳公爵夫人,让她们的感情纯净地熊熊燃烧;但是即便是神圣地献身,也无法让她们的情人保持灵魂的初生儿般的纯洁,因为这些年轻人每向人生踏进一步,就会越向人类卑鄙下流的泥潭更加深陷一步。和这些女人对抗的,和这些英勇女人使人振奋、使灵魂可爱地舒展开来的元素相对抗的,在这里和平素一样,永远是卑劣的现实、贱民的损招,那些渺小的阴谋家们,追名逐利者们,像毒蛇一样奸诈、像毒蛇一样冷酷的坏蛋们,——简而言之,那芸芸众生,就像司汤达在他轻蔑愤怒之余所看见的那些平凡中庸的人们。他用他青年时代浪漫主义的镜头美化女人,作为老年人,他还一直钟情于爱情,与此同时,他用满腔集聚起来的愤怒把这帮低下的罪犯驱逐到行动中去,犹如驱逐到屠宰场的案子上去。他用粪土和烈火组成这些法官、检察官、卑微的部长们、仪仗队的军官们、沙龙里的空谈家,这些渺小的搬弄是非之辈,黏黏糊糊的,随波逐流的,每一个都像一团粪便,但是:永恒的灾难! 所有这些零排列

---

① 安东尼奥,歌德诗剧《托夸多·塔索》中的公国大臣,为人精明,对塔索满怀怨恨,塔索(1544—1595)在历史上确有其人,是意大利文艺复兴时期的叙事诗人,以诗作《被解放的耶路撒冷》成名。

起来就变成数目字和大数目字,在世界上总是这样,这些数字就成功地把崇高卓越的东西压碎。所以在他叙事的风格中,不可救药的狂热者的悲剧性的忧伤和大失所望者像匕首一样猛扎猛刺的嘲讽交替出现。司汤达在他的长篇小说中以炽烈的仇恨描写现实世界,同样也以他郁积深层的激情火焰描写他想象中的理想世界,在这两个领域中,他都是大师,在精神和感情这两个世界里,他都十分熟悉。

恰好是这点赋予司汤达的长篇小说以特别的魅力和特别的级别,它们虽说是晚期的作品,但在感情上充满青春活力,而在思想上又洞悉一切,颇为优越。因为只有距离才能独创性地解释每种激情的意义和美丽。"一个受激情感动的人,无法区别感情的细微差别"——深受感动的人,在受感动的瞬间并不知道他感情的细微差别;他也许可以让他的心醉神迷的状态抒情地或者狂热地一直滚滚向前,进入无边无际的状态,但他永远无法对它们进行解释,并且予以叙事的说明。真正的叙事的分析总要求目光清晰、血液平和、理智清醒,早已超越激情的状态。司汤达的长篇小说恰好绝妙地把这内心和外部同时包含在内;这里,恰好在男性的上升和消逝的界线上,一个艺术家"通晓一切"地描述感情;他又一次激动地分享他的激情,但是他已经"懂得"这种激情,能够发自内心地创造它,从外部来限制它。单单这一点,在司汤达的长篇小说中就意味着动力和最深沉的乐趣,观察他这新激起的激情的内部和里面——而外面发生的事件则相反,长篇小说的技巧部分,艺术家很不在意,他差不多是相当马虎地即兴信笔写了下来(他自己承认,写到每一章的结尾,他从不知道下一章该发生什么事情)。他的作品的艺术力量和动荡,完全来自内在的波浪起伏。小说最精彩的地方就在人们发现小说中人物的心灵也有所感觉,小说最最无与伦比的地方是,司汤达自己羞怯隐蔽的灵魂在他笔下的宠儿们的话语和行为中涌流,他让他的人物在自己的双重性上受苦受难。《帕尔玛女修道院长》中对滑铁卢战役的描写,便是他整个在意大利度过的青年时代的这样一个天才的缩写:就像他自己向往意大利,他的于连也想去投奔拿破仑,为了在战场上建立英雄业绩,但是现实生活一步一步地把他理想主义的设想逐一夺去。他没有看见铿锵作响的骑兵冲锋,看到的尽是现代战役的毫无意义的混战;没有看见拿破仑的大军,看见的只是一群连声咒骂、玩世不恭的兵痞子;没有看见英雄,只看见身着普通服装和五颜六色制服的平庸而大量的芸芸众生。这样一种冷静的描写只有在他的笔下才得以这样超群出众地曝光:就像在我们世俗的世界空间之中灵魂的狂喜,一再在精确的现实生活中遭到破坏,没有一个艺术家以如此圆满的强度把它表现出来。只有当他把他自己的经历赋予他的人物的时候,他才变成一个超越他艺术理智的艺术家:"他没有激情,就没有灵性"。

可是奇怪的是:恰好是他的这种感同身受的私密,司汤达这位长篇小说作家却想尽办法要加以掩饰。他羞于让一位偶然的、到末了嘲笑的读者猜出,司汤达在这儿想象出来的人物于连、吕西安和法布里齐奥身上裸露出了多少他的灵魂。因此司汤达在他的叙事作品里故意把自己装扮得十分冷峻,他让他的文风故意变得冷若冰霜,"做出一切努力,使自己变得冷漠生硬。"宁可显得冷酷无情,也不要伤感哀叹;宁可显得没有华丽色彩,也不要过于慷慨激昂;宁可要逻辑,也不要抒情! 因此他把那句在这期间反复咀嚼直到令人作呕的句子抛向世界:他在每天早上开始工作之前都要阅读《民法全书》,强迫自己习惯于这种干巴巴的就事论事的风格。但是司汤达绝不是认为枯燥无味便是他的理想;事实上,他用他的"对逻辑的夸大的爱",用他的追求清晰的激情,只想寻找仿佛在描述背后蒸发掉的那个难以觉察的风格:"风格只该像是一层透明的油漆:它不得改变放在油漆下面的颜色,或者事实和思想"。语言不得以艺术性极强的花腔,意大利歌剧的"花腔"①突出自己,相反,它应该消失在具体的思想后面,它应该像一位绅士穿的剪裁合身的西装,丝毫也不引人注目,只不过精确清晰地把心灵的动作表现出来。因为清晰明了,正是司汤达最最在乎的:他的高卢人清晰明了的本能憎恨任何模糊不清、云遮雾绕、膨胀放大,尤其憎恨那种自我享受的多愁善感,这是让-雅克·卢梭传到法国文学来的。即使在最混乱的感情里司汤达也要求清晰和真实,要求

---

① 原文是意大利文。

明亮直达内心的阴影浓重已极的迷宫之中。"写作",写作对他而言就叫作"解剖",那就是把搅拌过的感觉分解成它的组成部分,测量炎热达到几度,把激情当作一种疾病似的进行临床观察。只有清晰地丈量了他心灵的深度的人,才能富有男子气概地真正享受他自己的深度,只有观察过他心灵迷乱的人,才认识他自己感情的美。所以司汤达最喜欢做的莫过于操练古老的波斯人的美德,以清醒的精神来思考,狂喜的心脏在热情奔放的陶醉之中暴露一些什么:凭他的灵魂,他是灵魂最幸福的仆人,凭他的逻辑,他同时又是他激情的主人。

认识他自己的心,通过理智探究他的激情,从而提高这激情的秘密:这便是司汤达的公式。他的心灵的儿子,他的几个主人公,感受正好和他一模一样。他们也都不愿被盲目的感情所愚弄;他们要对感情进行监督、窥察、探究、分析,他们不仅要"感觉"他们的感觉,同时也要"理解"他们的感觉。他们不断心怀疑虑地审查自己,看看他们的感情冲动是真是假。在这感情冲动背后是否还躲藏着另外一种感情冲动,是否还有更深沉的感觉隐藏着。他们恋爱时,总时不时地停下飞轮,检查他们所处的气压的压力表。他们不断地反躬自问:"我已爱上她了吗?我还爱她吗?我在这种感觉中感到了什么,为什么我现在不再有这种感觉?我的爱慕是真实的还是勉强的,还是说,我只是说服自己去对她表示爱慕,还是说我只是在我自己面前演戏?"他们不断地伸手去测他们激动情绪的脉搏,要是激动的体温曲线停了一拍,他们立刻感觉到。即使在发生的事件达到汹涌奔腾的洪流最最湍急的关头,永远有"他想到","他对自己说",这"他想到"、这"他对自己说"打断叙述的焦躁不耐的进程。他们像物理学家或生理学家似的对每一个肌肉的动作、每一个神经的震颤,寻找着颇有才智的评注。我在这里选择《红与黑》里面那个著名的爱情场景的描绘作为例子,来说明司汤达即使在处女委身的炽烈瞬间也会让他笔下人物如何头脑清醒、目光清晰地行动:于连冒着生命危险在夜里一点钟搬来一架梯子,搁在德·拉·莫尔小姐的母亲敞开的窗子旁边,爬进小姐的房里——这是一个热情洋溢的人精心设计的行动,是浪漫主义的心想出来的。但是在他们两人都激情如火的时候,他们立刻理智起来。"于连非常窘迫,一时手足无措,心里完全没有一点儿爱的意思。窘迫之中他心想自己应该敢作敢当,试图拥抱玛蒂尔德。"去。"她说道,一把把他推开。遭到拒绝,他倒反而非常满意,急忙向周围扫了一眼。司汤达的主人公们,即使在他们放肆大胆的冒险经历之中还这样善于思考,意识清明,这样冷静清醒地进行思考。现在请诸位接着看这个场景的进展,这个高傲的姑娘最后如何在激动中经过各种思考,委身于她父亲的秘书。"玛蒂尔德费了大劲才称他为'你',而不是'您'。这个'你'说得毫无柔情,使于连一点儿也不感到惬意;他十分惊讶地确认,他还毫无幸福的感觉。为了能够感受到这种感觉,他最后就求助于思考:他发现自己身在一个年轻姑娘的恩宠之中,这个姑娘平素从不无保留地赞美别人。多亏这种思考,他的自尊心得到满足,从而获得了一种幸福。"这就是说,多亏——"一种思考",多亏一种"确认",完全没有柔情蜜意,没有任何火辣的干劲,这位大脑迷惑于情欲的恋人,勾引了他的浪漫主义的情妇,而这位情妇在事后立刻这样对自己说:"我得跟他说说话,这是情理中的事,现在是对情人说情话。"我们不禁和莎士比亚一起提出这样的问题:曾经有过一个女人在这种情绪下结婚的吗?在司汤达之前曾经有过一位作家敢于在一个诱奸的时刻,让人们这样思维冷静地自我监察,甚至仔细盘算,而这些人就像司汤达的人物,完全不是天性冷漠之人?这里我们就接近了司汤达心理描述艺术的最为内在的技术,这种技术即便是炎热也要分解出它的度数,感情也要剖析出它的冲动。司汤达从不观察一个激情的整体,而只是看它的局部。他用放大镜,甚至用慢镜头观察激情结晶凝练的过程;作为唯一的一个突击性的痉挛的动作,在现实的空间展开的运作,他那天才的分析性的精神把它剖析为无数的时间分子,他在我们的眼前人为地放慢这心理运动,为了让我们精神上更加容易理解。所以司汤达的长篇小说的情节(这是它的新颖之处!)只发生在心理的时间里,而不是在尘世的时间里。随着司汤达叙事艺术第一次转向(这预示了一种发展)揭示一切无意识的功能性的情节,《红与黑》开启了实验性的长篇小说,这和日后的文学心灵科学最终结为兄弟。司汤达的长篇小说中有的段落的确让人想起一座实验室的冷静和一间教室的冷淡;但是尽管如此,在司汤达身上的热情四射的艺术狂热,仍然像巴尔扎克的作品中那样富有独创性,只不过流于逻辑性,流于一种偏激的清晰癖,一种渴求灵魂洞察一切的愿望。他的世界的构造对他而言,只是通向理解灵魂的绕道,在整个壮丽辉煌的宇宙里,吸引他那炽热的好奇心的没有别的,只有人类,而在整个人类里,吸引他那炽热的好奇心的,又只有那唯一的、他感到深不可测的人,那叫作司汤达的微观世界。就是探究着一个人,他变成了诗人,他变成创造者,只是为了描述此人。尽管多亏天才,司汤达变成了最完美无缺的艺术家之一,但是司汤达本人并没有为艺术效力。他只是把艺术当作最为精致、最有灵气的工具,来测量灵魂的震颤,并把它变成音乐。艺术从来都不是他的目的,而是通向他唯一永恒目的的道路:为了发现自我,为了认识他自我的乐趣。

论心理学家的欢乐[①]

我真正的激情乃是认识和检验。
这种激情从未得到满足。

  一位老实巴交的市民有一次在一个社交场合走近司汤达,客客气气地很友善地询问这位陌生的先生操什么职业。一丝不怀好意的微笑便立刻掠过这个玩世不恭者的嘴角,一双小眼睛射出自负放肆的光芒,他故作谦虚地答道:"我是人心的观察者。"人心的观察者。这肯定是个讽刺,故意骗骗那个惊愕不已的布尔乔亚,寻寻开心;但是在这句捉迷藏似的笑话里,还是掺和了几分真诚,因为实际上司汤达一辈子干什么事情,也不像观察心灵事实这样有目的有计划。
  司汤达像少数人那样,认识这种有魔力的心理学家的快乐,并且几乎放荡地沉湎于精神人物的这种享受的激情之中;但是他关于心灵秘密的精致陶醉多么富有说服力,他的心理学的艺术是多么轻盈,多么使人心灵飞升!在这里好奇心只是出于聪明的神经,出于耳聪目明的感官,才把触角伸将出去,怀着一种灵敏的贪婪,从各种生机勃勃的东西当中吮吸其甜蜜的精神的骨髓。这个灵活的悟性用不着伸出手去抓住什么东西,用不着使用暴力把各种不寻常的现象聚拢来,敲碎它们的骨头,硬让它们适应

[①] 原文是拉丁文。

一种制度的普罗克鲁斯特斯①之床;司汤达的分析具有骤然发现的出人意表之处和令人高兴之处,有偶然邂逅的新鲜之处和令人愉悦之处。他的男性的贵族气派的猎获欲过于高傲,不会气喘吁吁、汗流满面地去追逐认识,用皮带和一群论据的猎犬把它们穷追到死;他憎恨这种令人恶心的行当,死乞白赖地掏出事件的内脏,作为哈鲁斯彼克斯②,在这些内脏里乱掏一气;他的精细入微的敏感,他对审美价值的敏锐的鉴别力,根本不需要粗暴的贪婪的手法。事物的气息,它们的香精飘浮在空中的芳香,它们超越尘世的精神四下放射的光芒,向这位品尝美味的天才充分暴露了它们内部物质的意义和秘密,从极为微小的波动他认出了一种感情,从一则逸闻认识这个故事,从一个箴言认识一个人。他只需要一星半点即将消失的几乎抓不住的细节,需要一个"缩影",需要梅花草大小的一点觉察,就足够了;他知道,就是这些微乎其微的观察,这些"小小的真实的事实",在心理学里是决定一切的。他的银行家娄凡也这样说,"只有在细节里才有新颖和真实"。司汤达自己非常骄傲地赞美一个"喜欢细节的时代,而且喜欢得很有道理",已经预感到即将来临的下一个世纪,这个世纪不再用空洞的、沉重的、粗线条的假设来从事心理学,而是从细胞和细菌的分子的真实情况来测算身体,是从精细入微的测听,从震荡神经的颤动来测算心灵的强度。在同一个时间,康德③的后裔谢林④、黑格尔⑤和所有这些人在讲台上还像变戏法似的在他们的教授礼帽下变出整个宇宙来,而这位孤独的人已经知道,高塔耸立的哲学无畏战舰⑥的时代,这种巨人体系的时代已经彻底结束,只有像潜水艇一样悄悄进行细小观察

---

① 普罗克鲁斯特斯,古希腊神话中的暴君,把人们捆在他的床上,过长,就斩断其脚;过短则使用暴力把他抻长。
② 哈鲁斯彼克斯指古罗马肠卜僧,用祭祀动物的内脏来占卜吉凶的宗教执事。
③ 伊曼努尔·康德(1724—1804),德国哲学家,德国古典哲学创始人,其学说深深影响近代哲学。
④ 弗里德里希·威廉·约瑟夫·封·谢林(1775—1854),德国哲学家。
⑤ 格奥尔格·威廉·弗里德里希·黑格尔(1770—1831),德国哲学家。
⑥ 无畏战舰是20世纪早期主要的战舰类型。英国皇家海军的无畏战舰在1906年第一次下水时,在人们的脑海中留下了如此深刻的印象,以至于后来建造的类似战舰被普遍地称为"无畏战舰"。

的鱼雷统治着精神的汪洋大海。但是他置身于这些片面性的专家们和怪癖的诗人们中间,从事这种聪明的猜谜艺术是多么孤独!他如何孤单地站立在那里,如何走在所有人的前面,走在当时的那些正直可靠、学究气浓的心灵研究者的前面,因为他没有背负装满了假设的教养。——"我既不指责也不赞成,我只是观察。"——追逐知识作为游戏,作为运动,只是成为自己知晓一切的快乐!就像他精神上的兄弟诺瓦利斯①一样,通过诗意的感觉赶在一切哲学的前面,他只爱认识的"花粉",这些偶然吹来,但是被一切有机物内在的感觉渗透的花粉,在这些花粉中,假定包含着萌芽状态的能够扎根的广泛的制度。司汤达的观察总是局限于微小的、只有微观方能觉察到的变化,局限于感情最初结晶的短暂的一秒钟时间。只有在那里他才贴近生活,感觉到肉体和灵魂那个新婚的时光,那些经院哲学家蛮横地把它称之为世界之谜:恰好在最微量的觉察之中,他才预感到最大量的真理。所以他的心理学首先看上去像是思想的金银丝编织品,一种小巧的艺术,一种和敏感进行的游戏,但是他有一种不可动摇的(而且是正确的)信念,最微小的精确的觉察是比任何理论更加重要的对感情的驱动世界的理解。"心的理解甚于感觉";心灵科学除了这些偶尔崩落的知觉之外,别无其他更稳妥的进入黑暗的通道。"除了这些感觉,别无真正真实的东西。"所以只需要"一辈子仔仔细细地观察五六种思想",也就足矣,有些规律已经暗示——并非专横地,而是独特地——一种精神的制度,理解它或者只是隐隐约约地感觉到它,便是每一种真正心理学的快乐和激情。

  司汤达做了无数次这样一些很有帮助的小观察,简洁的独一无二的发现,其中有些发现从此对于每一种艺术性的心灵解释都成为公理,成为基础。但是司汤达自己对于他发掘出来的这个宝藏从来也没有充分加以利用,他把这些向他闪现的电光般的思想懒洋洋地信笔写在纸上,未加整理或者有条有理地堆积起来:在他的书信里、回忆录里、长篇小说里可以

---

① 诺瓦利斯(1772—1801),为乔治·菲利普·弗里德里希·莱阿波尔特·封·哈尔登贝尔格男爵的笔名,德国诗人、作家,早期德国浪漫主义的重要代表。

发现,这些生命力旺盛的谷粒撒在各处,漫不经心地全凭偶然的机会被人发现。他整个的心理学著作合在一起只有一两百个警句、箴言和小说局部;司汤达很少费劲把其中一部分装帧成册,从未把它们整理得井井有条,成为一个真正的体系完整的理论。即使他在两本书的封面之间给我们留下的唯一的一部关于一种激情的专著,那本论爱情的专著,也是一本用断片、警句和逸闻汇成的加料大杂烩①。他小心翼翼地不把这篇研究文章称作《爱情》,而是称作《论爱情》,或者最好把它译成:《关于爱情的若干意见》。充其量他只是随手轻快地标明了几个基本区别,"出于激情之爱",肉体之爱,爱情的滋味,或者迅速地勾勒出一部理论,关于爱情的形成和消失。但是他的确只用铅笔勾勒(他也的的确确就是这样撰写这本书的)。他仅仅限于写点暗示,做些估计,毫无约束性的假设。他用逗乐的逸闻边聊边织,把这些东西编织在一起。因为司汤达丝毫不想当个深邃的思想家,彻底思考的思想家,为别人思考的思想家。他从来也不费心劳神,继续关心偶然相遇的事情。那种想透一切、深究内容、扩充铺排的扎扎实实的勤奋工作,这位在心灵的欧罗巴洲里慵懒的"旅游者",极为慷慨地漫不经心地把它们让给那些卖苦力的车夫们和粘粘贴贴的杂役们去干,整整一代法国人也的的确确把他信笔写下的大部分主题,都加以着意地修饰发挥。从他著名的爱情中的结晶理论(这个理论把感情变得有意识的过程和那根"萨尔茨堡的树枝"②——那根早就在盐水中浸透,又浸在矿山的碱水里的树枝相比较,花不了一秒钟的时间,突然就长上肉眼可见的结晶),就产生出十几部心理长篇小说。从他草草不恭地写下的一句关于种族和环境对艺术家发生影响的评语,丹纳③就写出了厚厚的艰深晦涩的一段假设。而心理学对于司汤达自己,对于这位不爱辛勤劳动的人,对这位天才的即兴诗人的影

---

① 原文是西班牙文。
② 1818年,司汤达和友人去萨尔茨堡一家盐矿参观,从盐的结晶受到启发,从此用"结晶"比喻爱情。
③ 依波利特·阿多尔夫·丹纳(1828—1893),法国十九世纪杰出的文学批评家、历史学家、艺术史家、文艺理论家、美学家。

响从不超过写些断片、写些箴言的程度。在这方面他是他的法国祖先帕斯卡尔、尚福尔①、拉罗什福科②、复伏纳尔格③的学生,他们也同样出于对一切真理的飞速前进的本质的尊敬感,从来没有把他们自己的观点挤在一起,变成一个肥厚的安坐在宽大臀部之上的真理。司汤达只不过随手把他的认识抛了出去,完全无所谓于究竟它们是否适合于人,究竟它们今天就被人认为是真理还是要到一百年之后才被人承认。他并不关心,是不是在他之前已经有人把这种认识写了下来,还是其他人在他之后才会把这种认识写出来。他思考和观察就像他呼吸、说话和写作一样毫不费劲,自然而然。寻找追随者从来就不是这位自由思想者的事情,也不是他的忧虑;观察,越来越深入地观察,思想,越来越清晰地思想,这对他已经够幸福的了。

和尼采一样,他不仅有良好的思想的勇气,有时也有一种非常迷人的纵情思考的欢乐;他坚强而又足够地放肆,和真理也进行游戏,并且用一种几乎是肉欲的快感去爱认识。这个优秀人物充溢着生活的感情,达到泡沫飞溅按捺不住的程度。但是这些个别的警句箴言只不过是他丰满充溢的心灵偶然溅过它的边缘散落出来的几滴而已。司汤达最最本质的丰盈一直保存在内心深处,既清凉又炽热;储存在磨光的水晶杯里,只有死亡才把这杯子砸碎。但是就是这几滴溅出去的酒浆,已经拥有思想的明亮而又使人振奋的醉人力量;它们像优质的香槟酒一样,激活心脏懒洋洋的跳动,使迟钝的生活的感觉为之一振。司汤达的心理学并非一个训练有素的头脑的几何学,而是他的一生浓缩的香精:这使他的真理如此真实,他的观点如此具有预见性,他的认识如此适用于全世界,尤其是如此罕见,同时又如此持久——因为任何思想勤奋都未能像一个确有把握的天性所具备的无所顾忌的思考勇气那样,把握住生动活泼之物的全部含义。思想和理论就像荷马笔下的阴间的阴

---

① 尼古拉斯·尚福尔(1741—1794),法国作家,以诙谐的警句著称。
② 拉罗什福科(1613—1680),法国著名的格言和回忆录作者。1662 年,有人未经他的准许出版了他的回忆录,书中的敏感内容惹怒了不少人。
③ 吕克·德·复伏纳尔格侯爵(1715—1747),法国作家。

影,永远只是松散的模式,没有形体的镜中形象:只有啜足了人的鲜血,它们才赢得声音和形状,才能向人类说话。

自 我 描 述

我曾经是什么？我现在是什么？要叫我说，我实在难以启齿。

司汤达令人惊讶的自我描述的高超技巧并非得自其他名师，完全得自他自己。司汤达有一次这样说："为了认识一个人，只消研究你自己就够了；为了认识人们，需要和他们来往。"接着他立刻补充道，他只是从书本来认识人们的，他所有的研究都是在他自己身上进行的。司汤达的心理学总是从他自己出发。永远只是回过头来瞄准他自己。但是在这条围绕一个个人的路上，人性的整个心灵的广度都包括在内。

自我描述的第一个学习过程，司汤达是在他的童年经历的。他充满激情地深爱他的母亲，可是母亲早逝，他感到遭到遗弃，看到周围尽是敌视的和陌生的人们。他必须掩饰和隐藏自己的灵魂，不让人看见，很早就用不断假装，学会了撒谎这个"奴隶的艺术"。他利用闹别扭发脾气的时间躲在角落里，窥察他的父亲、姑妈、老师，一切折磨他管他的人，仇恨使他的目光变得愠怒而犀利；在他进行世俗的实际的学习之前，他通过迫不得已的自卫，通过被人误解的压力，精通了心理学。

这位经过这样危险的初学阶段的人，他的第二教程持续的时间更长，其实贯穿他的终生：那就是爱情，女人成了他的高级学府。我们早已知道——他自己也并不否认这一忧伤的事实——司汤达作为一个情郎并非英雄，并非征服者，尤其不是唐璜。他自己却经常乐于把自己打扮成一个唐璜。梅里美①告诉我们,司汤达只喜欢让人看见自己处于钟情状态,可惜几乎总是处于不幸的钟情状态。"通常我的态度总是一个不幸的情人的态度"——他不得不承认,他在恋爱之中总是不幸,甚至承认,"在拿破仑大军之中,只有少数军官像他一样,拥有这么少女人"。他那宽肩肥硕的父亲和他那热血奔流的母亲遗传给他的却是一个极为旺盛的性欲——"火样的气质",可是尽管他的气质迫不及待地去检验每一个女人,看这女人对他是否"适合",司汤达一生在爱情上都始终是个愁容骑士。在家里,在办公桌旁,远离炮火的射程,这位典型的事先享受一切的人,出色地实施他那爱情的战略。"离她很远,他胆大包天,发誓什么都敢干。"他在日记本里都计划周密地一直写到最后时刻,他将在什么时候拿下他此刻的女神,"两天之内我会把她弄到手"②,可是一到他女神的身边,这位一心想当卡萨诺瓦的人顿时变成羞怯腼腆的文科中学生;第一次冲锋,照例(他自己也承认)以男子在已经顺从的女人面前暗自丢脸告终。在他需要大献殷勤的时候,他变得"胆怯而愚蠢",应该柔情绵绵的时候,他却变得玩世不恭;在需要发起进攻的时候,他变得多愁善感,简而言之,他计算再三,拘束得很,耽误了错过了最佳机会,又出于尴尬,出于害怕,表现得多愁善感,傻气十足,这位不合时宜的浪漫主义者"在轻骑兵的大氅之下"掩饰了他的柔情蜜意,轻骑兵的大氅粗暴生硬,哥萨克的话语露骨直率。因此他在女人身上连连"失利",这是他秘密的、最后被朋友们泄露出来的他一生的绝望。司汤达一生最最渴望的莫过于明显地取得爱情胜利,"爱情对我而言永远是所有事件中最伟大的事件,或者不如说是唯一的事件"。他对任何人,无论是对哲学家,还是对诗人,甚至对拿破仑,他都没有表现出这么多真正的敬意,像对他的戛尼翁舅舅或者对他的表哥玛尔基阿·达吕那样,他们两人都拥有无数的女人,而没有使用任何精神的或者心理学的绝招——或许正因为如此,才这么成功,因为司汤达渐渐地取得这样的认识,阻止人们在女人那里取得积极成功的,就是人们过于

---

① 普罗斯泼·梅里美(1803—1870),法国作家。
② 原文是英文。

受到感情的约束;"只要人们在女人身上花的劲不比打赢一盘台球使的劲更大,就能在女人那里得到成功",最后他这样说服自己。"我实在过于敏感,无法拥有色鬼的天才";他对任何问题也没有更持久更专注地思考过。恰好多亏他对情爱这样神经质的、疑虑重重的自我解剖,他才能够(我们和他一起)洞悉他感觉的最精致的纤维组织。他自己这样谈论:没有任何东西像恋爱的失败、征服女人数量之少(他征服的次数总共只有六七次),这样教育他去懂得心理学。倘若他和别人一样,在恋爱上鸿运高照,他永远也不会被迫这样执着地去探究女人的心理,她们身上散发出来的最精致、最娇嫩的气息:司汤达在女人身上学会审查他自己的灵魂,也是在这里他遭到排挤,使这个观察员变成行家。

  这种系统的自我观察之所以可以使司汤达极不寻常地早早进行自我描述,还有一个特别的非常奇怪的原因:司汤达记性不好,——或者不如说,他有一个任性的执拗的记忆力,反正是个不可靠的记忆力,所以他始终把铅笔握在手里,不断地记录、记录:写在读物边缘的空白处,写在散放的纸上,写在信里,尤其是写在日记里。他害怕忘了重要的生活经历,从而打断了他人生的持续性(人生是他唯一的艺术品,他按照计划,持续不断地写着这部艺术品)。这个恐惧令他总是立即用文字把每一次感情的波动、发生的每一个事件固定下来。他写了一封信给库里阿尔伯爵夫人,一封震撼人心、被啜泣撕得粉碎的情书,用一名记录员生硬的实事求是的风格记下他们的关系何时开始、何时结束的日期;他记下什么时候,几点钟,他终于战胜了安琪拉·比埃特拉格鲁阿。人们往往有这样的印象,他是握笔在手才开始思考。多亏这种病态的记录狂[①],我们才最终得到了六七十卷表现在一切想得到的诗文、书信和逸闻文字中的自我描述(直到今日,发表的文字还不及一半)。不是一种虚荣的或者裸露癖的自白欲,而是一种自私自利的恐惧,唯恐让那永远难以重获的司汤达这一物体在他那并不密封的记忆力当中渗漏出去一滴,才使司汤达的传记给我

[①] 记录狂也被称为涂写癖,指的是受一种强迫性的冲动来写。在特定的精神病学环境中,它会将一种病态的精神状态标记为书写杂乱和混乱的语句,甚至会退化成毫无意义的一系列词语。

们保存得这样完美。

司汤达对他记忆力的这一特点也像属于他的一切东西一样,都用一种洞察一切者的清晰明了进行了分析。首先他确定,他的记忆能力是非常自我中心主义的。"我对我不感兴趣的东西绝对缺乏记性"。因此他对一切与心灵无关的东西都记得很少,没有数字,没有日期,没有事实,没有地点;最为重要的历史事件,他都全然忘记其一切细节;谈到女人们或者朋友们,甚至拜伦[①]和罗西尼[②],他也不记得是什么时候遇见他们的;但是他并不否认这个缺点,而是毫不迟疑地承认:"我只要求有关我的感情的一切都是真实的"。只有有关他感情的一切,司汤达保证客观真实;他在他的一部作品里坚决"抗议","他从来也不敢声称,描绘了事物的现状,他仅仅只是描绘了事物在他心里留下的印象。""我不敢说描绘了事物的本身,我只是描绘事物对于我产生的印象"。所以任何东西也没法更清楚地证明,对司汤达而言,事件本身根本就并不真实存在,而只是事件在他心灵的波动中发生作用,这才存在:那么当然这种绝对片面的感情记忆力只有用一种无与伦比的清晰犀利才能使用,他毫无把握到底有没有和拿破仑谈过话,他不知道他是否的的确确曾经跨越过宏大的圣·伯纳德山隘,还是说他只记得一幅铜版画,同一个司汤达却像钻石一样清澈剔透地记得一个女人一掠而过的手势,一个轻轻的声调和一个动作,只要他从内心被这个女人激动。只要感情没有参与的地方,便有一动不动的昏黑的迷雾般的层层记忆堆在那里,往往达几十年之久——更奇怪的是,要是感情发生得过于狂烈,那么在司汤达身上,记忆力也遭到破坏。好几百次,恰好在他人生最紧张的瞬间(在描写越过阿尔卑斯山时、旅行到巴黎去时,和第一次缠绵的爱情之夜),他一再重复确认:"我对此已记不起来了,感情过于猛烈。"在限制得这样狭窄的这些感情范围之外,司汤达的记忆(他的艺术家气质也是如此),从来也不是无懈可击的:"我只记得这是人的画像。除此之外,我什么也不记得";在司汤达身上,只有强调

[①] 乔治·戈登·拜伦(1788—1824),英国伟大的浪漫主义诗人,代表作品有《恰尔德·哈洛尔德游记》《唐璜》等,并在他的诗歌里塑造了一批"拜伦式英雄"。

[②] 焦阿基诺·安东尼奥·罗西尼(1792—1868),意大利作曲家。

心灵的东西才不至于被遗忘。因此，这位绝对坚决的自我中心主义者在他的自传里，绝不是一位世界大事的见证人；因为他根本不会往回"思考"，他只能往回"感觉"。通过他灵魂的反射这条弯路——所以说并非直接的，他复制了事实发展的过程——"他发明了自己的人生"：他从感觉的回忆中不是找到了事实，而是发明出、杜撰出事实。就像他的自传有一些长篇小说似的东西，他的长篇小说也有一些自我描述的东西；千万不要指望从他那里得到他自己世界的方方面面都包括在内的描述，就像歌德在《诗与真》中所做的那样。就是作为一个自传作家，司汤达也必然是一个断片作者、印象主义者。事实果然如此，他只是用松散的、偶然的笔触和记录开始在那本"流水账"里，在他那本写了几十年的日记本里，描绘他自己的肖像，这本流水账不言而喻只是用来供他自己使用的。只是首先记录，只是趁热抓住那些小小的激动，趁它们还在手里不安地搏动，就像一只逮住的小鸟的心脏！千万别让它们扑腾着跑掉，把一切都逮到，都抓住，不能托付给记忆力这一不停流淌的河流，它在流动中把一切全都改变了位置，不知冲向何方！不必羞于把无关紧要的东西，仅仅是感觉的儿童玩具乱七八糟地堆在一口大箱子里：谁知道，说不定成年之后恰好最喜欢俯身去看看自己业已消逝的心灵的这些稀奇古怪、平庸乏味的东西。因此是一种天才的本能让这个少年把这些感情的微小的闪电似的图像，仔仔细细地收集起来予以保存；等他日后成熟起来，成为训练有素的心理学家，出类拔萃的艺术家就会充满感激之情，十分内行地把它们安排在他青年时代历史的宏伟画幅之中，那部他自己称之为《亨利·布吕拉》的自传之中，向他的童年投上这一奇妙的浪漫主义的晚年一瞥。

因为很久之后，司汤达才像构建他的长篇小说那样，在有意识的自传性的作品中建造他青年时代的精神建筑。在罗马蒙托里奥的圣彼得教堂的台阶上，坐着一个年事渐高的男子在回顾他的一生。再过几个月，他就年满半百：青春已逝，一切终于全都消逝，青春、女人、爱情。现在该是提出"我是谁？我曾经是谁？"这些问题的时候了。探究自己的心，使之变得更有准备，搏动得更加强劲、神采焕发，进行冒险的时间已经一去不返：此时此刻已在要求得出结论，进行回顾。晚上，司汤达刚从公使的社交集会上百无聊赖地回来(百无聊赖,因为他已征服不到任何女人,倦于进行一切轻浮的交谈),他突然决定:"我必须把我的一生写下来!要是我在两三年内能把这事完成,我也许终归会知道我曾经如何:欢快的还是忧郁的,聪明人还是大傻瓜,勇士还是懦夫,尤其是,幸福还是不幸。"

一个轻松的意图,一项艰巨的任务!因为司汤达打算在这本《亨利·布吕拉》中(此书他用密码写成,为了让可能会有的好奇之徒认不出此书的来由),"尽写真话";但是他知道尽写真话,只对自己保持真实是多么艰难!在往事影影绰绰的迷宫里如何辨明方向,熟悉道路,在鬼火和灯火之间加以区分,如何摆脱在道路的每个拐弯之处,经过化妆等待着你纠缠不休的种种谎话,这是多么艰难!司汤达这个心理学家在这里——第一次,也许作为绝无仅有的一个人,发明了一个天才的方法,不被过于使人愉悦的伪造回忆所欺骗,那就是飞快地信笔疾书,绝不再读一遍,也不再回想一次,"我定下了这一原则,绝不使自己受到约束,也绝不加以拭抹"。就这样干脆把羞耻和顾虑一扫而光;趁自我的法官、风习检察官在内心觉醒之前,就出乎意料带着自己的忏悔突然出现。不是精心描摹,而是像瞬间抓拍的摄影师!总是抓住感情典型活动的原始波动,不让它摆出一个人为的装腔作势的姿态。司汤达写作他自己的回忆录运笔如飞,一气呵成,的确如此,从来也不再读一遍写完的篇页,完全不对风格加以修饰,不顾上下文语气是否连贯一致,也不看是否条理清楚,外观如何,就仿佛这些篇页只是一封致朋友的私人信件:"我写这些东西毫不撒谎,我有所期待,绝不抱幻想,怀有欣喜,就像致朋友的一封信。"这句话里每个字都很重要:司汤达在作自我描述,"像他所希望的",真实可信,"不抱任何幻想""怀有欣喜""仿佛一封私人信件",而这"就是为了不像让-雅克·卢梭那样精巧优美地撒谎"。他有意识地为了真实之故,牺牲掉他回忆录的优美,为了心理学而牺牲掉艺术。

事实上,单从艺术性而言,无论是《亨利·布吕拉》还是其续篇《一个自我中心主义者的回忆录》,都是不甚可靠的艺术成果:两者成文都过于匆忙,过于草率,了无计划。司汤达认为值得回忆的事情刚一到手,他就闪电般飞快地扔到书里,根本不在乎这些事放在那个位置是否合适。就像在他的笔记本里,无比高雅的东西和极端肤浅的东西,不合情理的一般事情和最为私密的个人履历全都并排挨在一起。但是恰好是这种无拘无束的态度,这种撸起袖子来自我叙述,泄露了各式各样的真诚坦率,其中每一种坦诚都比整整一大卷书含有更多的内心世界的文献资料。那种十分重大的自白,像那臭名昭著的关于他对母亲所怀有的危险的爱慕,对父亲所怀的凶残致命的仇恨,这样一些自白搁在别人身上,只要有一位检察官有时间进行监视,立刻就会胆怯地爬进下意识的角落里去,不敢冒头:这些极端私密的东西——我们没法对此有别的说法——在故意勉强装出来的道德上的粗心大意的瞬间给滑了过去。只有通过这种天才的心理学家的制度,司汤达从来不让他的感觉有时间把自己修饰得"美丽"或者"符合道德",他才把它们真正抓个正着,抓到它们最痒的地方,而其他人,那些更加迟钝、更加缓慢的人看见了大呼小叫,猝然跳开:这些被人当场抓获的罪过和怪异,突然赤裸裸地、完全一丝不挂、寡廉鲜耻地站在平展的纸上,正第一次直眉竖眼地直瞪着人的眼睛。什么样奇妙的悲惨而又狂野的惊愕,什么样妖魔般无比强劲的愤怒的感情从一个幼小的儿童心灵里喷发出来!当小亨利深恶痛绝的塞拉斐姑妈死去时(姑妈是"两个放出来折磨我的魔鬼之一"——另一个魔鬼便是他父亲),这满腔怨愤、孤苦伶仃的孩子跪倒在地,感谢上帝。这样的场面谁能忘怀。紧挨着这个场景(在司汤达笔下,感情描写交叉重叠,五花八门,犹如迷宫)便是那个小小的评注:即使这个魔鬼有一次刺激这个孩子情欲的早熟片刻之久(这个场景得到仔细描写)。人们在司汤达之前几乎从来没有感觉到,人有着多少层次,互相冲突和互相矛盾的东西如何在神经最最细小的末梢互相接触,少不更事的儿童心灵便已经包含了卑鄙的和崇高的念头,残暴和柔弱,薄薄的一层层、一页摞一页,折好了放在那里;恰好是这些纯粹是偶然的、漫不经心的发现才真正开始了自传中的分析学。

因为恰好是这种尝试对形式和结构、对后世和文学、对道德和批评的草率和冷漠,恰好是这种尝试绝妙的私人性和自我享受的特性,使《亨利·布吕拉》成为一部难以忘怀的心灵文献。在他的长篇小说中,司汤达毕竟还想做艺术家;在这里他可只是一个人,一个个人,对自己充满了强烈的好奇心。他的自画像拥有难以描写的未完成作品的魅力和即兴写作的自发的真实性；人们从他的作品和他的自传里，永远认识不完司汤达。人们不断地重新受到吸引，来参透他的令人难以理解的谜语，在认识他时来理解他，在理解他时来认识他。所以他那色彩朦胧、既冷又热、为神经和精神弄得颤抖不已的心灵，至今还激情洋溢地发挥作用，继续栩栩如生。在他描述自我之际，他把好奇之欲和窥视心灵的艺术也描述进新的一代人中，并且教会我们大家自我盘问和自我窥视的光彩夺目的快乐。

形象的现状

我将在1900年左右为人理解。

——司汤达

司汤达跳过了整整一个世纪,十九世纪。他起步于十八世纪,受教于狄德罗和伏尔泰粗犷的唯物主义,终结于我们这个心理物理学演化成科学的心理学的时代之中。就像尼采说的,"需要两代人才能一定程度地赶上他,才能事后参透使他心醉神迷的谜语。"他的作品过时和冷却的部分少得令人惊讶,他作出的一大部分发现早已变成共同财富,而他的有些预言还正在非常活跃地逐一实现。他远远落在他的同时代人的后面,可是最后却超越了他们大家,只有巴尔扎克除外,因为尽管他们在艺术创作上千差万别各持一端,只有这两位,巴尔扎克和司汤达,塑造他们自己的时代超出了他们自己。巴尔扎克,他表现了社会各阶层的组合和改组,社会学上金钱的优势,对于当时各种关系起作用的政治机制,都扩大到异乎寻常的程度;司汤达则"用他那预见一切的心理学家的眼睛,和他把握事实的手法",把个人变小,显现细微的差别。社会的发展证明巴尔扎克有理,崭新的心理学证明司汤达有理。巴尔扎克对世界的审视预见了现代的时代,司汤达的本能预见了现代的人。

因为司汤达的人,也就是今天的我们,在自我观察方面更有锻炼,在心理学上更有训练,更乐于动用意识,道德上更加大方,神经更加紧张,对自己更加好奇,倦于一切冷冰冰的认识论,只渴望认识自己的本质。对于我们而言,有差异的人不再是怪物,不再是例外情况——孤独地置身于浪漫主义者之中的司汤达还认为自己是例外情况,因为心理学和心理分析的新颖学术,此后把各式各样精密的仪器交到我们手里,来照亮那些秘密,解开那些纠结。可是这位"奇怪地预见一切的人"(尼采又一次这样称呼司汤达),从他乘坐邮政驿车前往巴黎的时代起,从他身着拿破仑的制服时起,他就已经对我们了解了许多,他的非教条主义,他那很早就决定当欧洲人的抉择,他对于世界机械地变得平淡无味,感到厌恶,他对一切浮华夸张的群众英雄气概深恶痛绝,早已说出了我们心里想说的话!他对于他那时代的多愁善感的感情夸张表现出来的明显的倨傲,显得多有道理。他多么正确地认定我们的时代将是他闻名世界的时代!他用他的怪癖的实践为文学留下了无数足迹,开辟了无数道路:倘若没有司汤达的于连,就难以想象会有陀思妥耶夫斯基的"拉斯柯尔尼科夫①";没有司汤达的那幅堪称第一幅对滑铁卢现实逼真的描述作为榜样,就难以想象会有托尔斯泰对波罗蒂诺战役的描述;尼采的巨大无朋的思维快乐很少在别人那里,像在司汤达的话语和作品中这样得到完全的振奋。所以他们都来到他的身边,这些"兄弟般的灵魂",这些"优越的人士"。他一辈子都在寻找他们,却遍寻不得。一个迟来的祖国,也就是那些"和他相似的人们",唯一承认他那自由无羁的世界主义灵魂的人们,他们永远赋予他市民权利和市民王冠。因为他那一代人当中,没有一个人——除了巴尔扎克,这是唯一向他致以兄弟般问候的人——今天在精神和感情方面,和我们这样亲近,就像是同时代人;通过印刷这一心理学的传媒工具,通过冷冰冰的纸,我们感到他的形体和我们近在呼吸之间,无比亲切,深不可测,尽管他像少数几个人那样进行自我探索,在矛盾之中摇摆不定,散发出谜样色彩的萤光,制造最深的秘密,也保持最深的秘密,力求自我完善,可并没有完成,但是永远生机勃勃,生机勃勃,生机勃勃。因为正好是那些对于他们的时代古怪反常的人,最喜欢把下一个时代呼唤到他们中间。恰好是心灵最柔弱的振动却在时间上具有最遥远的波长。

---

① 拉斯柯尔尼科夫,陀思妥耶夫斯基小说《罪与罚》的主人公。

托尔斯泰

没有什么东西像一个人的毕生事业那样强烈地发生作用,说到底是此人整个一生在发生作用,并且迫使所有人都陷入同样的情绪之中。

——1894 年 3 月 23 日,日记

前　奏

重要的并不是道德上的尽善尽美，
而是臻于完美的过程。

——老年日记

"乌斯地方，有一个人名叫约伯。此人为人正直，敬畏上帝，不做坏事。他有七千只羊，三千骆驼，五百只驴，还有许多仆婢，在东方人当中最为显赫。"[①]

约伯的故事就是这样开始的。他一直受到神的恩宠，生活得心满意足，直到上帝伸手向他击去，让他罹患麻风病，为的是让他从沉闷的舒适惬意的状态中惊醒，折磨自己的灵魂。列夫·尼古拉耶维奇·托尔斯泰的精神史也是这样开始。他"雄踞"于尘世的权贵之上，住在祖传的府邸里面，家私万贯，悠闲自在。他身体健康，精力充沛，强壮有力。他得以迎娶自己心爱的姑娘，妻子为他生下了十三个儿女。他用手和心创作的作品已经发展到永垂不朽的程度，烛照整个时代：雅斯纳亚·波良纳的农民，当这有财有势的贵族骑马从旁驰过，全都毕恭毕敬地弯腰鞠躬，全世界都对他震耳欲聋的荣誉表示敬畏之情，就像约伯在接受考验之前，列夫·托尔斯泰也满足得不再有任何欲望。他有一次在一封信里写下了人们说出口来的最为狂妄的一句话："我幸福到了

[①] 约伯为《旧约·约伯记》中人物。茨威格的引文略有删减。

极点。"

可是一夜之间一切全都变得毫无意义,毫无价值。这勤奋的人对工作感到厌恶,对妻子感到陌生,对孩子漠不关心。夜里他从睡得被褥凌乱的床上起来,像个病人似的心神不宁地走来走去。白天他郁闷地坐在书桌前面,手像沉睡似的一动不动,眼睛失神地凝望着前面。有一次他急急忙忙地爬上楼梯,把猎枪锁在柜子里,免得他用武器对付自己;有时候他大声呻吟,就仿佛他的胸口正在裂开;有时候他在黑暗的房间里像个孩子似的连连啜泣。他收到信不再拆开,有朋友来不再接见。儿子们战战兢兢,妻子极度绝望地看着这个一下子变得脸色阴沉的男人。

这突然转变的原因究竟何在?是疾病悄悄地咬噬着他的生命,是他的身体染上了麻风病,还是灾祸从外面向他击来?列夫・尼古拉耶维奇・托尔斯泰到底出了什么事了?这个众人当中最有权势的人怎么突然之间变得这样郁郁寡欢,这个俄罗斯大地上最强有力的人怎么这样可悲地变得阴沉忧伤?

极为可怕的回答:没什么!什么也没发生,或者本来就是——更可怕的是:没有什么——这个没有什么,托尔斯泰在所有的事物后面看见的是:一片虚无。在托尔斯泰的灵魂里有什么东西已经破碎,向内部张开了裂口,小小的一道黑色的裂口。深受震撼的眼睛被迫直瞪着里面的一片虚无,直瞪着我们自己温暖的渗出鲜血的生命后面的这另一样东西,陌生的东西,直瞪着这过往匆匆的人生后面的永恒虚无。

谁若向这难以命名的深渊看上一眼,就再也无法把目光移开。黑暗将涌入他的感官之中,他生命的光线和色彩就将熄灭。笑声冻结在他的嘴里,他抓住任何东西都不会不感到这股寒意,他看任何东西都不会不同时想到那另一样东西,那一片虚无。方才还觉得非常丰满的东西都变得枯萎一片,毫无价值:荣誉变成追逐过眼云烟,艺术变成愚人开的玩笑,金钱变成一堆黄澄澄的渣滓,自己呼吸通畅机能健康的身体变成蠕虫之窝——这张黑色的肉眼看不见的嘴唇,吸尽了一切价值的精血和甘甜。这可怕的噬人的黑夜一样的虚无,携同一切造物原始的恐惧向谁张开,谁的世界便顿时冻结成冰。这是埃德加·爱伦·坡①的把一切全都席卷而去的"大漩涡",帕斯卡尔②说的比一切精神深度更加幽深的"无底深渊"。

想对这黑暗把一切掩饰起来,隐蔽起来,全然徒劳。把这种黑暗的吸力称之为上帝,把它神圣化,完全白费力气。用福音书的书页来把这黝黑的大洞贴好封住,也无济于事。这种原始的黝黑能穿过一切羊皮纸,熄灭教堂的蜡烛,这种从宇宙南北两极传来的冰冷的酷寒,无法靠字句的半温不热的呼吸变暖。人们开始大声祈祷,想要盖过这致命的压抑的沉寂,就像孩子在树林里大声歌唱,以驱赶他们感到的恐惧,也毫无用处。没有任何意志、任何智慧还能再一次照亮这曾经受到惊吓的人的阴郁的心。

托尔斯泰一生影响世界,在他五十四岁那年,他第一次正视这伟大虚无的眼睛。从这一刻起,一直到他辞世之时为止,他一直坚定不移毫不动摇地凝视着这一漆黑的窟窿,他自己人生背后的这一无法理解的内在生活。但是面对这片虚无,托尔斯泰的目光依然犀利清澈。这是我们这个时代见到过的最为洞察一切、最有聪明才智的目光。从来没有一个人曾以巨人般的力量,和这不可名状之物,和这短暂人生的悲剧进行过斗争,从来不曾有过一个人比他更坚定地以人类询问自己命运的问题,回敬过命运向人提出的问题。谁也没有像他那样更加可怕地接受过这道阴曹地府射来的空空洞洞、吸人灵魂的目光,没有一个人更加出色地承受过这道目光,因为在这里刚强的良心以艺术家清澈大胆、果断坚毅地观察一切的目光对抗这黑色的眸子。托尔斯泰面对人生的悲剧从来没有一秒钟胆怯地垂下眼睑或者紧闭双眼。这是我们新型艺术最为警醒、最为真实、最公正不阿的眼睛。因此,再也没有比这富有英雄气概的尝试更加了不起的事情了,即使对于这不可理解之物也给予一个形象鲜明的意义,赋予这不可避免之物以它的真相。

从二十岁到五十岁,托尔斯泰边创作边生活地过了三十年,无忧无

---

① 埃德加·爱伦·坡(1809—1849),美国作家。
② 布莱斯·帕斯卡尔(1623—1662),法国哲学家、数学家、物理学家。

虑,自由自在。从五十岁到他生命终结,他只为人生的意义和对人生的认识而生活。他给自己规定了一个难以估量的任务:通过为真理而进行的搏斗,他不仅想拯救自己,也想拯救全世界。在确定这一任务之前,他的日子一直过得轻松自在。他执行这一任务,使他变成英雄,几乎变成圣人。他最终遭到失败,使他变成所有的人当中最有人性的人。

肖　像

我的脸是一张普通农民的脸。

他的脸上,杂草丛生,树木密布:林莽多于空地,向内窥视的每个通道全都遭到拦阻。族长式的浓密虬髯迎风飘舞,一直向上挤进两边的面颊,遮住他那性感的嘴唇几十年之久,盖满了树皮一样龟裂的皮肤。手指一样粗细的两道浓眉像树根似的纠结在一起,头上杂乱的浓密头发泛起灰色的海浪,汇成骚动不宁的浪花。这乱成一团的头发,直如热带植物,到处纠结,无比浓密,似乎从史前时代一直繁茂生长。就像米开朗琪罗创造的摩西这最富男性气概的男子肖像,托尔斯泰的脸上让人看见的也只是这宏伟的圣父脸上白浪翻滚巨大无朋的长髯。

因此我们被迫把这胡须的丛莽从他脸上砍伐净尽,以便用心灵去认清这张遮得如此严密的脸,看清它赤裸裸的本质的情况,他青年时代未留胡须时的肖像,大大有助于这种整形工程。这样清扫之后,叫人大吃一惊。因为这张贵族般智者的脸,整个格局都很粗糙,其实就是一张农民的脸。天才在这里选择一间低矮的茅草屋、一座真正俄罗斯烟熏火燎的帐篷当作自己的寓所和作坊。并不是希腊的造物主,而是一个马马虎虎的乡间木匠给这胸怀辽阔的心灵打造了这间栖身之地。在他狭小的眼睛窗户之上,低矮的额头横梁刨得相当粗糙,纤维粗大,犹如裂开的木头,皮肤是用泥土和黏土组成,油腻腻的,毫无光泽。在这扁平的四方空间里长着一只鼻子,鼻孔很大很开,显然是动物的鼻孔,好像挨了人家一拳,鼻子被打得又宽又平,在蓬乱的头发后面长着一对软绵绵的耳朵,两边深陷的面颊,当中嵌着一张嘴唇厚厚的嘴,总有点闷闷不乐的神气,毫无艺术性,完全是粗俗的、几乎可说是平庸惯常的形式。

在这张悲怆的劳动者的脸上,到处阴影密布,昏暗一片,坑坑洼洼,沉重不堪。任何地方都没有一道奋发向上的活力,没有一道汹涌澎湃的亮光,没有一股大胆奔放的精神的上扬,没有陀思妥耶夫斯基额头那样的大理石圆球。任何地方都没有光线射入,都没有光辉闪现——谁若否认这一点,就是在涂脂抹粉,就是在撒谎骗人:不,这张低俗的、封闭的脸庞全然无可挽救。它并非供奉思想的神庙,而是囚禁思想的牢房,昏暗无光,潮湿发霉,阴郁沉闷,丑陋不堪,托尔斯泰自己在年轻时,也早已知道,他的容貌极为失败。任何一个对他外貌的影射,"他听了都不自在";他怀疑"一个长着这样宽大的鼻子、这样厚厚的嘴唇、这样小小的灰色眼睛的人,是否真会找到人世间的幸福",因此这位青年很早便蓄上浓密的黑色络腮胡子,把他深恶痛绝的面部轮廓隐藏在这副面具后面,直到后来,很久以后,年龄才使得这片胡须变成银丝,令人敬畏。只有到他生命的最后十年这层阴郁浓密的乌云才逐渐散开,直到秋季的黄昏日落才有一道美丽的霞光,施加恩惠,洒落在这片可悲的田野之上。

永远在漫游中的天神,在低矮潮湿的房舍里,在托尔斯泰那里,在一个普通俄罗斯人的容貌里住宿过夜。有这副容貌的人,你把他想成什么人都行,就不可能把他想成有头脑的人,不可能想成诗人,不可能想成塑造者。作为少年、青年、成年男子,甚至作为老人,托尔斯泰看上去也就像是芸芸众生中的一个。他穿什么外套,戴什么帽子,全都合适:长着这样一张寂寂无名的脸,他完全可以坐在一位部长大臣的桌子后面,也可以醉醺醺地在一家流浪汉光顾的酒店里赌博,可以在市场上买白面包,也可以身穿大主教的白色丝绸法衣在双膝下跪的信众头上高举十字架;长这张脸的人不论身在何地,操何种职业,穿什么衣服,在俄罗斯任何地方都不会引人注目,让人一眼就认出他是谁。作为一个大学生,他和其他大学生都十分相似,作为军官他和任何一个挂着佩刀的军人都难以区分,作为一个乡绅他和其他任何一个地主全都一模一样。他要是坐在白胡子的仆人

托尔斯泰(1873年)

托尔斯泰(1906年)

身旁乘车出游,你得仔细认真地查看照片才能分辨,车夫座上的两个老人究竟谁是伯爵,谁是马车夫;一张他和农民谈话的照片,要是不知道,谁也猜不出,这批乡下人当中的列夫是位伯爵,他的家产可比身边所有的格里高里们、伊万们、伊里亚们和彼约特尔们多上千百万倍。就仿佛这一位和其他所有人全都一样,就仿佛天神这次并没有戴上一个特殊人物的面具,而是乔装打扮成民众,他的脸就是这样全然隐姓埋名,像个普通俄罗斯人。正因为托尔斯泰身上包含着整个俄国,所以他也就没有自己的容颜,只有一张俄罗斯的脸。

因此所有第一次看见托尔斯泰的人,一见他的模样都大失所望。他们从老远的地方乘坐火车前来,到图拉改坐马车,如今满怀对大师的敬畏之心等在候客室里;每个人心里都暗自期待着动人心魄的见面场景,心灵早已把他塑造成体格魁梧、神气威严的男子,蓄了一副浓密的圣父上帝似的长髯,身材高大,傲气凛人,巨人和天才汇集一身。期待的寒噤已经把每个人都压得双肩下垂,在这位族长巨人般的形象面前,人们都不由自主地垂下目光,一刹那间大家又得抬头仰视。终于房门打开,瞧:一个个子矮小、身材结实的小个子男人快步走来,长髯飘飘,几乎是用跑步的步伐走进屋来,倏而停住脚步,亲切地微笑着,站在深感意外的客人面前。他欢快地、快速地和客人攀谈,手腕灵巧地摆动,向每个客人伸出手去。他们大家握住他的手,心灵深处赫然震惊:什么?这个态度亲切、脾气温和的小男人,"这位雪地里灵巧的老爷爷",真的就是列夫·尼古拉耶维奇·托尔斯泰?他的威严引起的寒噤已烟消云散:稍稍壮起胆子,好奇心使人大胆抬头,直视他的面孔。

可是突然间,这位抬头仰视的人血液停止流动,一道灰色的目光,从两道浓眉后面直射出来,犹如一只豹子从灌木丛生的林莽之中扑向他们,这就是托尔斯泰的那道石破天惊的目光,凡是直视过这位强劲有力之人脸庞的人,都会说起他的这道异乎寻常的目光。这道目光犹如寒光闪闪的钢刀骤然刺来,硬把每一个人都牢牢钉住。每一个人都像受到催眠,被紧紧拴住,动弹不得,也无法摆脱,不得不忍受这道目光一直刺进内心深处。什么东西也无法抵御托尔斯泰的这第一道目光的穿刺:它像一发子弹穿透一切伪装的铁甲,像一粒金刚钻切割所有的镜子。屠格涅夫、高尔基和其他上百个人都证明,在托尔斯泰这道洞穿一切的目光前面,谁也无法撒谎。

但是这双眼睛只是这样严厉地审视一下,然后他眼球的虹膜又像冻冰似的化开,发出灰色的光芒,因为隐忍着微笑,微微颤动,或者散发出柔和的令人惬意的光辉。就像天上的云彩在水面上投下种种阴影,在这副具有魔力的、不安宁的瞳孔中也经常不断地反映出感情的千变万化。愤怒可以使他的瞳孔迸发出一道直蹿起来的寒光,气恼可以使他的瞳孔冻成寒冰似的水晶,善意使它们温暖阳光普照,激情使它们熊熊燃烧。这两个神秘的星辰,可以凭借内心的光芒绽出微笑,而那严肃的嘴一动不动,倘若音乐使它们感动,它们也会"泪流如注",像个农妇一样尽情哀泣。它们可以因为精神上心满意足从内心发出光芒,也会突然间暗淡无光,笼罩着一片哀愁,然后避开人们的目光,变得讳莫如深。它们可以冷峻而无情地细细观察,像外科医生的手术刀那样锋利,像X光一样地穿透一切,然后又立即发出戏弄成性的好奇心的闪烁反光。这双眼睛,这双从人的脑门下向外照射的"最最能说会道的眼睛"能说感情的一切语言。高尔基为它们找到了历来最为传神的一句话:"托尔斯泰的眼睛里有上百只眼睛。"

在这双眼睛里,也仅仅多亏这双眼睛,托尔斯泰的脸才显得天才横溢。这位仰仗目光之人的全部聪明才智,全都千万重地汇集在他的眼睛里,就像那位仰仗思维之人陀思妥耶夫斯基的美,全都汇集在他隆起的大理石般的额头里一样。托尔斯泰脸上的其他一切,胡须和丛莽,只不过是深藏在此神秘的有吸引力的璀璨宝石的帷幕、护体和外壳。这两个宝石把世界吸引到自己体内,又把世界从自己体内放射出去,是我们这个世纪所认识的宇宙的最精确的光谱。没有什么东西长得这么微小,以至于这种晶体没法把它看清;他的目光犹如苍鹰,可以像飞箭似的俯冲下来,看清每个细节,还能同时居高临下,看清宇宙远处周边的一切情景。它们可以像火焰般一直窜向精神层面的高处,也能够目光如炬地掠过灵魂的阴暗地带,直如掠过天上的王国。这两个无线电的晶片有足够的烈焰和纯净,可以在狂喜之际仰视上帝,有足够的勇气,可以审视虚无,审视这美杜萨①一般使人化成石头的容颜。这双眼睛无所不能,也许只有一点办不到:那就是无所事事地闭目打盹,半睡半醒,享受纯粹安息的快乐,享受睡梦的幸福和恩典。因为只要眼睑睁开,这双眼睛便必然会直视它的战利品,冷峻清醒,不留情面,不抱幻想。它能穿透每一个妄想,揭露每一句谎话,摧毁每一种信仰:在这双洞察一切的眼睛前面,一切都裸露无遗。因此当他拔出这柄铁灰色的匕首,指向自己时,那就永远极为可怕:因为它的锋刃便无情地一直刺向心脏深处,给以致命的创伤。

  谁若长了这样一双眼睛,就看得真切,世界和所有的知识全都为他所有。但是有了这样一双永远真挚、永远清醒的眼睛,也就永远不会幸福。

---

① 美杜萨,古希腊神话中的蛇发女怪,人若看见她的容貌,就会立即变成石头。

勃勃生机及其对立面

> 我愿活得长久,活得很久。
> 一想到死我的心里便充满了
> 一种孩子气的,诗意浓郁的
> 畏惧。
>
> ——青年时代的书信

  他天生体魄健壮,足可活上一百岁。骨头坚实,充满骨髓,肌肉结实,真像大熊一样孔武有力:年轻的托尔斯泰躺在地上,可以单手把一个沉重的士兵托举到空中。筋络充满弹性:不用助跑,就能像一个体操运动员似的轻而易举地跳过最高的绳索。他游泳像条鱼,骑马像个哥萨克,割麦像个农夫——这样钢铸铁造的身体不知疲倦,只有在精神方面才有倦意。每根神经都绷得很紧,可以颤动不已,同时又像一把托勒多①佩剑,柔韧而又坚挺,每个感官都反应灵敏而快捷。在他生命力的围墙上,没有一个地方有道缺口,有个漏洞,有道缝隙,有个毛病。因此从来也没有什么严重的疾病曾经侵入过这粗壮结实的身躯:托尔斯泰的难以想象的身体,防范严密,抵御每一种弱点,抗拒年龄衰老。
  生机勃勃,没有先例:新时代所有的艺术家放在这个长髯飘拂、像《圣经》里人物的身边,放在这个像农民一样野性十足的男性旁边,就像

---

① 西班牙的托勒多地方,以盛产优质刀剑闻名于世。

女人或者懦夫。即使那些和他近似,也能活到耄耋之年依然创造不止的人,即使这些人,精神出行狩猎,身体也疲惫老迈。歌德(由于生日相同,也出生在八月二十八日,对世界有创造性的真知灼见,也一直活到八十三岁,从星象学的角度看,和托尔斯泰亲如兄弟)活到六十岁早已畏风畏寒,身躯发胖,冬天小心翼翼地待在紧闭窗户的房间里;伏尔泰,早已身体僵化,更像一只剥了皮的凶恶的鸟而不像人,坐在书桌旁一张张地乱涂乱写白纸;康德迈着僵硬的脚步,费劲地踟蹰在柯尼斯堡的林荫道上,直如一个机械化的木乃伊;而托尔斯泰,这位精力充沛的老人,还呼哧呼哧直响地把他冻得发红的身体浸入冰水之中,在花园里拼命干活,在球场飞快地追逐网球。托尔斯泰六十七岁时还好奇心切,想要学骑自行车,七十岁时还穿着滑冰鞋在一平如镜的冰场上飞驰,八十岁时还每天做体操锻炼肌肉,八十二岁时,在去世之前不久,在狂奔二十公里之后,他的坐骑停步不前或者不听使唤,他还会挥动鞭子,抽打马匹。好了,我们别再比下去了——十九世纪没有一个人和他具有同样原始的勃勃生机。

这株俄罗斯硕大无朋的橡树,年代久远,树梢早已直冲天空,可是直到最后一个纤维都汁水充盈,没有一支根茎松动。直到临死的时刻眼睛不花,视力强劲:骑在马上,他那好奇的目光都能看清从树皮里爬出来的极微小的甲壳虫的动作,不用望远镜能看清天上飞翔的老鹰。听觉灵敏,宽大的几乎像动物一样的鼻翼嗅觉灵敏,尽情吸入:倘若一到春天,刺鼻的肥料夹杂着化冻的泥土的气味向他袭来,这位白胡子的漫游者总会感到一种醉意,他还清楚记得往昔的这八十个春天,在这扑鼻而来的芳香之中,每个春天都有它独特的气流。这第一次喷涌而出的香味,他感觉得如此强烈,如此动人心魄,他突然感到泪如泉涌。这位老人筋骨强健的狩猎人的双腿,穿着几公斤重的农民高靴,踏着沉重的脚步,走过潮湿的土地。他的手并未因为年老衰迈、神经紧张而颤抖不已。他那诀别信里用的字体依然像是他少年时代所写的大大的孩子气的字体。他的精神和他的筋骨神经一样,保养得很好,坚定沉着,不可动摇:谈话时他依然压倒众人。他那精准已极令人生畏的记忆力记得每一个遗忘的细节。每次有人反驳:这位年迈的老人都会气得眉毛直颤,朗朗的笑声依然使他张开嘴唇,他的语言依然形象生动,他身上的鲜血依然涌流不息。有人在一次讨论《克莱采奏鸣曲》①的会上责备这位七十岁的老人,在他这个年龄,很容易放弃情欲,这位筋骨强健的老人眼睛高傲而愤怒地发出光芒,反驳道,"这话说得不对,我的肉体依旧强劲有力,我还必须与之抗争和搏斗。"

只有拥有这样一种不可动摇的勃勃生机他才能那样不知疲倦地进行创作:在他六十年创作旷世之作的时间里,没有一年真正的闲暇时日虚度时光。因为他那乐于塑造的精神从来没有休息,他那绝妙的清醒活跃的感官从未酣睡,或者舒舒服服地迷糊半刻。托尔斯泰直到老年,从未真正生过一场病,这位每天工作十小时的劳动者从未真正感到过疲惫,他的思维能力随时准备工作,无需进一步提高。它们无需兴奋剂,无需酒类或者咖啡来进行刺激;托尔斯泰无需火辣辣的东西或者肉体的享乐使自己亢奋起来——正好相反,他的严加约束的感官如此健康,如此饱满,如此充溢,只要轻轻触碰一下,就会使得他的感官颤动不已,只要加上一滴,就会使之满溢出来。尽管托尔斯泰无比健康,他同时也是一个"极端敏感之人"——倘若没有这种极度易怒动辄烦躁的性情,他又怎能做个艺术家呢!——他那完全健康的神经键盘只能轻柔地弹弄,因为这一键盘反弹的强烈使得每个感情冲动都变得十分危险。因此他害怕音乐(完全和歌德和柏拉图一样),因为音乐过于强烈地激起他感情的神秘莫测的深层的波涛。他自己承认:"音乐对我发生的作用非常可怕。"的确,当他全家围坐在钢琴旁边,亲切地侧耳倾听时,他的鼻翼开始令人心悸地翕动起来,眉毛紧蹙,一副抗拒的样子。他感觉到"嗓子里有一股奇怪的压力"——突然之间他猛地转过身,向房门走去,因为眼泪已夺眶而出。他有一次完全为自己的感情冲动而惊惶失措,这样说道:"这个音乐究竟要我什么。"不错,他感觉到,音乐想从他那儿得到什么东西,正想要从他身上取出他决心永不交出的东西,想要取出他深藏在心底的感情秘密柜子里的什么东西。现在这东西猛然发酵,直冒出来,大有溢过堤坝之势。某种超级强劲有力之物开始活动起来,他对此物的力量和重量感到害怕。

---

① 托尔斯泰的中篇小说。

托尔斯泰　列宾　绘

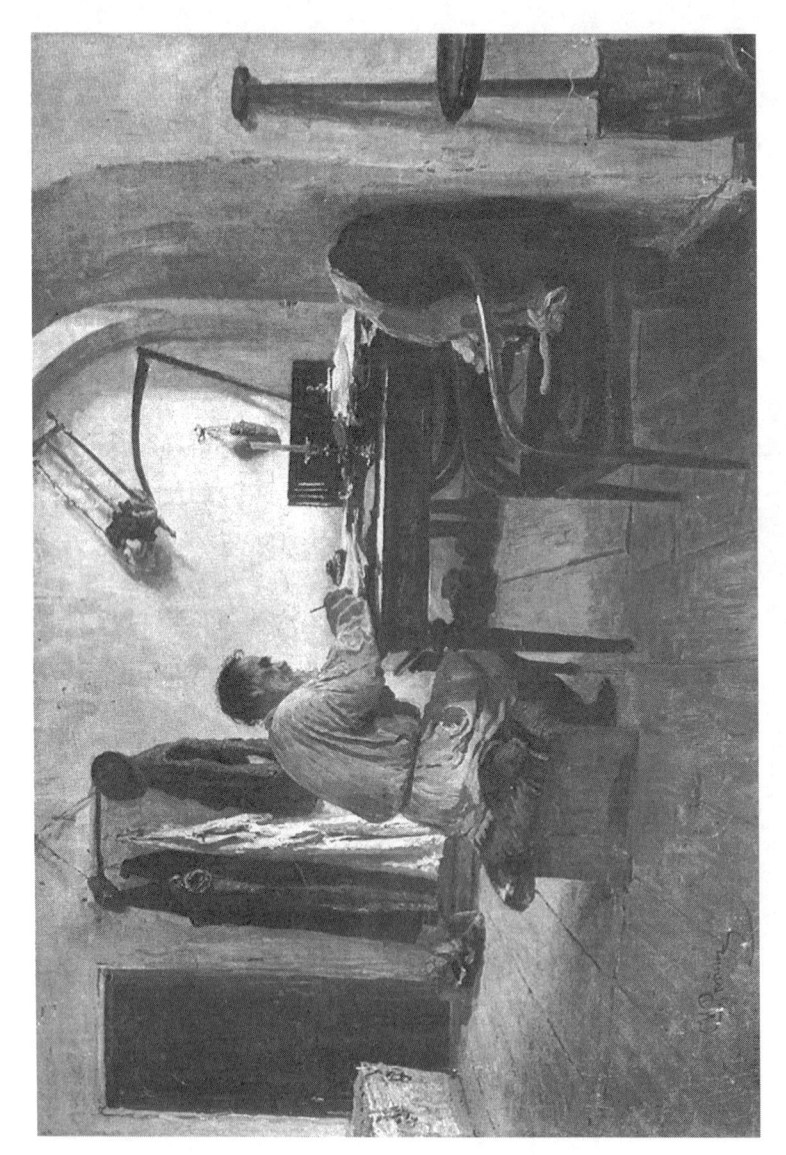

托尔斯泰在写作 列宾 绘

他感到自己内心深处,最深处,被这种肉欲所攫住,背离正道,被拽到错误的激流之中。但是正由于一种大概只有他自己熟悉得过分的程度,他憎恨(或者害怕)他自己的血液过分充溢,因此他对"女人"也始终怀着一种对于健康人而言极不自然的避世隐居者的憎恨。女人对他而言,"只有在完成母亲的责任时,在品行端正、贞静有德时,或者进入老年受人尊敬时"才是"无害的"——这就是说,与两性关系无缘之时,他"一辈子都觉得两性关系是肉体的沉重罪过"。对于这位反希腊人,对这位伪基督徒,对这位强迫的僧侣而言,女人犹如音乐,一概意味着邪恶,因为两者通过肉欲,把我们从勇敢、坚定、理性、正义感等等与生俱来的素质,误导开去。因为二者,女人和音乐,就像托尔斯泰神父日后将会在布道时规劝人们的那样,把我们引向"肉体的罪孽"。女人们也想"从他那里得到什么"他拒绝交出来的东西;她们也能触碰什么他自己害怕唤醒的危险的东西——用不着多少聪明才智就能猜出这是什么:那就是他自己强大无比的性欲。音乐——使得拴住他意志的纽带松动;那个"动物"已经伸长了脖子想扑出来。女人们——已经使得一群猎犬发出嗜血的号叫,使劲摇晃着它们囚笼的铁质栏杆。只有从托尔斯泰疯狂的僧侣的惊恐,从他自己对健康欢快、赤裸自然的性欲感到的宗教狂热的战栗,可以预感到隐藏在他身上的惊惶失措的男性的旺盛情欲、动物似的男子的发情,这种情欲在他青年时期还曾肆无忌惮、漫无节制地发泄——他在契诃夫面前自称为"一个不知疲倦的淫棍",然后在拱顶的地窖里被强暴地幽禁了五十年,幽禁,但并不是埋葬;在他严格合乎道德的作品里,只有一点暴露出这个过分健康者的性欲一辈子都过分强大:这一点便是他"对女人"、对诱惑者怀有的恐惧,他作为隐士,作为超级基督徒,大叫大嚷,使劲转过脸去,避之唯恐不及的恐惧——实际上是对他自己看似漫无节制的情欲所心怀的恐惧。

人们随时随地都感到这点:托尔斯泰最害怕的莫过于他自己,害怕他那熊一样的力气。他有时候因为过度健康而感到幸福陶醉,但是不断地害怕他感官野兽般无所顾忌的欲念会发作,使他的幸福感大为失色。当然他把自己的感官控制得很好,谁也无法和他相比,但是他知道:当俄国人不会不受到惩罚。

这是一个漫无节制的来自民间之人,崇尚放荡生活的狂野分子,爱走极端的奴仆。因此他以意志的聪敏,让自己的身体感到疲劳,因此他不断地让他的感官有事可做,让它们逐渐停止运转,给予它们毫无危险的消遣,往往空洞无物、博人一笑的游戏。他挥动镰刀,手扶犁杖,使出蛮劲,拼命干活,使肌肉彻底疲劳。又做各种体操,使自己筋疲力尽;为了消除感官中的毒素,使得感官不再为害,他把自己精力过剩的危险逐出私人生活,使之进入大自然之中。凡是在室内生活中意志使劲控制住的东西,在大自然中可以自由奔放地大肆宣泄。所以他的激情中之激情乃是狩猎:狩猎时,一切感官,不论是明朗的还是阴暗的,都可以得到充分的满足。这位超过圣徒的托尔斯泰,陶醉于马匹浓重的汗味、骑马大胆狂奔的兴奋、使得神经紧张的逐猎和瞄准的激动,甚至陶醉于野兽被射杀、倒地、鲜血直流、直翻白眼、目光呆滞的惊恐和痛苦(对于这位日后崇尚怜悯和同情的狂热分子,这点真是难以想象)。有一次他狠狠地用大棒猛击,打烂一只狼的脑壳,他承认:"在这垂死挣扎的野兽的痛苦之中,我感到极度的狂喜。"从这声嗜血之乐的洋洋得意的欢呼之中,我们可以感觉到他一辈子(除了他青年时代那些疯狂放纵的岁月)拼命压住的那些凶残暴烈的本能。即使在他出于道德的信念,早已放弃狩猎的时候,看到田野里有只兔子跳了出来,他的双手也会抽搐起来,渴望射击。但是他把这个欲念和其他任何欲念都坚定不移地强压下去;最后他对肉体的感官上的快乐仅仅只限于观赏和描摹活生生的东西——但是这依然还是一种多么强烈和内行的快乐!每次他从一匹漂亮的骏马身边走过,幸福欢快的欢笑都使他咧开嘴唇,他简直是色眯眯地轻轻拍打骏马温暖的丝绸一样的肩膀,让这股动物的搏动的温暖从他的指尖上划过:一切纯粹兽性之物都使他兴奋。他可以一连几小时着迷似的观看少女的舞蹈,只是为了欣赏她们娇媚身躯的优雅姿势;倘若他遇到一个英俊的男人,一个女人,他就站住脚步,谈话中忘乎所以,只是为了好好地端详一下他们,并且热情洋溢地呼喊:"人长得这样美,真是奇妙无比!"因为他热爱人的身体,把它视为盛放活生生的人生的器皿,光线的感觉灵敏的平面,热烈奔流的血液的外壳,他热爱人的身体拥有全部温暖涌动的肉欲,把肉体视为生命的意义和灵魂。

是的,他是作为文学中最有激情的兽性崇拜者在热爱他的身躯,犹如艺术家热爱他的工具;他热爱身体把它视为人的最自然不过的形式,他在他拥有原始力的身体里热爱自己,甚于在他腐朽衰败、口是心非的灵魂中爱自己。他从头到尾不论什么形式什么时候都热爱他的肉体,这种自我性激情的第一份有意识的报告一直可以追溯到他两岁的时候——这可不是笔误!追溯到两岁时——这点必须强调,以便大家理解在托尔斯泰身上,每一个回忆在时间洪流的冲刷下,如何像卵石一样,清晰可见,光泽鲜亮,轮廓分明。歌德和司汤达记不大清楚七八岁时候的情形,而两岁的托尔斯泰已经像日后的那位艺术家一样,各种感官都凝聚起来进行感受。诸位请阅读一下关于他最初的身体感觉的这段描述:"我坐在一只木头的浴盆里,完全包裹在一种液体散发出来的我刚刚接触到的,但并不使人不舒服的气味里,人家就用这种液体拭擦我的身体。我得到的极可能是一种秕糠泡的水。这件事好不新鲜,给我留下印象,我十分愉快地第一次发现我小小的身体前胸是明显的肋骨,我的保姆光滑的深色的面颊,和她卷起的袖子,也发现热气腾腾的秕糠水和这水的气味,最强烈的是光滑的浴盆给我的印象,我只要用我的小手摸摸浴盆,我就感到它的光滑。"

读了这段描述,把他这段童年时代的回忆根据其感觉的地区来分解和整理,就能惊讶地发现,托尔斯泰还是一个两岁的幼小孩子就能够以包罗万象的感官清醒地正确地掌握周围的世界:他"看见了"保姆,"闻到了"秕糠,"区别开"这新鲜的印象,"感觉到"水的温热,"听见了"轻微的声音,"摸到了"木盆边的光滑。不同的神经末梢同时觉察到的所有这些感觉全都汇集到身体的"十分愉快"的自我观察之中,身体便成为接纳一切人生感觉的唯一会引起同感的平面。于是我们就理解,感官的吸盘多么早就在这里已经抱住人生。世界千姿百态的印象就已经多么强烈、多么精准地侵入托尔斯泰这个孩子,化为清清楚楚的印象。我们这样就可以衡量,等到托尔斯泰变为成年人,会如何把每个印象都细致敏锐地加以区分,另一方面又把他们提高升华。这样这个在狭小的浴盆里对自己微小的身体所感觉到的小小的游戏般孩子气的惬意必要时就会扩大为一种狂野的几乎会是剧烈的人生的欲念,完全和这个小孩一样把里里外外、世界和自我、自然和人生都搅拌成独一无二的、颂歌般的心神陶醉的感觉。的确如此,这种把自己混同于宇宙的精神恍惚,有时候使得这个完全成年的诗人感到一种强大的醉意;诸位请阅读吧,这位身躯沉重的男子有时候如何站起身来,走出家门,进入林中,仔细观赏世界。这个世界在千百万人当中把他挑选出来,让他比其他所有人都更加强烈、更加内行地感觉这个世界;他如何突然以心醉神迷的姿势,挺起胸膛,甩开双臂,就仿佛他能在这狂风呼啸的空气里抓住使他内心感动不已的无限之物;或者,他如何被自然界最微小之物和包罗万象的宇宙同样地震撼,弯下腰去,温柔地把孤零零的一株踩倒的蓟草扶正或者激情满怀地观看一只蜻蜓在飞来飞去,然后,受到朋友们的注意观察,他赶快别过脸去,不让人家看见他已泪如泉涌。当代诗人没有一个,便是惠特曼①也算在内,曾这样强烈地感到尘世的肉体器官所体会到的这种肉体上的快乐,像这个俄国人一样,他具有潘神②那样强烈已极的性欲和一位仿古的天神那种巨大的普遍存在的特性。大家理解他骄傲的、感情过于奔放的话:"我自己就是大自然。"

这位强壮无比枝繁叶茂的人深深地植根于他的莫斯科大地,自己便是宇宙中的一个宇宙,因此不可动摇:有人认为,没有什么东西可以撼动他那强大的世俗性。但是大地,经地震仪验测,有时也会震动,所以托尔斯泰在人生的中途,有时候也会感到不安,摇摇晃晃地直跳起来。突然间他眼睛发直,感觉摇晃,没着没落。因为有什么东西进入他的视野,他把握不住,这东西置身于温暖的身体和生活之外。他不理解,尽管他所有的神经全都紧张起来——这东西对于他,对于这个感性之人不可理解,因为这不是这个地球上的东西,是个他无法吸住无法融化的东西。它拒绝被人触摸,被人测量,拒绝被置于任何时候都饥渴难耐的世界感觉之中。因为怎么能够抓住恐惧的思想,它突然之间把现象的圆满的空间砸烂。怎

---

① 沃尔特·惠特曼(1819—1892),美国诗人,其代表作是《草叶集》。
② 潘神,希腊神话中司羊群和牧羊人的神。

么能够设想,这些涌流不息不断呼吸的感官突然之间会喑哑无声,又哑又聋,手会毫无感觉,这赤裸裸的、完好无损的身体,现在还周身血液畅通,会变成蛆虫饱啖的食物,冷如岩石的骷髅?倘若今天或者明天,这一片虚无,一片黑暗,一片模糊,这不可抗拒之物也发生在他身上,倘若这感觉不到,却又确实存在之物,发生在这个方才还精力充沛、精血旺盛的人身上,那会怎样?每当托尔斯泰想到人世无常,他周身血液就停止流动。最初邂逅人世无常,还是在他孩提时期:他被领到母亲的灵床旁边,那里躺着一具又冷又僵的东西,昨天还是个活生生的人。这番景象他八十年都未能忘怀,当时他还不能用感情和思想来解释这一景象:五岁的孩子发出一声大叫,一声刺耳的惊叫,发疯似的心惊胆战地逃出了房间,身后跟着所有令人惊恐的复仇女神。死亡的思想总是这样突然向他击来,犹如一下猛击或者一下把他勒死,他的哥哥死去,父亲和姑妈相继死去:死神的这只冰冷的手总是这样冷飕飕地掠过他的脖子,把他的神经纷纷扯断。

1869年,还在他的危机爆发之前,但是危机很快就要爆发,他描述了这样一次突击的白色恐惧。"我试图躺下睡觉,但是刚刚躺平,恐惧又使我霍地跳起身来。这是一种害怕,就像害怕呕吐,不知什么东西把我的生活扯成碎片,但没有把它完全扯断。我试图再一次睡觉,但是恐惧还在,又红又白,什么东西扯碎了我的内心,但是还把我连在一起。"可怕的事情发生了:还在死神哪怕只把一根指头触及托尔斯泰的身体之前,在他真正死亡前四十年,死亡的预感已经侵入到这个活人的灵魂之中,再也不能把它完全驱逐出去。夜里巨大的恐惧就坐在他的床上,咬啮着他人生欢乐的肝脏,蹲在他书籍的篇页之间,猛啃那些业已腐烂的黑色的思想。

诸位请看:托尔斯泰拥有超人的勃勃生机,他也拥有对死亡的超人恐惧。若把他对死亡的恐惧说成神经的恐惧,譬如把它比作诺瓦利斯由于神经衰弱产生的恐惧,莱瑙[①]由于忧伤而产生的阴影,比作埃德加·爱伦·坡的恐惧症,那就未免勉强了一些——不然,这里爆发出来的是纯粹动物般赤裸裸的,一种野蛮的恐惧,一种明显的惊恐,一场惊吓的风暴,一

---

① 莱瑙(1802—1850),奥地利诗人,1832年出版了《诗集》,曾被称为"德意志的拜伦"。

种人生的意义受到骚扰的惊慌失措。托尔斯泰在死亡面前不像一个男子气十足富有英雄气概的人物受到惊吓,而仿佛是被烧红的烙铁在身上烧下了烙印,从此终身成为这种恐惧的奴隶。他惊跳起来,尖声号叫,难以自控:他的惊恐完全是作为野兽般残暴的惊吓,作为休克般的震惊爆发出来——这是一切上帝的造物转化为人的原始的惊吓。托尔斯泰不愿被这种思想攫住,他不愿意,他拒绝,他像一个即将被人勒死的人,伸开双臂双脚予以抵抗;因为我们别忘了,托尔斯泰是在一种无比安全的情况下完全出乎意料地遭到袭击。这头莫斯科的大熊在生与死之间从未经历过任何过渡时期——死亡对于一个身体这样健康的人绝对是个陌生的异物,而对于普通人通常在生死之间往往还有一条经常来往的桥梁:那就是疾病。其他人,五十岁上下的普通人,他们身上,或在大部分人身上都潜伏着一些死亡。死亡临近对于他们而言并非完全陌生的东西,不再是意外:因此他们面对死亡的初次强劲有力的袭击不会这样失去自控,感到不寒而栗。譬如陀思妥耶夫斯基,被人蒙住眼睛,站在一根木桩旁,等待着子弹射来;每个礼拜癫痫病发作,倒地痉挛,作为一个习惯于受苦受难的人,他比那个完全浑然不觉、精力充沛、无比健康的人,更能直面死亡的思想而不失态;所以那种完全消散、几乎可说是可耻的恐惧的投影落在陀思妥耶夫斯基身上也就不会像落在托尔斯泰身上那样冷冰冰地一直浸入血液之中。托尔斯泰只要一感到死亡接近立即开始浑身哆嗦。他只有在自己生意盎然之际,感觉到他的自我,只有在"人生的醉意"之中,才充分感到人生的全部价值。对他而言,自己的活力稍稍减少,就意味着罹患一种疾病(三十六岁他就自称为"一个老人")。正因为他有这种敏感性,死亡的思想一触及他就像让他挨了一枪。只有这样生机勃勃地感受到存在的人,才能绝对充分地这样强烈地害怕不复存在;正因为在这里一种真正妖魔般的生活的力量奋起反抗一种同样妖魔般的死亡的恐惧,所以在托尔斯泰身上才爆发这样一场古希腊神话中那种巨人和神祇之间的鏖战,也许是世界文学中存在于生与死之间的最宏大的一场鏖战。因为有巨人般天性的人,才能进行雷霆万钧的反抗:像托尔斯泰这样的一个主宰似的人,一个意志坚强的大力士,绝对不会随随便便地在虚无面前投降——在第一次惊恐之后,他立即振作起来,鼓起全身肌肉,以便战胜突然跳将出来的敌人:不,一个拥有像他这样勃勃生机的人不会不进行战斗便承认战败。他刚从第一次惊恐中缓过劲来,便躲进哲学之中,扯起吊桥,从他逻辑的武库中射出飞石,投向那视而不见的敌人,为了把这顽敌驱走,表示轻蔑便是他进行的第一次反抗:"我不可能对死亡感兴趣,主要是出于这样的理由,因为只要我活着,它就不存在。"他称死亡"不可置信",傲气凌人地宣称他"并不害怕死,只是害怕死亡的恐惧"。他不断地(长达三十年之久!)保证,他不怕死,没有胆战心惊地想到死。但是他骗不了任何人,也骗不了自己。毫无疑问,心灵感觉的安全壁垒在恐惧的神经官能症第一次冲击下已被冲破。托尔斯泰五十岁起只是在他从前的生机勃勃的自信心的废墟上进行战斗。他步步后退,不得不承认,死亡并非只是"一个幽灵",一个竖立起来"吓唬人的稻草人",而是一个极端值得尊敬、不能仅凭话语就吓唬住的对手。于是托尔斯泰便尝试,在不可避免的短暂消逝的过程中,是否还能继续存在,既然和死亡斗争不可能生存,那就和死亡并存。

多亏这种迁就顺从的态度,这才开始了托尔斯泰和死亡的关系中的第二阶段,如今是富有成果的阶段。他"不再挣扎着"反对死亡的存在,也不再痴心妄想用诡辩术驱走死亡——于是他设法,把死亡安排到他的生活之中,和他的生命的感觉融为一体,锻炼自己接受这不可避免的事情,"习惯"于死亡。这位生机勃勃的巨人承认,死亡是不可战胜的,但是对死亡的恐惧并非不可战胜:于是他便动用全部力量,只是反抗这种恐惧。就像西班牙的特拉普苦修会①修士,每天夜里都睡在棺材里,为了扼杀自己心里的任何恐惧,托尔斯泰也每天顽强地锻炼自己的意志,不断自我暗示一句警句:要记住你是要死的②;他强迫自己,不断"以他灵魂的全部力量"去想死亡而不怕死。从此以后,他每篇日记都以三个神秘的字母开始:W.i.l.(德文:Wenn ich lebe,"当我还活着"的缩写);一连几年,

---

① 特拉普苦修会,天主教的一个修会,十七世纪创建,以教规严酷闻名于世。
② 原文是拉丁文。

每个月都记着"我正接近死亡",他使自己习惯于直视死亡。习惯驱逐陌生感,战胜恐惧——就这样三十年来和死亡的斗争从外部转入内部,从敌人变成一种朋友。他把死亡拉到自己身边,拉到自己心里,把死亡变成他人生的一个心灵的组成部分,以便这原来的恐惧转化为"零"——"用不着去对死亡沉思默想,但必须看到它就在前面。这样整个人生就变得更加壮观华丽,更加重要,真的更有收获,更加欢快。"这样就变坏事为好事——托尔斯泰把他的恐惧客观化,从而克服了它(艺术家永恒的救星!);他把死亡和对死亡的恐惧从身边推开,把它们放在别人,放在他自己创作的人物身上。于是起先似乎会起毁灭性作用的东西,只是变成了生活的深化,极端意想不到的是,竟成了他艺术的最了不起的升华:多亏他那惊恐万状的彻底研究,多亏他在想象中千百次死亡,恰好是这个最富激情的生机旺盛的人,变成了最为内行的死亡描述者,变成了一切曾经描写过死亡的人当中的大师。惊吓,永远是惊吓,赶在现实之前,永远是惊吓,装上想象的翅膀,比迟钝的模糊的健康状况更具独创性——一种如此令人毛骨悚然、惊慌失措、十几年之久一直清醒着的原始的惊恐,一个强劲有力者的神圣的恐怖和惊慌失措又会是什么样子!多亏这种恐惧,托尔斯泰认识肉体消亡的一切症状,认识死神塔纳托斯①的刻刀在渐渐死去的肉体上刻下的每一根线条、每一个记号,认识正在逝去的每一个灵魂的战栗和惊恐:这个艺术家强烈地感到他自己的知识向他发出的呼唤。伊万·伊利奇②临死发出令人毛骨悚然的号叫"我不愿死""我不愿死",列文③的哥哥惨不忍睹的死去,在他一系列长篇小说中描写的千姿百态的辞世场景,《三死》④——所有这些弯下身子在意识的最外边细心谛听,这是托尔斯泰在心理学上最伟大的成就,要是没有他亲身经历那场灾难性的震撼,要是没有他亲身经受的惊吓使他彻底魂飞魄散,上面的一切全都不可想象。为了描写这上百个死亡场景,托尔斯泰不得不上百次在他

---

① 塔纳托斯,古希腊神话中的死神。
② 伊万·伊利奇,托尔斯泰的小说《伊万·伊利奇之死》的主人公。
③ 列文,托尔斯泰小说《安娜·卡列尼娜》里的人物。
④ 《三死》是托尔斯泰的中篇小说,叙述一个贵妇人、一个农民和一株白桦的死。

遭受损害的灵魂里把他自己的死亡直到思想的最精微的纤维都予以事先经历、事后经历、一同经历；只有这种事先预感到的恐惧，把他的艺术从平面的，从仅仅对现实进行观察和描摹，引入认知的深处；只有这种恐惧教会他像鲁本斯①那样在描绘了丰富的感性现实之余，还会在悲剧的阴影之中，从内部投射出仿佛是先验性的伦勃朗②光线。只因为托尔斯泰比其他任何人都更加强烈地在活着的时候就预先经历过死亡，他就比任何人都更加栩栩如生地为我们大家描绘了死亡。

每一个危机都是命运给予进行创造者的一项馈赠：就这样，在托尔斯泰的世界精神态度里最后也出现了一种新的更高的平衡，就像在他的艺术里一样。各种对立互相渗透，生命的乐趣及其可悲的对手之间可怕的争斗让位于一种明智的和谐的相互谅解。完全本着斯宾诺莎③的本义这种终于平息下来的感情完全静止于最终时刻的恐惧和希望之间飘忽不定的状态当中："害怕死亡，这样不好；期盼死亡，这也不好。应该把天平的横梁安置于准心正中，一边也不翘起：这就是人生最好的条件。"

可悲的不谐和音终于和谐起来。老年的托尔斯泰不再仇恨死亡，也并不急于和死亡相见；他不再逃避死亡，也不再和死亡拼死搏斗：他只是在温和的沉思默想之中梦见死亡，就像一个艺术家在想象中设想他那虽然视而不见，却已实在存在的作品。因此，恰好是他最后的时刻，他那害怕已久的时刻赠送给他完美无缺的恩典：一个像他的生一样宏伟壮丽的死，他所有作品中的作品。

---

① 彼得·保罗·鲁本斯(1577—1640)，佛兰德斯画家。
② 伦勃朗·哈尔曼松·梵·莱因(1606—1669)，荷兰伟大画家。
③ 巴鲁赫·德·斯宾诺萨(1632—1677)，犹太裔荷兰籍哲学家，与笛卡尔和莱布尼茨齐名。

艺 术 家

除了产生于创造的乐趣,别无真正的乐趣。

人们可以制造铅笔、皮靴、面包和孩子,那就是制造人,不创造便没有真正的乐趣,便没有不和恐惧、苦难、良心谴责和羞耻相连接的乐趣。

——书信

每一部艺术作品只有在读者一旦忘记它是杜撰而成的作品,感觉它的存在便是现实时,才算达到了最高的境界。托尔斯泰的作品创造的这种崇高的错觉往往达到完美无缺的地步。这些小说给我们的印象在感情上是如此逼真,谁也不敢估计,它们是编造出来的,人物纯属虚构。读他的作品,大家只认为,是透过一扇洞开的窗户望到现实的世界之中。

因此,如果只有托尔斯泰这类的作家,那么大家很容易受到误导,认为艺术只不过是一些简单不过的东西,写作只不过是对现实的仔细复述而已,完全是照样描摹,毫无更高的精神操劳,只需要,按照托尔斯泰自己说的话说:"只要一种否定的特性:不要撒谎就行。"因为这个作品以一种动人心魄的不言而喻的样子,一种自然风景的天真淳朴的神气,出现在我们眼前,令人陶醉,丰富多彩,俨然又是一个大自然,和真正的大自然同样真实。在托尔斯泰的叙事文学中,愤怒,创作的发情期,磷光闪闪的各种幻象,这一切神秘莫测的力量似乎全都多余,根本就不存在:所以大家认为,不是醉意醺然的妖魔,而是一个神态冷静、头脑清晰的人,通过实事求是的观察,坚定不移的描摹,毫不费劲地制作了现实的一幅复制品。

但是在这里正好是艺术家的完美无缺欺骗了人们感激不尽乐享其成的感官,因为有什么比现实更加难以复制,有什么比达到清晰更加费劲?原稿证明,列夫·托尔斯泰根本不是轻而易举获得一切馈赠的作家,而是最为崇高最有耐心的艰辛劳动者。他绘制的无比恢弘壮丽的世界画卷是艺术精湛精心制作的马赛克,由千百万次精微细致的个别观察汇成的不计其数的色彩缤纷的细小石块镶嵌而成。那部卷帙浩瀚长达两千页的史诗《战争与和平》①曾七易其稿,草稿和笔记装满了几大木箱。每一个历史事件的局部、每一个感性印象的细节都遍查文献,求得考证:为了朴实客观地对波罗蒂诺战役②进行精准的描写,托尔斯泰花了两天时间手里拿着参谋总部的地图,骑马踏遍这个战场,乘坐火车到几公里外去探访一位尚还健在的参战战士。为了求得小小的一段添加风采的插曲,他翻阅各种有关书籍,查遍许多图书馆,甚至要求一些贵族家庭和档案馆向他提供业已湮灭无闻的文件和私人书简,只是为了拾起一丁点真实情况。就这样年复一年,由上万个、几十万个微小的观察形成的这些小小的水银珠子就积累起来,直到它们渐渐彼此融合,变成浑圆纯净的一个大的圆珠,没有缝隙,完美无缺。完成了追求真实的斗争之后,便开始为明晰而搏斗。就像波德莱尔③这位抒情诗方面追求形式完美的艺术家,他对自己的每一行诗都要推敲再三,不断加工,托尔斯泰也以追求完美的艺术家的狂热对他的散文锤炼再三,加油润滑,使之灵活。在这部两千页的巨著中,一个显得累赘的句子,一个不太合适的形容词都会使他大为不安。他会惊慌失措地在校样发出后又向莫斯科的排字工人发出电报,要求停止印刷,以便他还能把那个不妥的音节的声调改动一下。于是这第一次的印刷稿就再次扔进精神的蒸馏器里,再度融解,再一次塑造成型——不,

---

① 《战争与和平》,托尔斯泰的长篇小说,以1812年的卫国战争为中心,反映从1805年到1820年间的重大历史事件。
② 波罗蒂诺战役,1812年夏拿破仑侵入俄国时期的一次会战,双方均损失惨重,此后战争主动权逐渐转移至俄军方面。
③ 夏尔·皮埃尔·波德莱尔(1821—1867),法国诗人,现代派诗歌先驱,代表作为《恶之花》。

任何艺术都不是一蹴而就,就是托尔斯泰的这个看上去似乎自然天成的艺术,也并非毫不辛苦。足足七年之久,托尔斯泰每天写作八小时、十小时——因此,即便是这位神经最为强健的男子,在写完他每部宏伟的长篇小说之后总会心力交瘁,突然胃部失和,精神不济,他不得不离家前往绝对孤独的去处,远离一切文化,进入草原,到巴什基尔人那里去,住在茅草屋里,通过一种马乳酒疗法,又获得心灵的平衡。恰好是这位荷马似的叙事作家,这位最为自然、水样清澈、几乎可说是民间风格的通俗易懂的叙诉者,骨子里实际上是一位要求很高、很难满足、苦心孤诣、孜孜不倦的艺术家。(还有其他人吗?)但是一切恩典中,最大的恩典是——创作的艰辛隐藏在作品完美的状态之中,不为人所看见。托尔斯泰的艺术仿佛来自永恒,没有源头,没有年龄,就像大自然自己,他的艺术根本就不再像是我们这个时代之中可以感觉到的散文,同时又超越一切时代。他的散文在任何地方,都不具有某个时代的清楚可辨的印记。倘若他的长篇小说不加作者的名字,初次落到什么人手里,谁也不敢确定,它们产生于哪个年代,哪个世纪,它们就是这样意味着纯粹是不拘时代的作品。关于《三位长老》①和《一个人是否需要很多土地》②的民间传说完全可能是与《路得记》和《约伯记》③同时诞生,也就是在发明印刷术之前一千年,在有文字之初的时候产生的,伊万·伊利奇④的垂死挣扎,《波利库什卡》或者《亚麻布丈量者》⑤既属于十九世纪也可属于二十世纪和三十世纪,因为同时代的心灵在这里找不到时代精神的印记,像在司汤达、卢梭、陀思妥耶夫斯基的作品里那样,而是原始的、随时可见的、不发生任何变化的灵魂——在这里找到了尘世的气息,找到了原始的感觉、原始的恐惧,人在进入无休无止的境地之前感到的原始孤独。正像在人类绝对的空间之中,他那均匀稳定的高超技能在创作时间的相对空间里,也消除了时间的

---

① 《三位长老》,托尔斯泰的一篇短篇小说。
② 《一个人是否需要很多土地》,托尔斯泰的一篇短篇小说。
③ 路得和约伯为《圣经》中人物,他们的故事见《旧约全书》。
④ 托尔斯泰的短篇小说《伊万·伊利奇之死》的主人公。
⑤ 托尔斯泰的短篇小说。

托尔斯泰(1891年)　列宾　绘

托尔斯泰在读书(1891年) 列宾 绘

差异。托尔斯泰从来无需去学习他的叙事艺术,也从来没有荒疏他的叙事艺术,他那自然造就的天才既无进步,亦无退步。二十四岁的托尔斯泰在《哥萨克》①这部小说中作出的风景描述,和《复活》一书中那光彩夺目令人难忘的复活节清晨的描述,虽然写作时间相隔六十年,横亘着一代人辉煌的一生,却都呼吸着直接来自大自然的同一股从不枯萎的,所有的神经都能感觉到的新鲜气息,都可用手指触及这无机而又有机的世界的这同一个形象生动鲜明的一切。所以在托尔斯泰的艺术里,既没有学习也没有荒疏,既没有上升也没有过渡,半个世纪之久,这艺术保持着同样实实在在的完美无缺的状态。托尔斯泰的作品在柔软而又变化无常的时代里,也像上帝面前的岩石,严肃而又坚固,每根线条都强硬而又不可更改。

  但是恰好多亏这种平稳均匀,因而丝毫也不强调个人的完美无缺的特点。人们在他的作品里几乎感觉不到艺术家就近在咫尺一同呼吸:托尔斯泰并不是作为一个幻想世界的编造者出现,而仅仅是一个直接的现实世界的报道者。的确如此,我们有时有些畏缩,不敢称托尔斯泰为诗人②,因为诗人这个激起回响的字,不由自主地表示与众不同,表示人性的升华的形式,神秘莫测地与神话和魔法相连。托尔斯泰则相反,绝不是一个"更高级人物"的典型,而是一切人世间事物的典范。他在任何地方都不超越可以理解、感觉清晰、清楚明显之物的狭小范围;但是在这个尺度之内,他却达到了多么超群出众的地步!他并没有运用寻常特性之外的任何特性,没有音乐的特性,也没有魔术的特性,但是这寻常的特性却加强到闻所未闻的程度:他只是在心灵方面起着更加强烈的作用,他比一般人看得更清楚,听得更清晰,嗅得更遥远,感觉更内行,他记得更长远的事情,更合逻辑,思维更加迅速,更富联想,更加精准,简而言之,每一个人性的特性在他体内无比完美的器官里比在一个普通人身体构造里要强劲上百倍。但是托尔斯泰从未越过正常的界限(因此很少有人敢把"天才"一字用在他的身上,而这个字对于陀思妥耶夫斯基却是不言而喻的)。

---

  ① 托尔斯泰的小说。
  ② 原文是法文。

托尔斯泰从来也不像是有妖魔给以灵感,有不可理解的事物相助,这种与大地相联结的想象力怎么可能在"就事论事的记忆力"之外,杜撰出什么与普遍人性相悖的东西,因此他的艺术一直实实在在,专业性强,清清楚楚,纯属人性,是一种白天的艺术,一种提高了的现实;因此,人家都说,他要是叙述,就不是听见一个艺术家在讲话,而是事物自己在讲。人和动物从他的作品中出来就像从他们自己温暖的住处出来;人们感到,没有一个激情似火的诗人在它们背后赶着,催促它们,驱赶它们,就像陀思妥耶夫斯基总是用一根寒热的鞭子鞭打着他笔下的人物,让他们狂呼乱叫地冲进他们激情迸发的竞技场。托尔斯泰叙述时,听不见他的呼吸。他叙述起来,就像矿工攀登一座高山:步履缓慢、均匀,拾级而上,一步接着一步,没有跳跃,不会急躁,没有疲劳,没有虚弱;因此我们也就亦步亦趋地跟着他走,非常放心。大家不动摇,不怀疑,也不疲劳,牵着他坚强有力的手,一步步爬上他史诗硕大高耸的山岩,地平线逐渐展开,眼前的全景也随之扩展。小说中的事件只是缓缓铺开,远处的景色逐渐明朗。但是所有这一切都是按照不可避免的钟表一样地准确逐一发生,就像清晨日出,一寸一寸地把一道风景从下向上,慢慢照亮。托尔斯泰叙述起来,非常简单,完全平铺直叙,就像最早的那些叙事文学作者,那些古希腊的漫游诗人、诗篇作者和编年史家讲述他们的神话、传说。那时在人群当中还没有焦躁不耐的情绪,大自然和它的创造物还没有截然分开,还没有人文主义的等级制度,把人和动物、植物和石头倨傲地区分开来,诗人还对最渺小的和最强大的人物表示同样的敬畏和欣赏。对于托尔斯泰而言,一头行将毙命的狗哀号抽搐和一个挂着勋章的将军的死亡或者一株大树被风吹倒渐渐枯萎,三者之间毫无区别。不论美丑,动物还是植物,纯洁还是污秽,魔力还是人性,所有这一切,托尔斯泰都以同样观赏绘画的目光,可是又是洞察灵魂的目光来观看——人民把玩着这句话,似乎想要区别,究竟他是把人化为自然还是把自然化为人。因此尘世间没有一个领域对他而言是紧闭深锁的,他的感情从一个婴儿玫瑰色的肉体一直滑到马厩里一匹疲劳过度的马儿身上瑟瑟颤抖的皮肤,从一名村中农妇粗布的衣裳滑到显赫无比的统帅的制服,就凭着来自深度秘密的、触及皮肉的感觉而生的一种难以理解的把握,他对每一个身体、每一个灵魂都同样深知就里,了解透彻。女人们往往惊慌失措地问道,这个男人怎么能把她们隐藏极深、别人无法体验的身体上的感觉仿佛从皮肤底下发掘出来加以描绘,诸如母亲奶水太旺,乳房发出一阵阵胀痛,或者一个年轻的姑娘初次参加舞会,裸露的双臂感到一丝丝令人愉悦的凉意。倘若能给动物嗓子,让它们把惊讶化为语言,它们一定会问,托尔斯泰是凭着哪些阴森可怕的本能,猜出一头猎犬在嗅到近处有野山鹑的气味时感觉到的折磨它的乐趣,或者他怎么能猜出一匹纯种良马在起步时只有用动作表现出来的本能的思想——诸位请阅读一下《安娜·卡列尼娜》一书中那场狩猎的描写——细节的觉察表现出来的想象力极为精准,以描绘的方法预见了从布丰①到法布尔这些②动物学家和昆虫学家的一切实验。托尔斯泰在观察时的精确,不受尘世间等级划分的限制:他在爱情方面没有偏爱。在托尔斯泰公正不阿的眼睛里,拿破仑并不比他麾下最卑微的士兵地位更高,而这名士兵也并不比跟在后边狂吠的小狗和这条小狗的爪子踩过的石头更重要。在尘世圈子里的一切,个人和群众,植物和动物,统帅和农夫,作为感性的电磁波,带着同样的水晶般透明的均匀的光线,涌入他的感觉器官之中,然后又同样有条不紊地涌流出去。这就赋予他的艺术以任何时候全都真实的大自然的均匀,赋予他的叙事文学那种像大海一样单调却又壮丽辉煌的节奏,这种节奏一再唤起荷马的名字。

谁看到这么多东西,看得如此完美,根本用不着再杜撰什么东西,谁若这样富有诗意地进行观察,不用再臆造什么。他是一个头脑绝对清醒的艺术家,和幻想家陀思妥耶夫斯基不同,他不需要在任何地方跨过现实世界的门槛,进入异乎寻常的地界;他并不从一个超乎尘世的幻想空间去取得一些事件,只是挖掘普通的大地,在寻常人们身上挖出他大胆的放肆的坑道。在人性方面,托尔斯泰完全没有必要去观察不合情理的、病态的

---

① 乔治·路易·莱克莱尔·德·布丰(1707—1788),法国博物学家、作家,代表作《自然史》。
② 让·亨利·卡西米尔·法布尔(1823—1915),法国博物学家、动物学家、昆虫学家、科普作家,代表作《昆虫记》。

性格,或者甚至超越他们。像莎士比亚和陀思妥耶夫斯基似的在上帝的野兽之间,在爱丽儿们和阿廖沙们、凯列班①们和卡拉马佐夫们之间再神秘莫测地变魔术似的变出一些中间状态的东西来。最最平凡、最最平庸的农家小伙子将变成那个只有他才达到的深处的秘密:单单一个普普通通的农夫,一个士兵,一个酒鬼,一只狗,一匹马,任何什么东西,在某种意义上最最廉价的人员,不是什么珍贵的灵魂,对托尔斯泰而言,就足以成为进入他那心灵王国的最为深奥的坑道。托尔斯泰就在这些完全平庸无奇的人物身上发掘出一些心灵上闻所未闻的东西,并不是对他们加以美化,而是对他们深入发掘。他的艺术品只说这一种现实世界的语言——这是他的局限,可是他说这种语言比他之前任何一个诗人都说得更加精彩绝伦——这就是他的伟大。对于托尔斯泰而言,美和真是一回事。

可是他是——再说一遍,说得更加清楚明了——一切艺术家当中最会观察的一个,但并非预言家,是一切现实世界的报道者当中最出类拔萃的一个,但并非想象力丰富的诗人。托尔斯泰不是像陀思妥耶夫斯基那样通过神经,也不像荷尔德林或者雪莱那样通过幻想来取得他精心设计的感觉,而仅仅是通过他像光线一样四下放射的各种感官协调工作。这些感官就像蜜蜂一样不断倾巢出动,给他不断带来崭新的五彩缤纷的观察而得的花粉,这些花粉接着在激情四射的实事求是的精神之中酝酿发酵,变成艺术作品金色流质的蜂蜜。只有他的感官,他的奇妙驯从、视力清晰、听力聪明、神经坚强,可是触觉锐敏、精确校准、极度敏感、几乎像动物一样嗅觉灵敏的各种感官,给他带来每种现象的感性物质的从无先例的材料。这位没有翅膀的艺术家的神秘莫测的化学就把这种材料同样缓缓地转化为灵魂,就像一位化学家耐心地从植物和花朵中蒸馏出醚类的物质一样。小说家托尔斯泰的非同寻常的简朴来自惊人的无法计算的千百万种个别观察的多种多样。就像一名医生,托尔斯泰先从个别人的总体概貌,清点其所有身体的特点开始,然后再把叙事的蒸馏过程运用到他长篇小说的整个世界中去。"您根本无法想象,"他有一次写信给他的朋

---

① 爱丽儿和凯列班,莎士比亚戏剧《暴风雨》中的人物。

友,"这种准备工作对我是多么困难,必须先把我打算播种的田地彻底耕耘一遍。设想一下——一再仔细设想,打算动笔撰写的,篇幅极为巨大的作品中的所有还有待于形成的人物都会发生什么事情,的确困难得要命。先要设想这么多行动,再从当中选出百万分之一,这的确极端困难。"既然在每个人身上重复进行这个更多是机械过程而不是幻想过程,诸位请计算一下,在这个凭耐心碾磨的磨坊里得要磨碎多少粒灰尘,它们又将如何重新组合。每一个细节、每一个人都来自上千个细节,每一个细节又由其他无限微小的局部组成,因为托尔斯泰凭着一把放大镜的冷静凝练、坚定不移的公正态度,仔细审核着每一个性格学上的特征。按照霍尔拜因①风格,譬如把一个嘴巴,一笔一笔地描绘出来,用个体的一切异常特点,把上嘴唇和下嘴唇分开,在某些心情波动的状况下,嘴角的每一次牵动全都仔细记了下来,画出微笑和愤怒的皱折的样子;然后才慢慢地把这嘴唇的颜色添加上去,用看不见的手指感觉一下它丰满和结实的程度,遮住嘴唇的口髭投下的淡淡的阴影,才十分内行地插了进去——可是这一切才只完成了初稿,只完成了嘴唇的肉体部分,然后将补充嘴唇的性格功能,通过说话的节奏,嗓音的典型表达,一种特别的功能便有机地赋予这特殊的嘴巴。就和一个嘴唇一样,他绘制的解剖学地图里,鼻子、面颊、下巴和头发都以一种令人心悸的极端缜密细心的态度确定下来,一个细节和另一个细节,环环相扣,一丝不差,所有这些观察,听力的、语言的、光学的、运动的观察全都放在艺术家的看不见的实验室里再一次加以对比,认真斟酌。然后,通盘安排的艺术家才从这数量惊人的细节观察中抽出根来,令人头晕目眩的大量细节经过筛选,取出精华——这样从数量惊人的观察取得极为少量的结果。

因为,只有当一切感性的东西从几何学上说都精准地确定下来,身体完成了,这个泥人,这个从视觉设计完成的人才开始说话,开始呼吸,开始生活。在托尔斯泰这里,永远是灵魂、精灵、上天的蝴蝶捕捉在细如蛛丝

---

① 霍尔拜因是个家族姓氏,著名的父亲和儿子都是德国画家,这里指的是小霍尔拜因(1497—1543),以深入而又庄重的肖像画闻名。

的观察组成的有万千网眼的网里。而在他天才的对手,陀思妥耶夫斯基这个长着慧眼的人那里,个性形成的过程正好相反:都从灵魂开始。对于陀思妥耶夫斯基而言,灵魂是第一位的,而身体则是像昆虫的外衣松松垮垮,轻飘飘地附在灵魂的通体透亮、火红燃烧的核心上面。在极端幸福的时刻,灵魂可以烧透肉体得以升华,飞升到感性的天空之中,飞进纯粹的心醉神迷的状态。但是在托尔斯泰这里,这位看清一切的人,清醒的艺术家这里,灵魂则从来不会飞翔,甚至不能完全自由自在地呼吸,身体作为硬壳,沉重地挂在灵魂上面。因此即使是他创造的人物中最最轻快灵便者也从来不可能一举跳到上帝身边,完全跳出尘世的范围,彻底脱离世界;而是像个苦力似的,仿佛背上背着自己的身体,气喘吁吁地一个台阶又一个台阶地向上爬,爬向神圣化和净化,因为自己沉重的负担和人间种种,一再感到疲惫不堪。在这个没有翅膀、没有幽默的艺术家那里,我们总是痛苦地受到提醒,我们是生活在狭小的地球之上,为死亡所围困,我们无法逃走也逃脱不了,我们身在人生中途却被逐渐逼近的虚无团团围住。"我愿您有更多精神上的自由",有一次屠格涅夫颇有预见性地写信给托尔斯泰。恰好是这点,人们这样祝愿托尔斯泰的人物,祝愿他们多一点精神自由,多一点灵魂的飞翔能力,愿他们能挣脱客观现实和身体情况,或者至少能梦见更加纯净更加清澈的世界。

所以人家愿意把这称之为秋天的艺术:每一个轮廓都像刀锋切过似的在俄罗斯草原没有山丘的地平线上突显出来,万物凋零和人生短暂的气息从淡黄色的森林传来。在托尔斯泰的风景里永远只感到阵阵秋意:不久冬天将至,不久死亡将踏入大自然,不久所有的人,我们当中永恒的人同样都将死绝。一个没有梦幻、没有妄想、没有谎言的世界,一个空虚得可怕的世界,甚至是一个没有上帝的世界——托尔斯泰是到日后,才把上帝发明出来,并且出于人生的利益,犹如康德出于国家的利益,把上帝安排到他的宇宙中去;这个世界除了它那冷酷无情的真理,别无其他光明,除了它的清澈,同样是冷酷无情的清澈,别无其他。也许在陀思妥耶夫斯基那里心灵的空间起先比这均匀的冷凝光明更加阴郁,更加黑暗,更加悲惨,但是陀思妥耶夫斯基有时以醉意醺然的欣喜若狂,切碎他的夜色,至少心灵一瞬间直向幻影中的天空升腾。托尔斯泰的艺术则相反,没有醉意,没有安慰,他永远只是神圣的冷静、透明,不会使人陶醉,就像清水一样——多亏它那奇妙的透明,人们可以一直看到水底,但是这种认识不会使人入迷,使人欣喜若狂。它使人严肃,使人沉思,犹如科学,以其冷漠的光明,追根究底的客观性,使人如此,但不使人幸福,托尔斯泰的艺术,不使人幸福。

可是他自己,这位众人之中最能洞察一切的人,对他严格的眼睛所具有的毫不宽容和使人清醒的特点有何感觉!这可是一个没有用梦幻作为金光灿灿的酬报,没有音乐的恩赐的艺术。他从心灵深处从来也不喜欢这个艺术,因为它既不知道赠送给他,也不知道赠送给其他人一种使生活幸福,并且肯定人生的意义。因为在这双无情的眼睛前面,整个人生过得毫无希望:灵魂只是在死亡环绕四周的空间的宁静中间的一个抽搐着的小小身体的机械装置,历史只不过是偶然发生的诸多事件汇成的一团混乱,毫无意义,而肌肉丰富的人只不过是活动的骷髅,短时间内披上生活的温暖的外壳,这一切难以解释的混乱一气的胡乱奔忙,就像长流的水,或者凋落的树叶。经过三十年制造影子之后,托尔斯泰突然背离了他的艺术,这难道真是如此难以理解?他渴望着他的本性能产生一种效果,能解除他身上的沉重负担,也减轻别人生活的负担,渴望一种艺术"它能唤醒人身上更崇高更优秀的感情",这难道真是如此不可理解?他也想触动一次希望的银制七弦琴,这七弦琴轻轻一碰就开始在人类的胸中激起虔诚的声响,他渴望获得一种艺术,把他从一切尘世间阴郁沉重的高压下解脱出来,拯救出来,这难道真是如此不可理解的吗?但是徒劳!托尔斯泰的一双清澈至极,清醒,极端清醒的眼睛看出来的人生只可能依照人生的原来模样,只可能是笼罩着死亡的阴影,阴暗而悲哀,不可能是别的样子;他这艺术不善撒谎,不愿撒谎,永远也不可能从这个艺术直接发出一种真正的对灵魂的安慰。既然他无法把真正的现实的人生看成别的样子,描绘成别的样子,只能把它看成、描绘成一个悲惨的人生,于是这位日益衰老的作家心里便涌现出一个愿望,改造人生自己,把人改造得更好,通过一个道德上的崇高理想给他们以安慰。果然,艺术家托尔斯泰在他创作的第二阶段,不再满足于简单地描绘人生,而是有意识地赋予他的艺术一种意义,一种道德上的任务,他使他的艺术为灵魂合乎道德得以高升服务。他的长篇小说和中篇小说不仅要描述世界,更是要重新改造世界,对世界起到"教育"作用。在那一阶段,托尔斯泰开始创作一种特殊的艺术作品,要它们起到"传染"作用,这就是说,通过事例警告读者勿为不义之事,通过榜样加强他们从善的愿望:后来的托尔斯泰从仅仅是人生的诗人拔高变成人生的法官。

这种目的性强、具有教条意义的倾向在《安娜·卡列尼娜》一书中已很明显。在这本书里,符合道德的人和不符合道德的人,命运截然相反。沃伦斯基和安娜是情欲中人,不信神,是热衷于他们激情的利己主义者,受到"惩罚",被抛入灵魂不安的炼狱中去;吉蒂和列文则相反,升入改过自新的境界。这位迄今为止一直刚正不阿的描绘者在这里第一次试图表示立场,拥护或反对他自己塑造的人物。像在教科书里强调主要的使徒信条,仿佛用惊叹号和引号在写作,这种倾向,这种教条意义的附带意图,越来越迫不及待地显露出来。在《克莱采奏鸣曲》里,在《复活》里,最后只有一件薄薄的诗意的外衣掩盖着赤裸裸的道德神学,传说(以绝妙的形式!)为布道者服务。艺术对于托尔斯泰而言渐渐地变得不再是最终的目的,自在的目的,而是,只要艺术为"真理"服务,诗人照样会喜欢"这美丽的谎言"。但是现在艺术不再像从前那样为现实服务,让现实变得真实可信,不再为感性的——心灵的现实服务,而是为——如他所说——一种更高级的、精神的真理,为宗教的真理服务,是他的危机为他揭示了这个真理。从此托尔斯泰不再把那些艺术上塑造得精致完美的书籍,而是单单把那些(它们的艺术价值完全无所谓)使人"行善",帮助人们变得更有耐心、更加温柔、更信基督、更有人性、更加慈爱的书籍称做"好"书,以至于他觉得规规矩矩、平庸已极的贝尔托特·奥尔巴赫①竟比"害人

---

① 贝尔托特·奥尔巴赫(1812—1882),德国作家。犹太裔,早年上图宾根、慕尼黑大学求学,参加反政府的大学生组织"日耳曼尼亚",1836年被捕入狱,1837年获释后,因有前科,不能充当拉比,便从事写作。1843年他的小说《黑森林的乡村故事》受到好评,影响巴尔扎克、屠格涅夫、托尔斯泰等作家。与托尔斯泰有个人接触。终其一生,反对排犹主义,政治态度鲜明,文学成就有限。

虫"莎士比亚更加重要。测量的标准越来越从艺术家托尔斯泰的手里滑落到教条主义者的手里:那无与伦比的人类描绘者有意识地、毕恭毕敬地在人类的改造者——道学家面前退避三舍。

但是艺术和一切神圣的事物一样,缺乏耐心,嫉妒成性,它对那个否定它的人进行报复。硬要艺术备受拘束,屈从于一种所谓的更高权力,进行效力的地方,艺术便猛然自行挣脱它的主人,恰好在托尔斯泰用教条的方式进行描述的地方,他笔下人物自然的感性生活立即黯然失色,虚弱无力;一道灰暗的理智的冷光犹如雾霭传来,人们只能跌跌绊绊地走过逻辑的冗长繁琐的段落,只能千辛万苦地摸索着走向出口处。尽管他自己日后出于道德的狂热鄙夷不屑地把他的《童年》①《战争与和平》,他的杰出的中篇小说称作"糟糕的、不值一提、可有可无的书籍",因为它们只满足了读者审美的要求,因而只满足了"一种低级的享受"——你听听,阿波罗! 而实际上它们毕竟是他的杰作,而那些目的性强、道学气重的作品则是他的拙劣的作品。因为托尔斯泰越是屈从于他的"道德的专制主义",越是远离他天才的原始元素,远离感官的真实,作为艺术家他就变得越不均匀:就像安泰②,他的全部力量来自大地。只要托尔斯泰以他奇妙无比钻石般犀利的眼睛观察感性之物,他直到耄耋之年依然天才横溢。一旦在云里雾里摸索,在形而上学之中盘桓,他的尺度便以惊人的方式锐减。眼看着一位艺术家完全想要强行在精神之中飘浮飞翔,而命运只是确定他迈着沉重的脚步在我们坚硬的大地上行走,耕耘它,认识它并且描写它,胜过我们现代任何一位作家,这可真是叫人揪心。

这可真是一个悲哀的矛盾,这矛盾在一切作品一切时代一再重复,直到永远:理应提高艺术品的东西,那自己坚信不疑,又想使人信服的观念,在大多情况下,削弱了艺术家的才华。真正的艺术是自私自利的,它别无所求,只要它自己,只求臻于尽善尽美。纯粹的艺术家只许想他的作品,不许想人类,他是确定把这作品给予人类的。所以托尔斯泰在不受感动、

---

① 《童年》,托尔斯泰的回忆录,与后来写就的《少年》和《青年》构成了他的自传三部曲。
② 安泰,希腊神话中的巨人,他的力量来自母亲大地,因而所向无敌,一旦脱离大地他便失去力量。

坚定不移地如实描绘他眼前的感官世界时,他一直是最为伟大的艺术家。一旦变得悲天悯人,想要通过他的作品进行帮助,进行改造,进行领导和教育,他的艺术便大大丧失感染力,而他自己也通过他的命运变成了比他塑造的所有人物都更加令人震撼的人物。

自我的描述

> 认识我们的生活,也就是认识我们自己。
>
> ——致卢萨诺夫信①,1903 年

这道投向世界的目光严酷无情,投向自己也严酷无情。托尔斯泰的天性容不得不清不楚,模模糊糊,阴影笼罩,无论是在尘世的内部还是外部都是如此:所以他作为艺术家观看一棵树的线条或者一只受惊跃起的狗的激烈颤抖的动作,都习惯于极为精确地看到它们最仔细的轮廓,也容不得自己是不清不楚混杂一起的东西。因此从最早的时间开始,他就不由自主地,不断以原始的研究欲望对待他自己。十九岁的他在日记本里写道:"我要彻头彻尾地认识我自己。"像托尔斯泰这样一个追求真理的狂热分子只可能是一个激情强烈的自传作家。

但是描述自我不同于描述客观世界,绝不可能在艺术品中描述一次便大功告成。自我通过图解,从来也不可能完全分裂开来,因为自我经常在变,不可能观察一次就算了事。所以伟大的自画像的作者一辈子都在重复绘制他们自己的肖像。无论是丢勒②、伦勃朗,还是提香③,他们大家都照着镜子,开始绘制他们最早的青年时代的作品,一直到抬不起手来才

---

① 符拉迪米尔·亚历山德罗维奇·卢萨诺夫(1875—1913),俄国极地探险家、地质学家。
② 阿尔布雷特·丢勒(1471—1528),德国画家。
③ 提香·韦切利奥(1490—1576),意大利文艺复兴后期威尼斯画派的代表画家,被誉为西方油画之父。

放弃,因为他们自己肉体上恒久不变的和变动不已的东西都刺激他们。同样,伟大的客观现实的描绘者托尔斯泰也从来没有完成他的自我描述。他刚刻画完他自己最终的形象,像他自己所述,不论是作为聂赫留道夫①、萨里京②,还是皮埃尔③或是列文④,他在完稿的作品里已经认不出他自己的面貌;为了制作新的形象,他不得不重新开始。就像艺术家托尔斯泰这样不知疲倦地追逐他心灵的影子,他的自我也不知疲倦地继续奔逃于心灵的逃窜之中,永远重新处于无法完成的放弃状态,这位意志坚强的巨人便一再重新感到深受诱惑,去克服这种放弃状态。这样一来,在这六十年里没有一部作品,不在某个人物身上包含着托尔斯泰自己的轮廓,没有一部作品,单独包含着此人的广度;只有他的全部长篇小说、中篇小说、日记和书信的整体才完成了他的自我描述,从而完成了我们这个世纪一个人遗留下来的最为多姿多彩、最为密切关注、最为持续不断的个人肖像。

  因为这位不会胡编乱造的作家,永远只会重述他亲身经历过的、亲自感觉到的东西,绝对不会把他自己,把这活生生的人,正在感觉的人逐出他的视野。他不得不持续不断地、被迫地、往往违心地,远离他的清醒意志,进行探索,仔细观察,进行解释,对他自己的生活严加"守卫",直到精疲力竭的程度。所以他的撰写自传的强烈激情一刻也未停歇,就像他胸中心脏的搏动,他额头思想的活动:写作对他而言,永远只是评判自己,报导自己。因此没有一种自我描述的形式托尔斯泰没有采用过,像回忆录这样纯粹机械的事实审核,教育学的、道德的检查,道德的控告,心灵的忏悔,这就是说,自我描述作为自我抑制、自我激励,自传变成一种审美的行动和宗教的行动——不说了,把他所有的自我描述的形式和主题逐一加以叙述,是说也说不完的。我们从他的日记中对这位七十岁的老人的认识,并不少于他八十岁时对他的了解,我们对他青年时代的种种激情,他

---

① 德米特里·伊万诺维奇·聂赫留道夫是列夫·托尔斯泰的小说《复活》的男主人公。
② 萨里京是托尔斯泰的剧本《光在黑暗中发亮》的主人公。
③ 皮埃尔是列夫·托尔斯泰的小说《战争与和平》中的主人公之一。
④ 列文是列夫·托尔斯泰的小说《安娜·卡列尼娜》中的一个人物。

婚姻的悲剧,他最私密的思想连同他最平淡乏味的行动,都像档案管理员似的了解得一清二楚,因为,就是在这里,托尔斯泰也完全和那个"紧闭双唇"生活的陀思妥耶夫斯基不同,要求"门窗洞开"地生活。我们了解他的每个手势,每一步路,详细了解他八十年里每一个最粗浅潦草最无关紧要的插曲,就像我们熟悉不计其数的复制品里他身体的画像,托尔斯泰在制鞋,在与农民谈话,在骑马,在犁地,坐在书桌旁,在打草地网球,和妻子在一起,和朋友、和孙女在一起,甚至在睡觉和死亡之时。这种如此无与伦比形神俱佳的描述和自成文献,仿佛又得到他身边所有的人,他妻子和女儿、秘书们和记者们,以及偶尔来访的客人们所写的不计其数的回忆录和笔记、札记的旁证:我深信,把写成托尔斯泰回忆文章的纸张还原成树木,完全可以再造一片雅斯纳亚·波良纳的森林。从来没有一个诗人有意识地这样坦率地生活过,也很少有诗人比他更向人们敞开心扉。自从歌德以来,我们还从来没有见过一个人像他这样以内在和外在的观察做出如此毫无保留的证明。

托尔斯泰的这种自我观察的渴望和他的意识一样追溯很远。这种渴望早在那到处乱爬乱走的粉红色的儿童肉体之时就已开始,远比会说话还早。直到八十三岁躺在灵床之上才算终止,这时,想说的话已经说不出来。从起先沉默到最后沉默的这一巨大的空间里面,没有一刻不在说话,不在写作。十九岁时,还没有离开学校,这位大学生便买了一本日记本,立刻就在开头几页写道:"我从来没有记过日记,因为我还没有看出记日记的用处。可是现在,我忙着增长我的能力,我就可以根据日记,追随我发展的过程;日记应该包含人生的规则,在日记里也必须把我未来的行动预做规定。"完全像商人似的,他先开了一个他职责的账户,确定了借方和贷方,记下多少打算,支付多少款项。关于他个人带来的资本,这位十九岁的青年心里完全有数。他在第一次自我盘点时就查明,他是一个"特别的人",肩负着一项"特殊的任务";但是这个半大不小的男孩同时已经无情地确定,为了迫使他那倾向于懒散怠惰、变化无常、好色淫荡的天性,他必须付出多么巨大的意志力,这辈子才真能做出符合道德的成就。为了不致浪费他的一点一滴的力气,他就创造了一种检查每天成绩的装置:于是日记本起先用做兴奋剂,为了从教育学的角度看透自己,并且——人们必须永远重复托尔斯泰的话——"守卫自己的生活"。这个男孩便以严酷无情毫不留情的态度,譬如说,扼要地记下一天的经过:"从12点到2点和比济谢夫在一起,谈话过于坦率,虚荣心作祟,自我欺骗。从2点到4点做体操:不够顽强,缺乏耐心。从4点到6点吃午饭,买了一些不需要的东西。在家里没写什么:懒惰。我没能下定决心,是否应该驱车到沃尔孔斯耶去;在那里说话不多:胆怯所致。举止也很糟糕:胆怯、虚荣、太欠考虑、软弱、懒惰。"这只男孩的手这么早就这么毫无顾忌地使劲卡住他的脖子。这个对他脖子的钢铁般的一握,六十年始终没有松开;就像在十九岁时那样,八十二岁的托尔斯泰也还为自己准备了一条鞭子,在他老年的日记本里,当他那疲惫的肉体不能完全遵从他意志的斯巴达式的纪律时,他也给自己加上"胆怯、恶劣、怠惰"等骂人的字眼。

　　就像托尔斯泰身上的那个早熟的道学先生一样,他身上的艺术家也同样很早就要求有自己的肖像。才二十三岁,他就开始撰写一部三卷的自传——这在世界文学上是独一无二的事例!镜中的影像乃是托尔斯泰的第一道目光。这个二十三岁的青年对于现实世界还毫无经历。他已经把他唯一的生平经历,他自己的童年,作为描述的对象。就像十二岁的丢勒,拿起银制的笔尖,把他像女孩的脸一样狭窄的,还没有经历世事,因而皱纹全无的孩子般的脸庞,画到一张偶然取来的纸上,当年还只长着绒毛、没长胡子的炮兵少尉托尔斯泰分配到高加索的一个要塞,出于游戏的好奇心理,试图叙述他的《童年》《少年》和《青年》。为谁而写,这点他在当时还没有想过,想得最少的是文学、报纸和舆论。他本能地服从于一种通过描述达到自我净化的强烈欲望,这种朦胧的冲动没有任何目的,任何企图,更没有"为道德的要求所照亮"——就像他日后所要求的那样。这个驻扎在高加索的小军官由于好奇心切和百无聊赖,把他故乡和童年的图画像水彩画卷似的描摹在纸上;他对日后在托尔斯泰身上爆发出来的救世军的姿态,对"忏悔"和"使人从善"的意志还一无所知,他还在努力把"他青年时代的恶劣罪行"张贴出来,借以自傲——不,不对任何人有什么好处,只是出于一个半大不小的男孩天真的游戏冲动,他所经历过的仅仅只是"他如何从一个小孩顺利地长大",这个二十三岁的青年描写他的这一点点生活,他得到的最初印象,父亲,母亲,亲戚们,教师们,各种人,动物和大自然。这种无忧无虑地讲述充满幻想的故事,和作家列夫·托尔斯泰有意识地进行的深不可测的分析,真有天渊之别。作家托尔斯泰为了他地位的缘故,感到有责任在世人面前是个忏悔者,在艺术家面前是个艺术家,在上帝面前是个罪人,在自己面前是他自己谦卑的范例;在自传里叙述的这个人,不是别人,而是一个年轻的贵族,他身处一个陌生的环境,向往着家庭的温暖环境,向往着业已消失的人们的亲切好意。等到意想不到的事情发生,那部无意写成的自传使他一举成名,列夫·托尔斯泰便立即停止撰写这部自传的续集《成年时期》;这位大名鼎鼎的作家永远找不回那无名之辈的语气,这位成熟的大师再也没有成功地画出过一幅如此纯净的自画像。半个世纪之后——在托尔斯泰身上,所有的数目字就像俄罗斯的大地一样辽阔,直到这个少年游戏似的产生的进行一次完全系统的自我描述的念头又打动了这位艺术家。可是他的一切都已转向宗教,这项任务也随之转变;托尔斯泰所有的思想都已转向人类,他的人生的肖像也只向着整个人类,以便人类在他"心灵的内衣"上把自己擦洗干净。托尔斯泰对这新的自我描述发表这样纲领性的意见:"每个人尽可能真实地描写自己的生活,对自己具有重大的价值,也必须对所有的人都具有很大的益处。"这位八十老翁为这决定性的自我辩护不厌其烦地做着一切准备;可是刚一动笔,他就停止写作,尽管他还一直认为"这样一种完全忠于现实的自传比所有的艺术性的胡言乱语更有益处……这些胡言乱语足足填满了十二卷我的作品,今天的世人赋予它们一种完全不配获得的意义"。因为他对于真实的标准随着他对自己生活的认识,逐年增长,他已经认识到一切真实的意义模糊,深不可测,变化多端的形式。二十三岁的青年像穿着溜冰鞋在一平如镜的平面上无忧无虑地飞速滑过的地方,日后这个变得身负重责、深知世事的真理追寻者却丧失勇气,望而生畏。他担心"每个讲述自己的故事里,不可避免地会掺和进缺陷不足,欺诈不实"。他担心"这种自传,虽说并非直接撒谎,可是通过安装错误的灯光,通过有意识地把光亮投向善行,遮掩其中的恶行,这种自传也会变成谎言"。他公开承认:"可是等我决定,写下赤裸裸的真实情况,绝不掩饰我人生中干的坏事,我在这样一种自传必然产生的效果面前大吃一惊。"但是我们不要过分抱怨这一损失,因为从他那时写的文章,譬如《忏悔》,我们就确切地知道,他那宗教危机发生以后,对于托尔斯泰的求真需求而言,每个自我描述的愿望永远不可避免地转化为一种狂热的鞭笞派①的自我鞭笞的乐趣,每一种自白,都会变成一种痉挛状的自我辱骂。最后几年的托尔斯泰早已不再愿意描述自己,只想在众人面前自我羞辱,只想说出一些"他羞于向自己承认的事情"。那么这样一来,这最终的自我描述尽是暴力谴责他自己所谓的"卑劣行为"和罪孽,也许会变成对真实情况的扭曲。再说,我们也完全可以不要这种自传,因为我们本来就拥有另外一部托尔斯泰的自传,更确切地说,是一部包含他的整个生平、包括整个时代的自传,存在于他作品、书信和日记的整体之中,除了歌德以外,也许这是一个诗人提供的关于他自己的最完整的自传。《哥萨克》中的小小贵族少尉奥利宁逃出莫斯科的忧伤抑郁和无所作为,遁入他的职业和大自然之中,想在那里找到自我,他制服上的每一根纤维,脸上的每一道皱折,都和那位年轻的炮兵上尉托尔斯泰一模一样;《战争与和平》中的那位耽于沉思、行动迟钝的皮埃尔·别苏却夫和他日后的兄弟,《安娜·卡列尼娜》中的那位探求上帝、热切地想要追寻生活意义的乡下贵族列文,一直到肉体都可以清晰看出是危机爆发之前托尔斯泰的本人。谁也不会在《谢尔盖神父》的神职人员的衣服下面,看不出这位大名鼎鼎的作家为争取圣洁的生活而进行的搏斗,在《魔鬼》中看不出日趋年老的托尔斯泰对一种肉欲的冒险所进行的反抗,在涅赫留道夫公爵身上,看不出他性格隐藏很深的他渴望的人物,理想的托尔斯泰,这是他人物中最奇特的一个,这个人物贯穿了他全部的作品,他把自己所有的目的和道德崇高的行为全都加在这位公爵身上。至于《光在黑暗中发亮》中的那位萨里京披着那么单薄的一袭伪装,在他家庭悲剧的每个场景里都把托尔斯泰暴露无遗,直到今天演员还总一直采用他的面

---

① 鞭笞派,中世纪宗教派别,为了惩戒或修行而进行公开的自我鞭笞。

具。像托尔斯泰这样辽阔的天性正好需要把它分布在一大批人物身上;正如歌德的诗,托尔斯泰的散文也是一篇宏伟壮阔的自白,贯穿他整个一生,连续不断,一个图像接一个图像,互相补充。在这五彩缤纷的心灵世界里,没有一个空白的未经研究的地方,没有一个无人知晓的地区①;所有社会的、家庭的,所有道德上的、文学上的、世俗的、形而上学的问题都得到阐述;自从歌德以来,我们还从来没有看到一个尘世的诗人如此数目齐全、如此仔细详尽地起到精神—道德的功能。正因为托尔斯泰在这似乎超人的人性之中完全像歌德一样描述了正常的、健康的人,成为这个类型完美的标本,那永恒的我和包罗万象的我们,所以我们觉得——又一次像在歌德那里——他的自传是日趋完美的一生的圆满成功的形式。

---

① 原文是拉丁文。

危机与转变

　　一个人一生中最重要的事件是他意识到他自我的瞬间；这个事件的结果可能极有好处，也可能极为可怕。

1898 年 11 月

　　每次危害都可以变成恩典，每个障碍都可以成为促进独创性发展的动力和助力，因为它能强暴地发掘出灵魂中尚未认识的力量。对于一个诗人的生活最危险的莫过于心满意足，一路平坦。托尔斯泰的世道常情仅仅只有一次这样忘乎所以纵情恣肆，这对常人是幸福，对艺术家却是危险。在他自己通向自我的漫游朝圣的过程中他仅仅只有一次给予自己不知餍足的灵魂以休憩，在八十三年的人生中只有十六年；从他结婚到《战争与和平》和《安娜·卡列尼娜》这两部长篇小说完稿，托尔斯泰和他自己和他的作品生活在相安无事的状况之中。足足十三年之久（1865 年至 1878 年），他的日记，他良心的暗探也沉默无语。托尔斯泰这个幸福的人沉湎于他的作品之中，不再观察自己，只观察世界。他不询问，因为他在制造，制造了七个孩子和两部卷帙浩瀚无比的叙事著作：当时，只有在当时，托尔斯泰和其他无忧无虑的人一样，生活在家庭的市民阶级正派的利己主义之中，幸福，满意，因为摆脱了那个"追究为什么的可怕问题"。"我不再对我的处境进行冥思苦索（一切冥思苦索都已过去），对我的感觉也不再刨根究底——在和我家庭的关系上，我只是感觉，并不思考。这个状况给予我异乎寻常之多的精神自由。"自我思索并不阻碍内心汹涌澎湃的塑造过程,守卫在道德自我前面的无情哨兵昏昏欲睡地退下,给予艺术家自由自在的行动,感情充沛的游戏。在那几年列夫·托尔斯泰变得遐迩闻名,他的财产增加了四倍,他教育子女,扩建房屋,但是随着时间的推移,这位道德上的巨人不允许自己满足于幸福生活,餍足于名满天下,不允许自己收入剧增发财致富。塑造每个人物他总要回归到完美的自我描述的原始作品,既然没有上帝在苦难中召唤他,他就自己迎着苦难走去。既然外界没有赠送给他一个命运,他就从自己内心创造一个悲剧。因为人生——更不用说是这样强劲有力的人生!——总愿意处于漂浮不定的状态之中。倘若命运停止大面积地涌入,精神就在内心之中开凿进涌不止的新的源泉,以便生活的循环不致枯竭。托尔斯泰在将满五十岁时的经历,对于他同时代人是个没法解释的惊人事件,那就是他突然背离艺术,转向宗教,人们根本没有把这现象看成异乎寻常——人们徒劳无功地在这位健康已极的人的发展过程中寻找一点反常现象——要说异乎寻常,那只有感觉表现得异常激烈,在托尔斯泰身上总是那样。因为托尔斯泰在他人生的五十岁时进行的大转弯,其实并没有表现别的,只表现了一个过程。这一过程在大多数男人身上因为不是那么形象鲜明生动,没有被人看见:那就是灵肉机体不可避免地要适应日益逼近的老年,是"艺术家的更年期"。

　　托尔斯泰自己在他心灵的危机开始时这样表示:"生活停滞不动,令人毛骨悚然。"这位五十岁的艺术家达到了那个危机时刻,血浆里的塑造形象的力量开始衰退,心灵即将转入僵化状态。感官对图像不再这样敏感,印象的色泽犹如自己头发的颜色渐渐褪色,那第二阶段就此开始,这个阶段我们也是从歌德那里获悉,温暖的感官游戏升华为概念的压榨机,物件变成了现象,画像变成了象征。就像精神的每次深刻的转变,这样的重生起先在这里也激起了身体的一种轻微的不适。一种精神的寒冷惊恐,一种可怕的唯恐衰退的恐惧,猛然之间击向惴惴不安的灵魂,身体的神经敏感的震动仪立刻标出正在逼近的震动(歌德每次转变都会发生神秘的疾病!)。但是——我们在这里踏进一个几乎没有照明的地区——灵魂还没法解释来自黑暗的这个袭击,在身体的器官里已经自动开始反抗时,一种心理和生理的调整,没有人的意识和意志,是出于天性的无法参透的预防措施。因为就像动物在冬日酷寒开始之前很久,突然就在身上披上了一层温暖的越冬的长毛,那么在人的灵魂上面,在最初的年龄过渡时刻,巅峰还没越过,已经长出一袭新的精神的防护外衣,一层厚厚的防御外壳。这种深刻的从感官的到精神的挪动,也许出自腺液的细胞,又微微颤动着直到创造性生产的最终的震荡,这个更年期时构成的心灵的震惊,同样也和青春期一样是由血液决定的,像是一个危机,尽管——过来吧,你们这些心理分析家和心理学家们!——在身体的基本痕迹上无从偷听,更何况在精神的痕迹上进行观察。充其量在女人那里,性器官的萎缩以几乎明显的形式更粗野更临床病态地表现出来,个别的现象可能收集起来;相反,男性的更多的是精神上的转换和它在心灵上产生的结果,还完全未经研究,正等待着心理学的审视。因为男性的更年期几乎被人异口同声地认为是伟大转变的最讨人喜欢的时候,是宗教、文艺和理智提炼的最讨人喜欢的时候,而这一切又是保护生命日益衰弱的外衣,是肉欲已经减弱的精神代用品,是对于渐渐消退的自信心、正在消失的生活的潜能的得到强化的世界感觉。完全是青春期的补充,对于受到危害的人,同样有生命危险,对于性情暴烈的人同样暴烈,对于有创造力的人同样有创造力,就这样男性更年期就开始了一个别具色彩的创造性的心灵时期,一种崭新的时而上升时而下降的精神上的欲念。在每一个重要的艺术家身上我们都碰到这种不可回避的危机瞬间,当然在任何人身上都不可能见到像在托尔斯泰身上这样搅乱内心、火山爆发似的几乎是毁灭性的强烈发作。从现实的角度来看,托尔斯泰在五十岁时身上遭到的其实只不过是和他年龄相当的事情:也就是他感到年纪渐老。这就是一切,他全部的生活经历。几枚牙齿脱落,记忆力开始衰退,有时候懒于思考:都是五十岁的人平常不过的现象。可是托尔斯泰这位精力极度旺盛的人,天性只习惯于精力过剩,一感到秋意逼来,立即觉得自己业已枯萎,死期不远。他误以为"只要不是生龙活虎,就活不下去了";一种神经衰弱的忧郁症,一种一筹莫展的惊慌失措袭击了这位健康过剩的男子。他没法写作,没法思索——"我精神上在睡眠,醒不过来,我感到不适,勇气尽丧";他像拖着一根铁链似的"把这无聊平淡的安娜·卡列尼娜"一直拖到结尾,他的头发顷刻之间变成灰白,额上布满皱纹,老是反胃,手脚关节无力。他麻木不仁地直视前方,说道:"他已没有任何乐趣,对生活已无所期待,不久就要死去。"他"竭尽全力想要离开人生",接连不断地在日记本里写了几个令人揪心的字:"死亡的恐惧";几天之后又写道:"人得孤独地死去"。可是死亡——我在描述他那勃勃生机时试图阐述——对于这位生命力旺盛的巨人意味着一切可怕念头中最可怕的念头,因此只要仅仅有几个夜晚他那非同寻常的巨大力量似乎松动了一些,他就立刻吓得浑身发抖。

当然这位天才的自我诊断的医生如果鼻翼嗅到了厄运当头,并没有完全搞错。因为事实的确如此,原来的托尔斯泰身上有些东西在这场危机中的确终于死去。迄今为止,托尔斯泰从来没有问过世界的形而上学的意义,他只是像艺术家观看他的模特儿那样观看世界;在他描绘世界的图像时,世界便驯从地在他面前展开,听凭他那双具有独创性的手抚弄和握住。突然之间,他已不可能再有这种天然的乐趣,这样纯粹绘图似的进行观赏。他感觉到,事物已不再把自己的一切全都奉献给他,他们向他掩饰什么,有什么背着他,有一个什么问题;这位洞察一切的人第一次感到人生是秘密,他预感到有一种感觉不能仅仅用外在的感觉来领会——托尔斯泰第一次懂得,要想理解这琢磨不透的东西,要有一个新的工具,一只更加熟知内情更有意识的眼睛,一只能思维的眼睛。一些例子可能有助于更显而易见地阐明这个内心的转变。托尔斯泰上百次地在战争中看见人死去,没有询问公正与否,一味作为画家,作为诗人,仅仅作为反映一切的瞳孔,作为感受形状的视网膜描写这些人流血致死。现在他看见在法兰西一个罪犯的脑袋从断头台上滚下,一股道德的力量立即在他心里愤慨起来,反对整个人类。他,这位老爷,这位地主,这位伯爵,千百次骑马从他村里的农民身旁驰过,他的坐骑一阵奔驰,使农民的衣衫蒙上灰尘,他满不在乎地接受他们谦卑的奴性十足的敬礼当作理所当然的事情。现在他才第一次发现他们赤着脚,贫困不堪,生活在惊恐、无权的状况之中,他第一次扪心自问,面对他们的穷困和艰辛,他自己是否有权利过无忧无虑的生活。他的雪橇无数次在莫斯科成群结队的饥寒交迫的乞丐身旁疾驰过去,也不扭头看他们一眼或者对他们表示丝毫的关注。贫穷、苦难、压迫、军队、监狱、西伯利亚对他而言是如此自然的事实,犹如冬天的雪、桶里的水;可是现在,在一次人口普查的时候,这位被唤醒的人突然意识到无产阶级可怕的处境,成为对他富裕生活的控告。自从他感觉到人性的东西不再仅仅是人们得去"研究和观察"的材料,在他心灵里那人生的安宁静谧、景色如画的秩序便轰然坍塌:他不能再像雕塑家似的冷漠地观看人生,而必须接连不断地询问意义何在和荒谬与否,他不再从自己出发,自我中心地或者内向地来感觉一切人性,而是社会地、兄弟般地、外向地来感受。和每个人、和众人联合起来的意识犹如一种疾病向他"侵袭"。"你不得思考——这太痛苦了。"他喟然长叹。但是这只良心的眼睛一旦打开,人类的苦难、世界的根本痛苦从此便开始不断成为他自己最为特有的事情。恰好从对虚无的神秘的害怕产生出一种新的独创性的对于宇宙的敬畏,只有从他完完全全的自我放弃之中,这位艺术家才产生出再一次建造他的世界的任务,这次是按照道德的尺度。在他以为是死亡的地方,却出现了新生的奇迹:于是产生了那位托尔斯泰,他不仅作为艺术家,而是作为最有人性的人受到人类的尊敬。

但在当时,紧挨着彻底崩溃砸成碎片的时刻,在那"倏而醒来"(就像托尔斯泰日后平静下来,这样称呼他那令人不安的状态)前的隐隐约约的瞬间,这位遭到突然袭击的人尽管身在转变之中,还没有预感到过渡。在这另外一只新的良心的眼睛在他身上睁开之前,他感到自己完全盲目,只感觉到周遭一片混沌,没有出路的黑夜。"倘若人生如此可怕,那又何必活着?"他提出了《传道书》[①]中的这一永恒的问题。倘若耕耘只是为了死亡,那又何必费力?犹如一个绝望之人,他在昏暗无光的世界拱顶地窖里摸索着墙壁,只想在什么地方找到一个出路,一线自我拯救,一道光线,一点星光灿烂的希望。只有当他看到,没有人从外面向他伸出援手,给予光明,他才动手给自己挖掘一条坑道,一级又一级,有计划有步骤地

[①] 《传道书》是《圣经·旧约》中的一篇。

挖掘。1897年他把下面这些"陌生的问题"写在一张纸上：

a）为何活着？

b）我的存在和其他每一个人的存在都有哪些原因？

c）我的生命和其他每个人的生命有什么目的？

d）我心里感觉到的善和恶的分别意味着什么？为什么会有这种区别？

e）我该如何活着？

f）死亡是什么——我如何能拯救我自己？

"我如何能拯救我自己？我该如何活着？"这是托尔斯泰可怕的惊叫，是危机的利爪热腾腾地从他的心里撕扯出来的。这声惊叫刺耳地响彻了三十个年头，直到他的嘴唇紧闭。来自感官的佳音，他不再相信，艺术给不了任何安慰，青年时代的醉意已经残忍地消退，寒气从四面八方涌来。我如何能拯救我自己？这声惊叫变得越来越贪得无厌，因为这看上去毫无意义的东西不可能没有意义。单单理性，只能理解活生生的东西，不足以理解死亡，因此必须要有一种新的，另外一种心灵的力量，来理解这不可理解的东西。既然他，这位无信仰者，这位感官之人，在自己身上找不到这种心灵的力量，于是他就在人生的中途，谦卑地跪倒在上帝面前，把五十年来使他无限幸福的尘世间的知识，鄙夷不屑地从他身边抛开，无比狂热地祈求得到一种信念："主啊，赐我一种信念，让我帮助他人，得到这个信念。"

伪 基 督 徒

我的上帝啊，只是在上帝面前生活是多么艰难——像在被深埋的竖井里生活的人们深知永远走不出去，没人会知道他们如何生活在那里。这样生活，多么艰难。但是，他们不得不，不得不这样生活，因为只有这样一种生活才是生活。帮帮我吧，主啊！

——日记，1900 年 11 月

"请恩赐给我一个信仰，主啊"，托尔斯泰绝望地向他迄今为止一直拒绝承认的上帝大声呼号。但是这个上帝对于那些过于狂暴地向他提出要求的人们，并不理睬。因为托尔斯泰把他最大的恶习，他那激烈的焦躁不耐也带进了他的信仰。他不满足于要求有个信仰，而是必须马上就获得这个信仰，一夜之间就得到它，就像获得一把称心如意的利斧，可以把他怀疑的整片灌木丛都砍伐干净，因为这位贵族老爷习惯于一呼百应，让仆人们围着他转，也受到耳聪目明的感官的娇纵，一眨眼的工夫就让他获得世上的任何科学。这位不能自控、任性而又脾气乖张的人，不愿意耐着性子等待。他不愿意等待，不愿像僧侣似的沉湎于坚持不懈地静待上界的天光渐渐泄露出来——不，在这昏沉的灵魂里面，必须立刻就像白昼一样光明。他那火暴性子的精神想要一步登天，一举越过所有的障碍，冲向"人生的意义"——"了解上帝"，"想到上帝"，就像他胆敢说的那样，简直有些亵渎上帝。他希望灵敏而仓促地学会信念，变成基督徒，学会谦卑，就像他满头白发学习希腊文和希伯来文，在六个月内，充其量在一年之中,突然迅速变成教育学家、神学家或者社会学家。

可是倘若一个人身上一粒宗教信仰的种子也没有,又怎么可能这样突然地在哪儿找到一种信仰?倘若一个人五十年来只是作为一个有意识的原始俄罗斯虚无主义者,用不留情面的观察者的眼睛在评判世界,在这个世界里只觉得自己重要,至关紧要,怎么可能在一夜之间变得富有同情心,善良而又谦卑,像个温柔的圣方济各修会的修士?怎么一举手就把这种铁石般坚硬的意志扭转成温驯的人性的爱,在什么地方学习,学会信仰,学会自我消失于一种更崇高的超乎宇宙的力量?托尔斯泰对自己说,不言而喻,自然是向那些已经拥有信仰,或者至少声称拥有信仰的人学习。向东正教教会这个母亲学习。于是这位焦躁不耐的人毫不迟疑,立即跪倒在东正教的圣像前面:禁食斋戒,到各个修道院去朝圣,和主教们和教区的神父们讨论,翻遍了福音书。足足三年之久,他努力严守教规,笃信教义:可是教堂的空气只把空洞的香烟和寒冷吹进他那业已冻僵的灵魂,不久他大失所望,在他自己和正统教会的教义之间永远关上房门。他认识到,不,教会并不拥有真心的信仰,或者,不仅如此:教会甚至让生命之水白白流失,大量浪费,予以篡改。于是托尔斯泰继续寻觅:也许哲学家们,这些思想的导师,对于这种阴森可怕的"人生的意义"知道得更多。于是托尔斯泰便开始狂暴地、发疯似的把各个时代所有哲学家的著作乱七八糟地瞎读一气(读得太快,根本无法消化,无法理解)。先读叔本华,每个灵魂忧郁者永恒的陪伴者,然后读苏格拉底和柏拉图、穆罕默德、孔子和老子、神秘主义者、斯多噶派、怀疑派和尼采。不久他就把这些书合上不读了,便是这些哲学家在世界观上也没有其他的手段,只有和他相同的手段,那极度犀利、观察起来令人痛苦的理智,便是他们也只是焦躁不耐地扑向上帝,而不是安安静静地寓于上帝之中的人。他们为精神创造各种体系,但是并没有为一个骚动不宁的灵魂创造和平,他们给人以知识,但没有给人以安慰。

就像一个备受折磨的病人,科学对他已经无效,只好带着他的病痛去找草头医生和乡村郎中,托尔斯泰,这位俄罗斯最有智慧的人在他五十岁时也走到农民当中去,走到"人民"中去,向这些无知无识的人去学习真正的信仰。是的,这些无知无识的人,没有被文章弄得糊里糊涂,这些可怜的备受折磨的人,成天没有怨言干着繁重的工作,当死神在他们当中出现时,他们像牲口似的默默地躺在一个角落,毫不怀疑,因为他们从不思想,神圣的天真纯朴①,他们想必拥有什么秘诀,否则不可能这样驯从温顺,毫不愤慨地俯首帖耳,听天由命。他们在迟钝中想必知道一些智慧和犀利的精神所不知的东西,多亏这些东西,这些在理智上远远落后的人们,在心灵上远远超前于我们。"我们如何生活,是错误的,他们如何生活,是正确的。"——因此上帝明显地从他们的富有耐心的生活中升起,而精神,出于他那"懒散的、充满肉欲的贪欲",则从心灵的真正的光明源泉之中离去。倘若这些可怜的人没有拥有一种安慰,内心没有一种具有魔力的药草,他们绝不可能这样心情开朗地忍受如此可怜的生活——他们想必隐藏着某种信仰,于是这位难以自控的人,迫不及待地要从这些人那里学会这一秘诀。托尔斯泰自己说服自己,从这些人那里,只有从他们那里,从这些"上帝的民众"那里,可以认识"真正的生活",认识伟大的忍耐,适应这艰苦的生活和更加艰苦的死亡。

  那就赶快接近他们,深入到他们的生活中去,把上帝的秘诀从他们那里偷听得来!赶快脱掉贵族的外套,穿上农民的衣衫,把美味佳肴和多余的书籍从桌上搬走:从此之后只用纯洁的蔬菜和牲畜柔和的乳汁来养活自己的身体,只有谦卑和沉闷来滋养那浮士德式紧张工作的精神。于是列夫·尼古拉耶维奇·托尔斯泰,雅斯纳亚·波良纳的主人,还不仅于此:千百万人精神上的主人,在他五十岁时亲自扶犁,在他宽阔的熊一样的背上,从水井旁背来水桶,排在他的农民当中,不知疲倦地,凭着一股韧劲,玩命地收割麦子。那只写出《安娜·卡列尼娜》和《战争与和平》的手,把浸过柏油的麻绳用锥子穿过自己切割的鞋底,把垃圾扫出房间,亲手缝制自己的衣裳。赶快接近、赶快紧挨着这些"兄弟们"。列夫·托尔斯泰就这样希望凭着他的意志一念之间,变成"人民",从而变成"上帝的基督徒"。他降尊纡贵,到村子里去,到那些一半还是农奴的人们中间

---

① 原文是拉丁文。

（在他走近时，大家窘迫地举手脱帽），他把他们叫到自己家里，他们穿着笨重的鞋子，笨拙地走过光可鉴人的木头地板，就像走过玻璃，发现地主，这位仁慈的老爷，对他们并未怀有恶意，并不像他们所害怕的，要又一次提高田赋和佃租，而是——真叫奇怪：他们尴尬地摇头不止——恰好要和他们讨论上帝，一个劲地讨论上帝，他们这才松了口气。雅斯纳亚·波良纳的这些善良的农民回忆起，托尔斯泰曾经这样干过一回，伯爵老爷那时是要改革学校，有一年之久，他亲自给孩子们上课（后来他就感到这事无聊了）。那么他现在又要什么呢？农民们满怀疑虑地听他说话，因为事实的确如此，这位乔装打扮的虚无主义者挤到"人民"身边，活像一个密探，想从他们那里打听到他远征上帝时所必需的战略。

　　但是这些狂暴的侦查只对艺术和艺术家有用——多亏这些乡间的农村叙述者们，托尔斯泰写出了他最为优美的传说，通过这些纯朴的形象、逼真的农民语言，他的语言变得感情丰富，生气益然——可是质朴的秘诀他并没有学到。陀思妥耶夫斯基在托尔斯泰这充满激情的危机爆发之前，在《安娜·卡列尼娜》出版时，就极有远见地谈到托尔斯泰的镜中影像列文："像列文这样的人，尽管和人民共同生活，爱多久都行，可是永远无法和人民融为一体：不论他们的自负和意志力多么任性乖张，都不足以抓住深入民间的愿望，并把它赋诸实行。"这位天才的幻想家陀思妥耶夫斯基，以他的这发心理学的平射炮弹正好命中了托尔斯泰的意志转变的中心，揭露了这个暴力的行动，不是天生的血肉相连的爱情，而是托尔斯泰出于内心痛苦而和人民开始缔结的兄弟情谊。因为，尽管他的意志行为做起来如此迟钝，乡巴佬似的，这位过分强调理智的托尔斯泰，永远也不可能放弃他那广阔的、包容宇宙的人生阐释，把一个狭隘的农民的灵魂移植到自己身上，一个如此追求真理的精神永远也不可能完全强迫自己去迁就一种混乱不堪的盲目信念。突然之间像魏尔伦①似的在修道院的小室里扑倒在地进行祷告，那是不够的——"我的上帝，请赐给我单纯质

---

① 保尔·魏尔伦(1844—1896)，法国诗人，被誉为法国象征派诗歌的"诗人之王"，在法国文学史上占有重要地位。

朴",谦卑的银色嫩枝已在胸中开花。你永远首先得"是"和"成为"你所信奉的东西:无论是通过同情的奥秘和民众建立联系,还是通过极端虔诚的笃信宗教使良心得到抚慰,在人的灵魂里都无法像电力接触似的一下子就接通。什么穿上农民的外衣,喝格瓦斯①,在地里割麦,所有这些与农民取得一致的外表上的形式,简直像游戏一样轻易地就能办到,甚至可以游戏般实现双重意义——但是人的精神永远无法变得迟钝,一个人清醒的头脑无法像煤气灯的火焰似的,随意旋转开关使之熄灭。每个人精神的亮度和警觉自有他天生的不可更改的尺度;这是控制他意志的力量,因此超然于我们意志之外,它越是感到它警惕亮光的独立自主责任受到威胁,它的火焰就越加凶猛、越加骚动不宁地直往上蹿。因为一个人通过笃信神鬼的游戏很难在他天生的认识能力之上提高一步到达更高的认识,同样一个突然的意志行动表现出来的理性也很难哪怕仅仅后退一步回到天真质朴的状况之中。

托尔斯泰这位洞悉一切、目光远大的人物,自己不久也会认识到,不可能把他复杂的精神弄到满不在乎的天真单纯的境地,即使凭着像他这样异常强劲的意志,也不可能办到。不是别人,恰好是他自己(当然是在日后)曾经说过这样精彩的一句话:"用暴力来对付精神就像捕捉阳光一样:不论你想怎样盖住它,它总会冒出来。"时间一长,他无法自我欺骗,他那粗暴生硬、喜欢争吵、刚愎自用的老爷思考力不可能一味地迟钝谦卑;农民也从来没有真的把他当做他们当中的一个,就因为他穿了他们的衣服,表面上也分得了他们的习惯,外面世界也只把他的这一行动理解为一种伪装。恰好是他最亲的亲人,他的妻子、他的孩子们、奶奶、他真正的朋友们(并非职业上的托尔斯泰主义者)从一开始就怀疑地闷闷不乐地看着"这位俄罗斯民族伟大的作家"这样痉挛似的粗暴地想要降到一种有违他天性的没有文化修养的范围里去(屠格涅夫在临终时还呼唤他回归艺术)。他自己的太太,他内心搏斗的可悲的牺牲品,当时对他说了一句最有说服力的话:"从前你说,你心里不得安宁,因为你没有信仰。现

---

① 格瓦斯,俄罗斯的饮料,用面包和麦芽发酵而成。

在你说,你有信仰了,为什么还不高兴?"——一个非常简单的无法反驳的论据,因为在托尔斯泰身上,在他皈依了民众的上帝之后,没有什么东西暗示,他在他的这个信仰里找到了灵魂的泰然自若;相反,我们总有这种感觉,他只要一谈起他的学说,总要大声吼叫表示确有把握,以拯救他的确并无把握。恰好在托尔斯泰的信仰发生转变的那个时候,他的一切文件和话语都有一种叫人厌恶的吼叫的语调,有些故意夸耀、使用暴力、喜欢争吵、宗教狂热的东西。他的基督教的信仰鼓吹起来,犹如号角,他的谦卑施展起来犹如孔雀开屏。谁若耳朵更尖一些,恰好在他这种过分夸张的自我贬抑之中,感觉到一点旧日托尔斯泰的倨傲,只不过现在反过来对于新型的谦卑表示倨傲。诸位不妨阅读一下他的忏悔录中那个著名的段落,在那里,为了想"证明"他的皈依,他向从前的生活大吐唾沫,百般诋毁:"我在战争中杀过一些人,我和人进行过决斗。我在玩牌时输掉我从农民那里压榨得来的财产,并且残暴地责打农民,我和一些轻浮的女子通奸,欺骗她们的丈夫,撒谎、掠夺、通奸、各式各样的酗酒、暴行,每种可耻行径我都干过,没有一种罪行我没犯过。"为了不让大家原谅他这位艺术家曾犯过这些罪行,他在他那教区大声嚷嚷公开作出的忏悔里继续说道:"在这段时间里我出于虚荣、贪欲和傲慢开始写作。为了争夺名誉和财富,我被迫把我心里的善意强压下去,降低身份去迁就罪孽。"

这些坦承罪过的话语很是可怕,这是肯定的,就其道德的激情而言,也的确震撼人心。但是不妨把手放在心口上说句心里话,是不是曾经有过什么人真的因为列夫·托尔斯泰在战争中尽军人的本分发射了子弹或者在单身汉期间作为一个性机能旺盛的男子纵欲无度放荡不羁,就凭着这些自我控告,就把他当作一个"卑鄙无耻、罪孽深重的人",对他表示鄙夷不屑,把他说成一个"虱子",就像他在狂热的自我贬抑的劲头发作时给自己的称号那样?是不是更容易涌现这样一种怀疑,一个受到过度刺激的良心,出自一种谦卑的倨傲,不惜一切代价也要给自己臆造出一些罪孽,在这里——就和拉斯柯尔尼科夫①那个家里的仆人硬给自己想出了

---

① 拉斯柯尔尼科夫是陀思妥耶夫斯基的小说《罪与罚》的主人公。

那则谋杀事件——一个狂热的想要自白的灵魂是不是把根本就不存在的罪行"当作十字架背在自己身上",为了"证明"自己是个基督徒?托尔斯泰这种想要自我证明的愿望,这种痉挛的、过于慷慨激昂的、大声叫卖似的自我贬抑,是不是恰好显示在这个深受震撼的灵魂里,一种从容不迫、平稳呼吸的谦卑并不存在,或者还未存在,也许甚至于反过来显示了一种危险的业已改变的虚荣?反正,这种谦卑的表现并不"谦卑",相反,想象不出比这种苦行僧似的反抗激情的斗争更加激情四射的了:刚刚才在灵魂里拿到一点点还不确定的信仰的火花,这个没有耐心的人便立刻想用这点火星点燃整个人类,活像那些日耳曼族野蛮人的王侯,刚刚脑袋被施行洗礼的圣水沾湿,就立刻拿起大斧,把他们迄今为止视为圣物的橡树砍倒。倘若信仰意味着寓于上帝之中,那么这个极为缺乏耐心的人,永远也不是耐心笃信的信徒,这个感情热烈、不知餍足的人永远也不是一个基督徒:只有把无限贪婪地求得笃信宗教之举称作宗教,这个寻觅上帝的人,这个永远骚动不安的人才能称作信徒。

  恰好是通过这取得一半的成功和并不确切地获得了一种信念,托尔斯泰的危机才象征性地超越了个人的生活经历,这是永远值得纪念的范例。即便是意志力最强的人也没有能力猛地一下就改变他天性的原始形状,把他原来的本质彻底翻转过来。我们的人生天赋的形式可以容忍改过迁善,矛盾激化,而道德高尚的激情可能会通过有意识的顽强的工作,提高我们身上有德行的、道德的因素,但是永远也不可能把我们性格图像的底线干脆彻底擦去,把我们的肉体和我们的精神按照另外一个建筑学上的规则重新建造起来。托尔斯泰说,我们可以"把自私自利像戒烟似的戒掉",或者人们可以"征服"爱情,"使劲求得"信仰,那么在他身上,一种极为巨大、简直可说是狂热的努力的极为微小的结果对此作出反驳。因为没有任何东西证明,托尔斯泰这个动辄发怒之人,"只要人家对他稍加反驳,眼睛就气得电光四射",他会因为强行皈依宗教,立即变成一个亲切友好、性格温柔、慈爱合群的基督徒,变成一名"上帝的仆人",众兄弟中的一个"兄弟"。他的"转变",大概改变了他的观点、他的意见、他的语言,但是并没有改变他最深层的天性——"你是按照什么规则开始的,就得依照这种规则生活,你无法逃脱你自己。"(歌德语)——同样的郁郁寡欢,同样的渴求痛苦的欲望,在他"觉醒"之前和之后一直困扰着这个不安宁的灵魂:托尔斯泰生来并不是为了心满意足。恰好因为他焦躁不耐,上帝没有立刻就把信仰"赏赐"给他,他不得不还不断为之奋斗三十年,直到他生命的最后一小时。他的大马士革①不是在一天之间,也不是在一年之内建成的:一直到他呼出最后一口气,托尔斯泰都没有在任何回答里找到满足,没在任何信仰里求得内心的安宁,直到最后一刻他都觉得人生是个辉煌的、可怕的秘密。

就这样,托尔斯泰提出的关于"人生"意义的问题没有得到回答,他对上帝发起的那贪婪的强暴的猛扑没有成功。但是对于艺术家而言,如果他驾驭不了一个矛盾,任何时候都能找到救星——他可以把他的困难从自己身上拿来投向人类,把他心灵的问题转变成一个世界的问题。这样托尔斯泰也把他危机时自私自利的惊叫——"我会变成什么?"——提升为强劲有力的呼喊:"我们会变成什么?"既然他没法说服他自己执拗的精神,他就要说服别人。既然他没法改变自己,他就没法改变人类。一切时代所有的宗教就是这样产生的,所有改善世界的努力都是(尼采,这个洞察一切达到极点的人,知道这点)从个别灵魂遭到威胁的人在"自我逃窜"之中组成的,此人为了把这灾难深重的问题从自己的胸口推开,把这问题反过来抛给大家,把个人的不安转变成世界的不安。他并没有变成一个虔诚的圣方济各修会修士那样的基督徒,这位了不起的激情如炽的人,长着一双无法被人欺骗的眼睛,和一颗坚强的火热的充满怀疑的心,永远不会变成一个虔诚的圣方济各修会修士那样的基督徒,但是他深知没有信仰的痛苦,进行了我们这个新时代最为狂热的尝试,把世界从虚无主义的困境中拯救出来,让世界比他自己以往更加虔诚。"从人生绝望的境地将自己拯救出来的唯一救星,就是把他的自我抬到世界中去",这个备受苦难渴求真理的自我托尔斯泰因而便把那个向他击来的可怕的问题,作为警告和学说向整个人类抛去。

---

① 大马士革,叙利亚首都,是世界上最古老的城市之一,号称人间的花园、地上的天堂。

教义及其荒谬

> 我接近了一个伟大的思想,为了它的实现我可以牺牲我整个生命。这个思想便是创建一个新的宗教,基督的宗教,但是放弃了各种信条和创伤。
>
> ——青年时代的日记
> 1855年3月5日

托尔斯泰的这一教义,他向人类发出的"公告"的基石乃是福音书里的这句话"不要违抗恶",并且给以独创性的解释:"不要用暴力来违抗恶。"

在这句话里潜藏着托尔斯泰整个的伦理学:这位伟大的战士用他充满痛苦的良心所具有的全部演说家和伦理学家的激烈劲头把这投石器掷出的巨型石头如此猛烈地击向这个世纪的墙垣,直到今天,那半已炸裂的房梁还震颤不已。这一击造成的心灵上的影响究竟射程有多远,很难测量:俄国人在《布列斯特-李托夫斯克①和约》签订之后自愿放下武器,甘地②的不抵抗主义,罗曼·罗兰在第一次世界大战期间发出的和平主义

---

① 第一次世界大战期间,1918年3月3日苏俄政府与德国签订《布列斯特-李托夫斯克和约》,苏俄蒙受极大损失,但得到双方停战,苏俄退出战争的结果。

② 莫罕达斯·卡拉姆昌德·甘地(1869—1948)是印度民族解放运动的领导人和印度国家大会党领袖,是现代印度的国父,也是提倡非暴力抵抗的现代政治学说——甘地主义的创始人。

的号召,不计其数的个别无名氏对良心受到蹂躏所进行的英雄主义的抵抗,反对执行死刑的斗争——所有这些新世纪里发生的孤立的、似乎彼此毫无关联的行动都要归功于列夫·托尔斯泰的公告给予的强劲的推动力。今天不论在什么地方否定暴力,把它当作手段,作为权力还是作为所谓的上天的安排,无论是用一个什么借口来加以保护,是用民族、宗教、种族、财产,在任何地方,只要有一个人性的高尚品德奋起反抗流血——直到今天每一个道德上的革命者还都从托尔斯泰的权威和热情那里取得一种兄弟般的确认的力量。任何地方,只要有一个独立的良心代替教会的冷淡的套话,国家贪权的要求,一个僵硬的、公式化地行使职责的司法机构,把最后的决定只是交给兄弟般的人类的感觉,把这作为唯一的道德机关,良心就可以引证托尔斯泰的堪称榜样的路德行为①,托尔斯泰只在人性上呼吁人们,每个人在任何情况下只能"以心"来进行审判。

那么托尔斯泰指的究竟是什么"恶",我们必须反对,但不得使用暴力? 指的不是别的,只是暴力自己,那绝对的暴力,不论它如何把它的肌肉隐藏在国民经济、国家繁荣、人民的抱负和殖民地的扩张这样慷慨激昂的外衣下面,尽管它更加笨拙地把人的权力欲和嗜血欲,伪造成哲学的、爱国主义的思想——我们千万不可受骗上当:即使经过再诱人不过的精制提炼,暴力行径永远阻碍人类互相成为兄弟,只为一群人维护其大为提高的自身利益服务,从而使世界的不平等永远存在。每一个暴力都意味着占有、拥有和企图更多地拥有。对托尔斯泰而言,一切不平等就开始在财产上。这位年轻的贵族不是白白地在布鲁塞尔和普鲁东②一起度过了几个小时;还在马克思之前,托尔斯泰作为当时一切社会主义者当中最激进的一员,认定:"财产是万恶之源,是一切苦难的根源,冲突的危险就在于拥有财产过多者和没有财产者之间。"因为为了维护自己,财产必须采取守势,甚至采取攻势。为了掠夺财产,必须拥有暴力;为了增加财产,必

---

① 路德行为指基督教新教创始人马丁·路德(1483—1546)于16世纪在欧洲倡导的宗教改革。
② 彼耶尔-约瑟夫·普鲁东(1809—1865),法国思想家、经济学家。社会主义者,无政府主义创始人之一。

须拥有暴力;为了捍卫财产也必须拥有暴力。于是财产便创造国家来捍卫自己,国家为了自我保护又组织了各种残忍的暴力形式:军队啦,司法机关啦,"整个的强制制度,只是用来保卫财产",谁若顺从国家,承认国家,就和他的灵魂适应这个暴力原则。按照托尔斯泰的观点,即便是那些似乎独立的人士,才智之士,在现代国家里,想象不到的,竟完全在为保护少数人的财产效劳。甚至连基督的教会,"从它真正的意义上讲,是废除国家的","也用谎话连篇的教义",背离了自己的职责。艺术家本来是生而自由的良心的辩护人,人权的捍卫者,却在精雕细刻他们的象牙宝塔,"把良心催眠"。社会主义试图充当治疗不治之症的医生,革命者们,唯一凭着正确的认识,想从根本上炸掉这错误的世界制度的人们,错误地使用他们对手的杀气腾腾的手段,使不公平得到永存。他们碰也不碰"恶"的原则,甚至还使暴力神圣化。

所以按照这种无政府主义的要求,国家和我们当今有效的社会制度的基础是虚假的、朽坏的:因此托尔斯泰强烈地拒绝对政府形式进行的一切民主的、博爱的、和平主义的和革命的改良,认为这些改良全然徒劳无功,缺陷累累。因为没有一个杜马,没有一个议会,更不用说一场革命能把民族从暴力这个"恶"中解救出来:一幢建立在摇摆不定的地基之上的房子,不能支撑,只能离开它,另造一幢新的房子。而现代化国家建立在暴力思想而不是建立在博爱之上,因此对于托尔斯泰而言,这个国家注定了非坍塌不可,无可挽回,所有公益的、自由主义的拼拼凑凑的点缀,只不过延长它的垂死挣扎而已。必须改变的不是人民和政府之间的国家市民关系,而是人本身必须改变;不是通过国家权力粗暴地把人们挤压在一起,而是一种更加热忱的心灵联系必须通过博爱给予每一个民众集体以凝固力。但是只要这种宗教的、伦理学上的兄弟会还没有取代现在这种强迫市民的形式,托尔斯泰就宣布,一种真正的美德只有在个人良心的看不见的秘密中才有可能。迫切需要的是进行一场宗教革命,每一个有良心的人都要脱离每一个暴力集体。因此托尔斯泰就坚决地一下子把自己置身于国家形式之外,宣布自己除了他良心的责任之外,不承认任何责任。他不承认自己"专门属于某个民族和国家,或者充当任何政府的臣仆";他自愿脱离了东正教会,原则上放弃向司法机关或者现代社会的任何确定的机关提出呼吁,只是为了不要去抓住"暴力国家这个魔鬼"的手指。因此诸位不要被他发表的关于兄弟情谊的布道所具有的福音书般的温存柔情所蒙蔽,不要被涂上一种基督教谦卑语调的色调所蒙蔽,不要因为他依据福音书而忽视他的社会批判完全与国家敌对的特点。他的国家学说是最顽强激烈的反国家的学说,是自路德以来一个个人和新式的教皇权位、和财产的无错误论①最完全彻底的决裂。即便是托洛茨基和列宁在理论上也没有比托尔斯泰的"一切都须改变"多迈出一步,恰好就像让-雅克·卢梭,那位"人民之友"以他的文章为法国大革命挖开了布置地雷的通道,法国大革命就以这些地雷把法兰西王国炸得灰飞烟灭,没有一个俄国人比托尔斯泰这位激进的革命家更猛烈地撼动了沙皇制度、资本主义制度的地基,认为这个制度是可以攻占的。这位激进的革命家在我们这里因为他那族长式的长髯和他教义的某种油滑柔和被仅仅视为温和善良的倡导者。当然,恰好和卢梭对无套裤党十分愤怒一样,托尔斯泰无疑也会对布尔什维克的方法极为愤怒,因为他憎恨党派——在他的文章里像预言似的写着这样的话:"不论哪个党派胜利,为了维护它的权力,它都不仅会使用一切现存的暴力手段,还会发明新的暴力手段。"——但是一种正直的历史描述将会证明,托尔斯泰是革命最优秀的开路先锋,所有革命家的全部炸弹都不如这唯一的一个人,最伟大的一个人,对他祖国的那些似乎不可战胜的势力——沙皇、教会和财富——表示的公开反抗在俄国所起的破坏作用和震撼权威的作用更为严重。自从一切诊治医生中这位最有天才的医生发现了我们文明建筑物的地基纰漏之后,也就是说,发现了我们的国家大厦不是建立在人性博爱和人类共同体之上,而是建立在凶残暴戾、人统治人的基础之上,他便历三十年之久,以强劲已极的道义上的冲击力一而再袭击俄罗斯的世界制度,成了革命的

---

① 天主教会宣扬"教皇无错误论",信众不得妄议教皇的言行,托尔斯泰在此把"财产"的地位提高到教皇权威的水平。

文克尔里德①,身不由己地成了社会的炸药,能够爆炸、能够破坏的原始伟力,从而无意识地变成了他那俄罗斯使命的代表性人物。一切俄罗斯思想都认为,要想建设新的,首先必须不顾一切地从根源上进行破坏——这些思想并非偶然地落在全部俄罗斯的艺术家身上,毫无例外,他们首先堕落到没有一线光明、毫无一点出路的虚无主义的最为黝黑的坑道之中,然后才出于无比灼热、心醉神迷的绝望心情,狂热地又争取到新的宗教信仰;俄罗斯的思想家、诗人和行动果断的人和我们欧洲人②不同,不是迟迟疑疑地搞些改革,不是小心翼翼满怀敬意地勉强凑合,而是像个伐木者似的进行危险的试验,把一切彻底拆掉砍倒,直奔问题所在。一个罗斯托普钦③为了取得胜利,毫不迟疑地就把世界奇迹④莫斯科烧成断垣残壁,同样托尔斯泰也毫不犹豫地——在这点上和萨沃那罗拉⑤相似——把人类的全部文化财富——艺术、科学,全都放逐到柴火堆上付之一炬,以便一种新的更好的理论能得到辩护。很可能,这位宗教的梦想家托尔斯泰也许并没有意识到他的破坏圣像运动会有什么实际后果,他大概从来也不敢仔细算一笔账,这样一座直达天宇的辽阔广大世界大厦突然坍塌会使多少尘世间的生灵也随之死于非命——他只不过用他全部心灵的力量和他信念的全部顽强坚韧在撼动这座公共的国家大厦的柱子。可是倘若这样一个参孙伸出他的拳头,即便是最为宏大壮观的屋顶也会倾斜,弯倒。因此事后的一切辩论,托尔斯泰究竟在多大程度上赞同或者仇视布尔什维克的颠覆行动,纯粹是多余的。只要面对这一赤裸裸的事实,一切全都清楚:没有什么东西像托尔斯泰的狂热地反对富足有余和财产的赎罪布道词对俄罗斯的革命起过这样强大的促进作用。他的小册子便是炸

---

① 阿诺德·封·文克尔里德是瑞士传说中的民族英雄。1386年7月9日瑞士反抗奥地利,他舍身打开奥地利长枪阵,使瑞士军队赢得胜利。
② 茨威格认为俄罗斯人并非欧洲人,而是亚洲人。
③ 费德多尔·罗斯托普钦(1763—1826),俄罗斯政治家,在法国入侵俄国期间担任莫斯科市长,下令放火烧掉了莫斯科。
④ 原文是拉丁文。
⑤ 萨沃那罗拉(1452—1498),多明我会修士,佛罗伦萨宗教改革家。从1494年到1498年担任佛罗伦萨的精神和世俗领袖。1497年,他和一群跟随者在佛罗伦萨市政大楼旧宫广场点起一堆大火,焚烧了很多文艺复兴时期伟大的艺术品。

药包,他的论战性的传单便是炸弹。没有一个人对时代的批评,包括尼采的批评,曾像托尔斯泰的批评那样对于广大人民群众发生过这样搅乱人的心灵、颠覆人的信仰的作用。尼采作为德国人批评起来总是只瞄准有文化有教养的人,因为他那诗意盎然、酒神般狂放恣肆的措辞风格无法对群众发生作用;托尔斯泰的头部塑像,将完全违背他的愿望和意志,世世代代矗立在纪念伟大的革命者、颠覆政权者和改变世界者的看不见的先贤祠里。

这有违他的愿望和意志:因为托尔斯泰明确地把他的基督教——宗教的革命,他的国家虚无主义和每一个积极的、行施暴力的革命区分开来。他在《成熟的麦穗》一文中写道:"倘若我们遇到革命者,往往认为我们和他们意见相似,其实意见不同。他们和我们都高呼:不要国家,不要财产,不要不平等,和其他许多东西。尽管如此,在他们和我们之间存在着一个巨大的差异:对于基督徒而言不存在国家——而那些革命者是要消灭国家。对于基督徒而言,不存在财产——而那些革命者是要取消财产。对于基督徒而言人人平等——而那些革命者是要破坏不平等。革命者们借助宗教在外部进行斗争,而基督教根本不进行斗争,它在内部摧毁国家的基础。"大家看见,托尔斯泰并不想看到国家被人用暴力消灭,而是通过无数个人的消极对抗,使国家的权威渐渐削弱,一个分子又一个分子、一个个人又一个个人摆脱国家的重重包围,直到最后国家机体由于脱力而自行解体。

可是最后的结果相同:破坏一切权威,托尔斯泰毕生就为作出这一努力而尽心尽力。当然他同时也想为国家建立一个新的制度,一个国教,一个更加人道、更加博爱的人生宗教,一个既老又新、原始的基督教的、托尔斯泰-基督教的福音书。但是在评价这一建设性的精神成就时必须——诚实高于一切——在天才的文化批评家、尘世目测天才托尔斯泰和模糊不清、极不充分、脾气乖张、前后矛盾的道学家、思想家托尔斯泰之间切上一刀,加以区分。思想家托尔斯泰在一次教书育人的冲动爆发之际,不像在他六十岁时仅仅把雅斯纳亚·波良纳的农家少年赶到学校里去上学,而是想把这唯一"正确"的人生的伟大基本知识,把"这个"真理以一种令人害怕的程度按照哲学的轻率,填鸭式地灌输给整个欧洲。只要托尔斯泰这个没长翅膀降生人世的人一直待在他的感性世界里,用他天才的感觉器官解析人性的结构,那么对他怎么弯腰表示尊敬都不为过;但是如果他想自由自在地飞进形而上学之中,他的感官不再能够牢牢抓住,不再能够看见和汲取,所有那些高雅的触手漫无目的地在空中乱抓乱摸,那么大家恰好对他精神上的笨拙大吃一惊。不,在这里要划清的界限实在再猛烈也还不够:托尔斯泰作为理论的、系统的哲学家实在和他极端相反的天才尼采作为作曲家同样是个令人遗憾的自我欺骗。尼采的音乐性,在语调的旋律以内具有绝妙的独创性,而在独立的声调领域,也就是在乐曲的结构上,简直可说惨遭失败,同样托尔斯泰卓越的理智,只要一越过感性的关键性的领域,大胆地进入理论的、抽象的领域,就马上停止运转。我们可以在个别的作品里摸索到这种分界线和铆合处:譬如在他公益性的传单《我们该做什么》里,第一部分根据经验,触目惊心地描写了莫斯科的贫民区,写得极端精彩,简直叫人看了透不过气来。从来没有,或者几乎从来没有社会批判在批判尘世间的对象时比在描写那些穷人的房屋和毫无希望的人们时表现得更加才气横溢;可是刚进入第二部分,这位乌托邦主义者托尔斯泰,从诊断转向治疗,想要侈谈具体的改良建议时,每个概念就立刻变得朦朦胧胧,轮廓变得模糊不清,思想忙不迭地纷至沓来。随着托尔斯泰越来越大胆地向前挺进,这种混乱状态便从问题到问题逐步升高。上帝知道,他都挺进到多远的地方!没有受过任何哲学的训练,令人惊讶的毫无敬畏之心,托尔斯泰在他的小册子里抓起一切永远不能参透的问题,它们和繁星一起高悬在无法企及的苍穹之中,他把这些问题像明胶似的轻而易举地一一化解。因为这位焦躁不耐的人在他的危机时期,打算把一个"信仰"像件皮大衣似的迅速披在身上,一夜之间变成基督徒和谦卑的人,他在这些教育世界的文章里,也"一翻手之间让一片森林长了出来"。这位在1878年自己还绝望地高呼"我们的整个世俗生活,纯属胡闹"的人,三年之后已经为我们写出了他参透一切世界之谜的宇宙神学。不言而喻,碰到这种操之过急的思想体系,任何异议都必然会使这位快速思想家感到麻烦,因此托尔斯泰顽强地塞上耳朵进行训诫,不顾任何前后不相连贯的论述,以一种令人怀疑的匆忙劲允许自己做出彻底的解决。一种信仰不断感到自己有责任进行"证明",是个多么没有把握的信仰,一种思想,只要缺少论据,总是及时地用一句《圣经》里的话作为最终的唯一无可辩驳的论据,这又是多么不合逻辑、多不严谨的思想!不,不——人们可以断然确定,托尔斯泰的极富教育意义的小册子(尽管含有一些必然会有的天才细节)——勇敢些,勇敢些!① ——属于世界文学史里最最令人讨厌的狂热信仰者的宣传文章,是一种操之过急、混乱不堪、傲慢偏执甚至是极不诚实的思想提供的令人憎恶的例子——放在追求真理者托尔斯泰身上简直使人感到震惊。

因为,果不其然,最最真实的艺术家,高贵的、堪称楷模的伦理学家托尔斯泰,这位堪称圣人的伟人,作为通晓理论的思想家是在玩一场糟糕已极很不正派的游戏。为了把整个无限的精神世界装进他的哲学口袋,他就玩起了一种很恶劣的戏法:首先把一切问题全都简单化,让它们变得像纸牌一样单薄、轻便。于是他便极其方便地首先规定了"人",接着规定"善""恶""罪过""肉欲""博爱""信仰"。然后他就把这些纸牌洗了又洗,抽出"爱"作为王牌,你瞧,他赢了。在短短的世界一小时里,千百万人世世代代寻找解答的广袤无垠而又无法解答的整个世界之谜,在雅斯纳亚·波良纳的书桌上被参透。这位老人惊讶地抬头张望,他的眼睛孩子气地闪闪发光,他那老者的嘴唇高兴地发出微笑,他感到惊讶,惊讶不止:"一切是多么简单啊。"真是不可解释,一千年来,躺在上千个国家上千个棺材里的所有的哲学家、所有的思想家,为此拼命折腾他们的感官,而没有注意到"全部"真理,早已像阳光普照般清清楚楚地记在福音书里,当然其前提是,大家都得像他,列夫·尼古拉耶维奇·托尔斯泰似的,在圣主耶稣诞生的1878年,"在一千八百年来第一次正确理解"这一点,终于把覆盖在这天国福音之上的"灰尘"拭尽。(的的确确,他就是这样一字不差地说出了这样亵渎神明的话语!)可是现在一切辛苦一切烦恼就此结束——现在人类必须认识到,要活着是多么简单,简单得不得了:

---

① 原文是拉丁文。

什么东西打扰你,你干脆把它扔到桌子底下,你干脆把国家、宗教、艺术、文化、财产、婚姻通通取消,这样"恶"和"罪过"也就永远解决掉;倘若每个人都自己用手扶犁耕地,烘制面包,制作靴子,那就再也没有国家和宗教,只有世上纯洁的上帝的王国。那时"上帝就是爱,爱就是人生的目的"。所以把所有的书籍全都抛开,不再思想,不再脑力劳动,只要有"爱"那就够了。只要"人类愿意",明天一切都能得到实现。

如果我们把托尔斯泰的世界神学赤裸裸的内容予以重现,会显得夸大其词。但是可惜是他自己在热心规劝别人改宗他的信仰时这样令人憎恶地言过其实。他的生活的基本思想,非暴力的福音书是多么美好,多么清晰,多么无可辩驳;托尔斯泰要求我们大家委曲求全,保持一种精神上的谦卑状况。他警告我们,为躲开社会各阶层之间日益增长的不平等所造成的不可避免的矛盾,为了防止从下层爆发的革命,我们就自愿地从上而下开始革命,通过及时采用古老基督徒的委曲求全从而排除暴力。富人应该放弃他的财产,知识分子应该放弃他的倨傲,艺术家应该离开他的象牙宝塔,通过相互谅解接近人民,我们应该控制住我们的激情,我们"动物的个性",放弃攫取的欲望,发展我们身上更加神圣的给予的能力。这肯定都是些崇高的要求,自古以来,为世上一切福音书所强烈祈求的、永恒的要求,为了人类的升华永远一再重新提出祈求。但是托尔斯泰的漫无节制的焦躁不耐不像那些宗教的天性,不满足于把它们确定为个人在道德上的最高成就;这位霸气十足焦躁不耐的人愤怒地立即要求所有的人都变得性格温顺。他要求我们听从他的宗教的命令,立即放弃、献出、牺牲一切和我们在感情上有紧密联系的东西;他(一个六十岁的老者)要求年轻人清心寡欲、厉行节制(这是他自己作为男人从未做过的事情),要求脑力劳动者看淡一切,是啊,轻视艺术和智力(而他自己一生就献身于艺术和智力);只是为了迅速地、飞快地说服我们——我们的文化其实一无是处,一无所获,他就愤怒地三拳两脚把我们整个的精神世界都打得稀烂;只是为了让我们感到完完全全的禁欲苦行更加诱人,他拼命唾弃我们全部现代文化,我们的艺术家,我们的诗人,我们的科学技术,他采取粗暴已极的夸张手法,谎话连篇,甚至扯着弥天大谎,虽说他辱骂和贬低的首先总是他自己,接着就自由自在地攻击其他所有的人。他最高尚的道德目的也因为他一味强词夺理而丧失信誉,任何过分夸大他都不嫌过分,任何蒙蔽欺骗他都不嫌无耻。还是说,真的有人相信,这位每天都有保健医生对他诊听,并且随侍左右的列夫·托尔斯泰,他会真的认为医学和医生是"无用之物",阅读是个"罪过",整洁是"多余的奢侈"？托尔斯泰的著作装满了整整一个书架,他的确是作为"无用的寄生虫",作为"蚜虫"度过了他的一生？的确是以一种滑稽的夸大的方式,过了一辈子,就像他在下面描述的那样？"我吃饭,闲聊,听人说话,我又吃饭,写作,阅读,这就是说,我说话,又听人说话,然后再次吃饭,游戏,吃饭又说话,然后我再吃饭,上床。"《战争与和平》和《安娜·卡列尼娜》真的就是这样完成的吗？托尔斯泰一听别人演奏一首肖邦的奏鸣曲,就泪如泉涌,难道音乐对他就像对头脑狭隘的贵格派①教徒那样,不是别的,只是魔鬼的风笛？难道他真的把贝多芬当作一个"把人引向肉欲的诱惑者",把莎士比亚的剧本当作"确定无疑的胡言乱语",把尼采的作品看成"粗野不堪、毫无意义地胡乱强调的废话连篇"？还是说,普希金的作品,只好"用来充当老百姓的卷烟纸"？难道他比任何人都侍奉得更加出色的艺术真的只是"无所事事之辈的奢侈品",而裁缝格里沙和鞋匠彼约特尔对他而言真是比屠格涅夫和陀思妥耶夫斯基的评论更加高级的审美机关？他自己"在年轻时是个纵欲无度的淫棍",和他老婆还制造了十三个孩子,现在竟然当真认为,每个青年为他的号召所感动,一下子就变成一个斯柯普什派成员②自行阉割？大家看见:托尔斯泰像个狂犬病患者似的夸张不已,实在是由于问心有愧才一个劲儿地夸张,为了不让人家看出,他列举的许多"证明"实在过于拙劣。当然有时候似乎也让人预感到,这些喧闹不已的无稽之谈,正因为漫无节制也就自己毁了自己,他自己在他意识的具有批判性的底层也明白了这点,他有一次这样写道,"我并不抱多大希望,人们会接受我的证明,或者哪怕只是认真地讨论一下",他这话竟可

---

① 贵格派是基督教的一个教派。
② 斯柯普什派,十九世纪俄罗斯出现的一个苦修派修会。

怕地说对了,因为既然在这位所谓的很能委曲求全的人生前谁也没法和他讨论——他太太叹息着说"没法说服列夫·托尔斯泰",他最好的女友写道"托尔斯泰的自负永远也不允许他承认一个错误",那么拿贝多芬、莎士比亚来认真反对托尔斯泰也就极为愚蠢:谁若爱托尔斯泰,最好就应该在这位老人过分明显地暴露他逻辑上的弱点时转过脸去。任何一个可以认真对待的人都不会有一秒钟想到,按照托尔斯泰的这些突然爆发的神学论断果真把为了使人生充满思想而进行了两千年的斗争戛然切断,就像关掉一个煤气阀门,把我们最神圣的价值统统扔到垃圾堆里。因为我们欧洲,刚刚才诞生了一个尼采作为思想家,只有精神上的欢乐才使欧洲人感到我们沉重的尘世,真的宜于居住,上帝知道,这个欧洲没有兴趣突然听到一道道德上的命令,便不假思索地让自己变得粗俗不堪,头脑简单,非常听话地爬到帐篷里,把灿烂辉煌的精神上的往昔当作"罪孽深重"的谬误彻底抛弃。把堪称楷模的伦理学家托尔斯泰,富有英雄气概的良心的辩护人不和他绝望的尝试相混淆,硬把世界观上的神经危机,国民经济中一种更年期的恐惧加以移植,这是够有敬意的,也将永远是够有敬意的事:我们将永远把从这位艺术家的英勇的一生产生出来的极了不起的道德启示和那位遁入理论的老年人的农夫般的愤怒的文化驱邪咒语严加区分。托尔斯泰严肃认真和实事求是的精神以不可比拟的方式深化了我们这代人的良心,他的消沉的理论却成为对人生欢乐的猛然一击,想僧侣般禁欲主义地把我们的文化推回到不再能够复制的古老基督教时代,这一切是由一位不再是基督徒,因而也是超基督徒的人冥思苦索出来的。不,我们不认为,"节制欲望决定我们的整个人生"。我们不认为,应该打开血管为我们纯粹是尘世的世界激情放血,脑子里只承载着职责、本分和《圣经》引文。一个对欢乐具有生儿育女、激活精力的力量一无所知的解释者,他有意识地要使我们自由的感官游戏,我们最最高雅、最为幸福的感官游戏——艺术——日益衰退,色泽全无:我们对他深表怀疑。我们丝毫也不愿意牺牲精神和技术的成就,丝毫也不愿意重新放弃我们西方世界的遗产,丝毫也不愿意放弃:不愿意为了任何一个哲学命题,最不愿意为了一种落后的、消沉的把我们逼回到草原中去、回到精神迟钝的状态中去的哲学命题,放弃我们的书籍,我们的图画,我们的城市,我们的科学。对于我们感性的看得见的现实世界,我们寸步不让,涓滴不让。我们不会为了天国的极乐,用我们今天令人眼花缭乱的丰富生活去换得某种狭隘的单纯质朴:我们宁可放肆地"有罪",也不愿原始蒙昧,宁可激情如炽也不愿愚蠢,像《圣经》教导的那样正直乖巧。因此欧洲把整个托尔斯泰的社会学理论干脆放进文学的档案柜里,对他堪称楷模的道德高尚的意志充满敬意,但是为了今天和今后,永远把它搁在一边。因为落后和反动的东西,即使以最崇高的宗教形式出现,即使由一个如此出类拔萃的人物提出,也永远不可能有独创性,凡是出于个人灵魂迷惘的东西,永远也不可能使世界灵魂摆脱混乱。因此再说一遍,最后一遍:托尔斯泰作为我们时代最强劲有力的批判性的深翻土地者,没有播下一粒谷子,成为我们欧洲未来的播种者,在这点上,他完全是一个俄罗斯人,他那种族、他那宗族的天才。

因为这肯定是俄罗斯上个世纪的意义和使命:以一种神圣的骚动不宁和肆无忌惮的受苦的渴望,把一切道德的深层全都挖开,把一切社会的问题直到根部全都刨了出来,我们怀着深深的敬畏之情向俄罗斯艺术家们集体的精神成就弯腰致敬。倘若我们对有些事情感受得更加深刻,对许多事情认识得更加坚定,倘若我们观看时代的问题、人类永恒的问题的目光比以往更加严峻,更加悲哀,更加无情,这要归功于俄罗斯和俄国文学,我们大家能够通过创造性的骚动不宁超越旧日的真理,达到新的真理,也要归功于俄罗斯文学。俄罗斯所有的思维都是精神在酝酿,是延伸的、爆炸的力量,但不是像斯宾诺莎①、蒙田②和另外几位德国哲人的思维那样是精神的澄清、净化;俄罗斯的思维绝妙地帮助世界的心灵拓展,新时代没有一个艺术家像托尔斯泰和陀思妥耶夫斯基那样把人的灵魂如此深刻地挖掘一遍,彻底加以翻乱。但是他们两位并没有帮助我们创建一个秩序,一个新的秩序,在他们把他们自己的混乱,灵魂的深渊般的混乱,

---

① 斯宾诺莎(1632—1677),荷兰哲学家。
② 蒙田(1533—1592),法国思想家、作家、怀疑论者。

当作世界的意义加以宣泄之处,我们就脱离了他们的答案。因为他们两位,托尔斯泰和陀思妥耶夫斯基,为了自救,逃出那张开大口、难以逾越的虚无主义,逃出一种古老的恐惧,逃进一种宗教的反动,为了不致跌进他们内心的深渊,他们两个都奴性十足地紧紧抓住基督教的十字架,在一小时之内把俄罗斯世界弄得云雾缭绕,与此同时尼采的涤净一切的闪电,把所有古老的胆战心惊的天空都砸得粉碎,把坚信自己力量和自由的信念像把神圣的铁锤似的交到欧洲人的手中。

奇妙无比的场景:托尔斯泰和陀思妥耶夫斯基,他们祖国最强劲有力的人物为极端不祥的惊恐所击,突然从他们的作品中惊醒,举起了同一个俄罗斯的十字架,两个人都祈求基督,每个人都祈求另一个基督,作为一个正在沉沦的世界的拯救者。就像两个疯狂的中世纪僧侣,他们每个人都站在自己的布道台上,互相敌对,互相仇视,在精神上和生活中都是如此。陀思妥耶夫斯基,极端的反动派,专制独裁的捍卫者,极力宣扬战争和恐怖,力量日益增长便在权力的陶醉之中疯狂,成为把他投进监狱的沙皇的奴仆,一个帝国主义的、征服世界的救世主的崇拜者。在他对面站着托尔斯泰,凡是陀思妥耶夫斯基赞美的,他就同样狂热地百般嘲讽,同样抱着神秘的无政府主义状态,就像陀思妥耶夫斯基抱着神秘的奴性十足的样子,托尔斯泰则把沙皇严厉地斥为凶手,把教会和国家斥为窃贼,诅咒战争,但是同样口不离基督,手不离福音书——但是两人由于灵魂深受震撼,出于神秘莫测的恐怖,把世界向后倒退,推回到谦卑和迟钝的境地。在他们两人心里想必都有一种未卜先知的预感,使他们把他们不祥的恐惧如此大声呼叫着撒向他们的民众。这是一种对世界沉沦、末日审判的预感,一种具有先见的知晓,知道他们脚下的俄罗斯大地正孕育着惊天动地的震撼——因为倘若不是这个,还有什么创造了诗人的贫穷和使命,使他像先知似的预感到时代灼热的火光和云层里的隆隆雷声,因这新生的阵痛全身紧绷备受痛苦?他们两个都是大声疾呼的忏悔者,怒火冲天而又满怀爱情的预言家,他们站在一种世界沉沦的门前,身上照耀着悲惨的光芒,再一次尝试着击退那已在空气中震荡的庞然大物。他们两个都是《旧约》里的巨人,我们这个世纪再也不会看见这样的巨人。

但是他们只能预感正在变化的东西,无法转变世界的进程。陀思妥耶夫斯基嘲笑革命,恰好在他送殡的行列走过之后,炸弹爆炸,把沙皇炸得粉身碎骨。托尔斯泰谴责战争,要求尘世的爱:大地还没有四度用翠绿覆盖他的棺木,可怕的兄弟阋墙①便玷污了这个世界。他的人物形象,他艺术中被他自己贬抑的人物,一直活到现在。但是他的学说,第一阵清风吹来便被吹破。他自己的上帝的王国彻底崩溃,他虽然没有经历,但是还预感到了,因为在他人生的最后一年,他正平静地坐在他朋友的圈子里,仆人给他送来一封信,他拆开此信念道:

"不,列夫·尼古拉耶维奇,您说,人和人之间的关系,单凭爱就能改善,这点我不能苟同。这话只能由受到良好教育、总是吃饱喝足的人说出口来。面对那些从小忍饥挨饿、一辈子在暴君的枷锁下苦度光阴的人,您能说些什么?他们将战斗,努力挣脱奴役。我在您行将辞世的前夕对您说,列夫·尼古拉耶维奇,世界还将窒息于血泊之中,人们将不止一次地不仅把老爷们,不分性别,也连同他们的孩子悉数打死,撕成碎片,以便大地不再从这些人那里期盼会发生什么糟糕的事情。我很遗憾,您将不再能够经历这个时代,使您自己无法成为您的谬误的目击证人。我祝您平静地寿终正寝。"

谁也不知道,这封预示未来的闪电般的信出于谁的手笔。是托洛茨基、列宁,还是那些在施吕瑟尔堡②成为冢中枯骨的无名无姓的革命者中的某一个人:对此我们永远也无法获悉。可是也许在这一时刻托尔斯泰已经知道,他的教义碰到现实世界只是一片烟雾,纯属徒劳,那种杂乱无章的狂野激情在任何时候都比人类之间的博爱善意更加强大。他的脸色——据目击证人叙述——在这一时刻变得非常严峻。他拿着这张信纸,沉思地走进他房间,有一丝预感冷飕飕地掠过他那日益苍老的头颅。

---

① 指第一次世界大战。
② 施吕瑟尔堡有沙皇时期关押战犯和政治犯的监狱,许多名人在那里遇害,被称作俄国的巴士底狱,十月革命后所有犯人获释。

为实现信念而斗争

> 撰写十卷哲学著作,远比在实践
> 中贯彻执行一条原则更为容易。
>
> ——1847年日记

列夫·托尔斯泰在那些年如此执着地彻底翻阅福音书,想必使他不无震撼地念到了这句预见性的话语:"谁若播种风,将收获风暴。"因为这种命运从此在他自己的生活中实现。从来也不可能有个人,尤其是一个强劲有力的人,把他精神上的骚动不宁扔向世界而不付出代价:骚动引起的反击千百倍地增长,击向他的胸膛。今天,这一讨论早已冷却,我们根本无法再衡量,托尔斯泰发出的消息刚一发出第一声呼吁,在俄罗斯世界,以及紧接着在全世界点燃了何等狂热的期待:想必是一场心灵的骚乱,整整一个民族的良心被强有力地唤醒。政府被这样一种颠覆性的效果所惊醒,手忙脚乱地对托尔斯泰的论战文章发出禁令,完全徒劳,这些文章用打字机复印,通过外文版,悄悄地手手相传,偷运进来;托尔斯泰对现存制度的因素,对国家、沙皇、教会攻击得越大胆,他为人类假设的更好的世界制度越炽烈,人类对每一种济世佳音敞开的心灵便越发像潮水般向他涌来。因为尽管有铁路、无线电和电报,尽管有显微镜和一切技术的魔力,我们这个道德世界,还依然对一种更高的道德上的状况原封不动地保持着对弥赛亚①般的期待。如在基督、穆罕默德或者释迦牟尼的时代,在永远祈求奇迹出现的群众心里,有一种一再更新的渴望活跃着,颤抖着,希冀有个领袖和导师。因此只要有一个人,一个个别的人,向人类发出预告,他总会触及这种充满信仰的渴望的神经,于是一种无限的贮存已久的准备牺牲的精神便扑向每一个有勇气挺身而出,敢于说出那句最负责任的话语——"我知道真理"——的人。

所以在上世纪末,托尔斯泰刚宣布他的使徒消息,整个俄罗斯几百万人便都把他们的心灵目光投向托尔斯泰。《忏悔录》对于我们而言,早已只是一份心理学上的文献,而在当时它却像是宣告福音,使虔诚的年轻人如痴如狂。他们欢呼,终于有个强劲有力的人,一个自由人,此外,还是俄罗斯最伟大的诗人,提出了迄今为止只有被剥夺了继承权的人抱怨时,半是农奴的人悄声耳语时说出的要求:世界的现存秩序是不公正的、不道德的,因而也是不能持久的,一种新的更好的形式必须找到。所有不满现实的人都得到了一个预想不到的鼓励,并不是出自一个职业的侈谈自由者之口,而是来自一个独立不羁、刚正不阿的作家,他的权威和诚实无人敢于怀疑。他们听说,此人用他自己的生活,他有目共睹的生存的每一个行动,要为大家树立榜样,作为伯爵,他要放弃他的特权,作为富翁,他要放弃他的财产,他要作为拥有财产的大人物当中的第一人,谦卑地跻身于劳动人民的毫无差异的工作集体之中。关于这位被剥夺继承权的人们的救世主的消息,一直传到无知无识的人们中间,传到农民和文盲中间。最初的门徒已经集结起来,托尔斯泰主义者的教派已经开始笃信他们导师的字句,逐字逐句地把导师的话语付诸实现,在他们身后受压迫群众望不到边,都已苏醒,正在期待。于是几百万灼热的心,几百万灼热的目光都冲着托尔斯泰这位预示福音者,他们以贪婪的目光注视他那业已变得举世重视的人生中的每一个事件。"此人可是学习过的,他会教导我们。"

可是,奇哉怪也,托尔斯泰似乎起初根本没有觉察到他把分量多么沉重的责任加在自己身上。不言而喻,他明察秋毫,足以感觉到,作为宣扬

---

① 弥赛亚,即《圣经》中的救世主。

这样一种人生学说的人,他不能只把这学说停留在纸面上冷冰冰的字母里,而需要在他自己的生活中予以实现,作为示范。但是——这是他开始时犯的错误——他以为他只要在他的生活态度上象征性地暗示一下,他的新的社会的伦理学上的要求可以贯彻执行,时不时地举出一个原则上准备就绪的标志,他所做的也就足够了。所以他穿的衣服像个农民,以便在外表上看不出老爷和长工的区别;他手执镰刀犁杖在田里劳作,让列宾①为他作画,以便让每个人都图像分明地看到:为了赢得面包在田地里做些诚实的粗活,我并不觉得这是耻辱,谁也不必为此感到羞耻,因为,诸位请看! 我自己,列夫·托尔斯泰,就像你们大家所知道的,并不需要做这些事,他的精神上的成就完全可以原谅他不做这些事,可是我高高兴兴地承担了这些粗活。为了不至于让财产这桩"罪过"长久地玷污他的灵魂,他把他的财产,他的全部家当(当时已经超过50万卢布)转到他妻子和他家人的户头上,拒绝再从他的作品接受现钱或者一切值钱的东西。他发放施舍,不吝时间接见有求于他的素不相识的陌生人和卑微已极的人或回信给他们;他以兄弟般的互助友爱,关心世上蒙受不公平待遇和遭遇非正义行为的每一个人。但是时隔不久,他必须承认,人们向他提出的要求更多,因为广大粗野的信众,他用心灵的全部感官寻找的那个"人民",不满足于那些谦卑精神想出的象征,而是向列夫·托尔斯泰要求更多:要求他完全放弃一切,毫无保留地献身于他们的贫困和苦难之中。永远只有殉道者的行动创造真正的信众和坚定不移的人们——因此在每一种宗教开始的时候,只出现一个完全自我献身的人——永远不是只有暗示和许诺的态度。迄今为止,为了强调他的学说可以实现,托尔斯泰所做的一切,只不过是降低自己身份的一种姿态,一种宗教的谦卑的象征性的行动,可以和天主教会强加在教皇或者笃信宗教的皇帝们身上的那种行动相比,他们在复活节以前的那个礼拜四,也就是一年一次,给十二位老者洗脚。以此显示,向民众表示,即便是最低下的行动,也不会使世上最高贵的人物遭到屈辱。但是教皇或者奥地利西班牙的皇帝通过这个一年

---

① 伊利亚·叶菲莫维奇·列宾(1844—1930),俄罗斯画家。

一度的赎罪行动并没有放弃他们的权力,真正变成浴场奴仆,这位伟大的诗人和贵族老爷通过一小时使用鞋锥子和鞋楦子也并没有变成鞋匠,通过两小时田间的劳动也没有变成农民,通过把财产转移到家人的户头上,也没有变成真正的乞丐。托尔斯泰首先只是表明他的学说可以实现,但并没有把它实现。而人民(出于深刻的本能),不满足于象征,只有完完全全的牺牲才能说服他们。他们期待于列夫·托尔斯泰的,恰好就是他的学说完全实现。因为最初的拥护者往往比导师自己更认死理,更加严格,更加逐字逐句地探究大师的学说。因此他们大失所望,他们前往朝拜那位自甘贫贱的先知,却不得不注意到,就像在其他贵族庄园里那样,雅斯纳亚·波良纳的农民也继续在苦难之中苟延残喘,而他,列夫·托尔斯泰,却完全像先前一样,作为伯爵在庄院里大摆排场,迎接宾客,因此依然还属于"那些通过各式各样巧妙的招数,夺走人民必需之物的那些人的阶级"。那个大声宣告的财产过户,人民弄不明白,也记不清楚,这的确是放弃财产。他说不想得到更多财物,也不像是贫穷,他们只是继续看到诗人在充分享受迄今为止一直在享受的一切舒适,即便是田间劳动和制作靴子的时间也无法使他们信服。有个老农愤怒地大发牢骚:"这个人说一套,做一套,是个什么人啊?"大学生和真正的共产主义者,对于这种学说和事实之间模棱两可的摇摆不定说出来的话就更加尖刻。渐渐地,对托尔斯泰这种半吊子的态度表示的大失所望的心情恰好攫住了对他的理论最最坚信不疑的拥护者:书信,往往是暴徒似的攻击,越来越激烈地发出警告,要求托尔斯泰要么提出更正,要么终于逐字逐句地实现他的学说,而不仅仅是即兴做出象征性的示范。

被这声呼喊所惊醒,托尔斯泰自己终于认识到,他激起了多么巨大的要求,不是一句名言,而只是一个事实,不是宣传鼓动的实例,而只能是整个生活方式的彻底改变才能赋予他发出的消息以活力。谁要是作为发言人,作为预言者站在公开的讲台上,站在十九世纪最高的讲台上,为荣誉的刺眼的探照灯所照亮,为几百万双眼睛所注视,就必须彻底放弃他一切私人的温馨的生活,他不能仅仅是偶尔通过象征来暗示他的思想,他需要作出真正的牺牲,来作为他有效的证人:"为了让人听见你的话,必须通过苦难来证实你的真理,最好通过死亡来证实。"于是托尔斯泰的个人生活便出现了一个职责,这是这位使徒般的教条主义者从未想到的。托尔斯泰不寒而栗,惊惶失措,意识不到自己的力量,直到灵魂的最底层都惊恐万状,便背上他为自己的学说加在自己身上的十字架,那就是,从此他生活的每一个行动都要完全说明他在道德上的要求,在一个喜欢讽刺、多嘴多舌的世界里,充当一个他宗教信念的神圣的仆人。

一个圣人——这句话终于不顾一切讪笑嘲讽说出口来。因为在我们这个冷静的时代,圣人肯定显得十分荒谬,匪夷所思,是业已湮灭无闻的中世纪早已过时的东西。但是只有每一个心灵典型的象征和被人顶礼膜拜的标志不得永世长存;每一个典型自己必然会合乎逻辑地被迫一再回到那个一望无际的相似类比的游戏里,我们称之为历史。人们永远会,在每个时代人们都必然会试图进行一种神圣的生活,因为人类的宗教感情,都会一再重新需要并且创造这种最高级的心灵形式;只不过这种形式的实现必须在外面转变,随着时代的转变而转变。我们通过精神的热情造成的人生的神圣化的概念和黄金的圣人传说中的木雕圣像和荒漠中修行者的柱石雕像已毫无关系;因为我们早已把圣人的形象从神学家宗教会议和教皇神秘会议的判词中解脱出来——"神圣"在今天对于我们而言只是在完全把人生献给一种宗教的体验过的思想的意义上表现出来的英雄气概。西尔斯-玛利亚①的弑杀上帝者的否定世界的孤寂或者阿姆斯特丹的琢磨钻石的工匠②的令人震撼的无欲无求,我们觉得他们怀有的理智狂喜,丝毫也不比一个宗教狂热的荆棘自笞者的狂喜相差一丝一毫;即使在一切奇迹之外,在打字机和电灯的时代,在我们一般华灯普照人流涌动的城市里,精神上的圣人作为良心的殉道者就是在今天也还是可能出现的;只不过我们已不再需要把这些奇异的、罕见的人物视为天神般不犯错误者、尘世间不可争辩者,相反:我们热爱这些超群出众的诱惑者,这些恰好在他们的危机和斗争中危险地受到诱惑者,我们最深爱他们,并不

---

① 西尔斯-玛利亚,瑞士地名。这里指的是尼采,他曾宣称"上帝已死"。尼采在该地住过很久,写下《查拉图斯特拉如是说》。
② 这里可能指的是斯宾诺萨,他曾在阿姆斯特丹做过"磨镜工"。

是因为他们不会犯错误,恰好在于他们有错;因为我们这代人不再希望把他们的圣人尊为超凡出世的彼岸世界的上帝的使者,恰好是作为人群中最为世俗的人。

因此在托尔斯泰为了把他的人生变成模范形式而进行的这一惊人的尝试中,最最感动我们的恰好是他的摇摆不定,他在最后从人性上来看遭到了失败,这在我们看来比他原来神圣不可侵犯的样子更加使人感到震撼。悲剧就在这里开始!① 走出世俗的传统的生活形式,只是实现他良心的永恒的生活形式,在托尔斯泰承担起这英勇任务的瞬间开始,他的生活必然变成一出悲剧,比我们从弗里德里希·尼采的愤怒和陨落看到的任何一出悲剧更加宏大的悲剧。因为这样强暴地挣脱家庭、贵族世界、财产、时代的法律的一切根深蒂固的关系,不可能不扯断千万种神经网络,不可能不使自己和他亲近的人受到极为痛楚的创伤。但是托尔斯泰绝不害怕痛苦,相反,他作为真正的俄罗斯人,因而也是个激进主义者,甚至恰好渴望真正的痛苦,作为他真实性的显而易见的证明。他早已厌倦了他生活的舒适安逸,平平淡淡的家庭幸福,他作品带来的荣誉,他周围的人对他表示的敬畏使他恶心——无意之中这位独创性的人心里渴望着更加紧张激烈、更加多姿多彩的命运,更加深刻地和人类的原始伟力融合在一起,渴望着贫穷、苦难和痛苦,从他的危机开始以来,他第一次认识到痛苦的创造性的意义。为了像圣徒一样地证明他谦卑学说的纯洁性,他愿意过最卑贱的人的生活,没有房子,没有金钱,没有家庭,肮脏不堪,长满虱子,被人轻视,受到国家迫害,被教会逐出教门。他愿意用自己的皮肉、四肢和头脑经历,他在自己著作里描写的一个真正的人最重要的和唯一能够触动灵魂的形式:成为无家可归的人,身无分文的人,命运的劲风把他像一片秋日的落叶吹得四下飘零。托尔斯泰要求——在这里历史这个伟大的艺术家又创造了一个它天才的讽刺的反命题之一——发自内心最深层的意志,恰好附和命运,而命运却完全违忤他的对手陀思妥耶夫斯基的意志,落在这位不幸的诗人身上。因为陀思妥耶夫斯基经历了一切有目

---

① 原文是拉丁文。

共睹的苦难,命运的残忍和仇恨,恰好是托尔斯泰出于教育学的原则,出于殉道者的渴求,强力想要经历的一切。真正的、折磨人的、灼人的、吸尽人欢乐的贫穷,犹如一袭内苏斯衬衣①牢牢贴在陀思妥耶夫斯基身上,作为一个无家可归的流浪汉,他拖着自己的身体走过世上一切国家,疾病撕裂了他的身体,沙皇的士兵把他捆在行刑柱上,扔到西伯利亚的监狱里——所有这一切,托尔斯泰为了显示他的学说,作为这种学说的殉道者完全希望自己能够亲身经历,陀思妥耶夫斯受尽了这些苦难,而这位渴望经历这些外在的明显的苦难的托尔斯泰却一点迫害和贫穷也没有得到。

　　因为托尔斯泰从未成功地提供证明让世人信服并且看见他确有受苦受难的愿望。一种嘲讽的、奚落的命运到处都阻止他通向殉道的道路。他想要贫穷,把他的财产分赠给人类,再也不从他的著作中赢得金钱,但是他的家庭不允许他变成穷人;他的巨额财产违背他的意志在他家人的手里不断增长。他愿意生活在孤独之中,但是他的声誉日隆,记者和好奇之徒像潮水般拥进他家。他想要受人轻视,但是他越是谩骂和贬抑自己,他越把自己的作品说得不堪,越是怀疑他的正直,人们就对他越发怀有敬畏之情。他想要过一个农民的生活,住在烟熏火燎低矮的茅屋里,不为人知,不受干扰,作为朝圣者或乞丐在大路上瞎跑,可是家人对他百般呵护,并且把他公开指责的一切现代科技的舒适设备悄悄地一直塞到他的房间里去,使他十分痛苦。他希望受到迫害,被投入牢房,受到鞭笞——"自由自在地生活,我感到难堪",但是官府对他优礼有加,敬而远之,只是满足把他的追随者加以鞭笞,送到西伯利亚去。于是他就采取极端的办法,最后公开辱骂沙皇,希冀终于得到惩罚,遣走,判刑,终于能够得以公开地为他信念的造反而受到惩罚;可是沙皇尼古拉二世对于首席大臣提出的控诉这样回答:"我请您别去触碰列夫·托尔斯泰,我不打算让他变成一个殉道者。"而这个,恰好是这个,他信念的殉道者,恰好是托尔斯泰在他生命的最后几年想要做的,而命运恰好不允许他做这个。是啊,对于这个

---

　　① 内苏斯衬衣,希腊神话中的半人半马怪物内苏斯杀死赫拉克勒斯的毒衬衣,上面涂有内苏斯的血。

一心只想受苦受难的人,命运让他受到一种简直可说是恶意的关怀,让他什么苦难也没遭受。就像一个疯子关在他橡皮的囚室里,他在自己的荣誉造成的看不见的监狱里,拼命地乱打一气;他唾弃自己的名字,向国家、教会和一切权力扮出狂怒的鬼脸——可是人们彬彬有礼地听他怒骂,手里拿着帽子,把他当作一个出身贵族、并不危险的疯子对待。他未能提供最终的证明,做出显而易见的行动和引人注目的殉道行为。在他一心想要钉在十字架上的意志和实现他的学说之间魔鬼把荣誉插了进去,荣誉接受了命运的一切打击,不让苦难走近他的身体。

他所有的追随者都满怀疑虑焦躁不耐地问道,他的敌人也冷嘲热讽地以讥笑的口气问道,为什么列夫·托尔斯泰不以他坚定的意志扯碎这个难堪的矛盾?为什么他不把新闻记者和摄影记者统统从他家里清扫出去?为什么他容忍他的家人出售他的作品?为什么他不顾自己的意志,却屈从于他身边人的意志,他们全然无视他的要求,把财产、舒适视为世上最高的财富?为什么他的行动归终没有明确地清晰地根据他良心的信条?托尔斯泰自己从来没有回答人们的这一可怕的问题,也从未为此进行过任何辩解,相反,没有一个无所事事的喜欢瞎说八道的家伙,用肮脏的指头指着亮如白昼的介乎意志和现实之间的矛盾,批判托尔斯泰的半吊子的行动或者不如说是批判他的不行动比他自己批判得更加严厉。1908年托尔斯泰在日记里写道:"倘若我听人谈及我自己像谈及一个陌生人:谈他生活在锦衣玉食之中,从农民那里搜刮去一切可以搜刮的东西,派人把农奴拘捕起来,一面宣布信奉基督教并且劝人信教,给人五戈比的铜子当作施舍,干所有这些卑劣的行动,都躲在他亲爱的妻子背后——我会不假思索地称此人为无赖!恰好是这样的事情也应该说说我自己,这样我才能摆脱世上的一切虚荣,只为我的灵魂活着。"不,一个列夫·托尔斯泰用不着任何人去向他解释道德上的模棱两可,他每天都自己在这些模棱两可的事情上面扯得粉碎。如果他在日记本里把这问题像一块烧得赤红的钢铁轧进他的良心:"你说,列夫·托尔斯泰,你是根据你自己学说的准则生活的吗?"他就以愤怒的绝望心情回答:"没有,我羞愧得无地自容,我有罪过,应该受到轻蔑。"他心里完全清楚,要是按照他甘于清贫的信条,合乎逻辑,符合道义,只有唯一的一种生活形式是可能的:那就是离开他的房子,放弃他的贵族头衔和艺术,作为一个朝圣者漫步在俄罗斯的大道上。这位信奉宗教者可从来也没能振作起来,去下定这最后的最为必要、唯一能使人信服的决心。而恰好是他最后这一软弱的秘密,不能作出这原则上激进主义的行动,对我而言,正好是托尔斯泰最后的美丽所在。因为完美无缺永远只在人性的彼岸才能办到;每一个圣人,即便是温和善良的使徒,也要能够硬下心来,他必须向门徒们提出超人的、非人道的要求,要他们为了成为圣人把父母妻儿全都漠不关心地抛到身后。一个始终不渝的、完美无缺的生活永远只可能在一个与世隔绝的个人的密封空间才能实现,永远不能和人间有联系和关系;因此在任何时代圣人的道路总是通向沙漠,这是他唯一合适的寓所和家园。所以托尔斯泰若真想以行动把他学说贯彻到底,他必须在把自己和教会国家脱离之外,也需要脱离家庭的更加狭窄、更加温暖、更有附着力的圈子;但是这位过于富有人性的圣人,历三十年之久,始终没有力量采取这个残暴的、毫无顾忌的暴力行动。他两次离家出走,又两次回到家里,因为一想到,他的惊惶失措的妻子会愤而自杀,使他在最后时刻意志受到麻痹,他下不了决心——这是他精神上的罪过,但是人性上的美丽!——为了他抽象的思想,牺牲掉唯一的一个人。宁可唉声叹气忍受着一种只有肉体上的共同生活的令人压抑的屋顶,也不和儿女们分离,逼着妻子自杀;他绝望地在关键问题上,例如在遗嘱和售书问题上,屈从了他的家人,宁可自己受苦也不让别人受苦。他宁可痛苦地满足于充当一个脆弱的人,也不充当一个像岩石一样坚硬的圣人。

  因为他在公众面前这样把不温不火、不清不楚的一切现象全都放在自己身上,只放在他自己身上。他知道,每一个孩子现在都可以嘲笑他,每一个正直的人都可以怀疑他,每一个他的追随者都可以批判他,但是这点,恰好是这点变成托尔斯泰在所有这些阴暗的岁月里极为了不起的受苦者的方式,他紧闭双唇,默默地接受着人们对他模棱两可的指责,从来没有为自己进行过任何申辩。1898年他深受震撼地在日记里这样写道:"在众人面前我的处境也许是错误的,也许这恰好是必需的。"渐渐地他开始认识到他经受的考验所具有的特殊意义,那就是说,这种不会获胜的殉道行为,这种无法自卫无法申辩所忍受的不公正,对他而言早已是一种比在市场上遭受的公开的殉道行为,比他多年来一直渴望从命运得到的另外那种装腔作势的殉道行为更厉害更沉重的殉道行为。"我往往希望受苦受难,受到迫害,但是这意味着我很懒惰,我只希望让别人为我干活,让他们折磨我,而我自己只消受苦就行了。"这个所有人当中最最缺乏耐心的人喜欢纵身一跃就跳进痛苦之中,怀着感情极度奔放的赎罪者的快乐让人家为他的信念把他放在行刑柱上活活烧死,终于认识到,对他而言,更加严酷的考验乃是把他放在余烬未灭的文火之上慢慢烧烤:不知就里者的鄙视,和他自己深知一切的良心永恒的不安。因为对于一个这样清醒的无法欺瞒的自我观察者,每天都不得不重新向自己承认,他,这个世俗之人列夫·托尔斯泰,在他自己家里和生活中无法实现使徒列夫·托尔斯泰向数以百万计的人类提出的道德上的要求,而他尽管意识到自己失败,仍然不停地一而再地宣扬这种学说!他自己早就不再相信,却还一直要求别人笃信并赞同他的学说!这里就是创口发炎出脓的地方,这里就是托尔斯泰的良心化脓的地方。他知道,他自己承担的使命,早已只是一个角色而已,一场谦卑的戏剧,不断地在世人面前重新上演;托尔斯泰从来没有欺骗过自己,正因为他比他最凶恶的敌人都更加详尽地知道他自己不清不楚的态度,装腔作势的样子,这使他的人生变成一种隐秘的悲剧。谁若想知道,或者只是预感到这个备受折磨和醉心真理的灵魂,由于自我恶心和自我苛责痛苦到何种地步,请阅读那篇只在他的遗稿中才找到的中篇小说《谢尔盖神父》。就和那位圣女德累撒①一样,她被自己的幻想吓了一跳,惊惶失措地询问她的忏悔师,这些圣神显灵究竟的确是上帝派来的还是说不定是上帝的敌手魔鬼派来的,挑衅她的倨傲,托尔斯泰在那篇中篇小说里也反躬自问,他的学说和他的行动在世人面前的确是源于上帝,那就是合乎道德的,对人有益的,还是源于虚荣的魔鬼,源于对荣誉的渴望和对圣坛上焚起的香烟的陶醉。托尔斯泰在那位圣人身

---

① 德累撒·德·李西安(1873—1897),法国天主教修女,1923年被封为圣女。

上,通过非常透明的伪装描写了他自己在雅斯纳亚·波良纳的处境:就像信徒们,好奇之辈,前来瞻仰的朝圣者,前来看望他自己,好几百个忏悔者和崇拜者也蜂拥而至来看望那位会创造奇迹的僧侣。但是就和托尔斯泰自己一样,他的良心的双身人在追随者蜂拥而来的混乱之中也反躬自问,大家都把他尊为圣人,他是否的的确确怀着神圣的心灵在生活;他反躬自问:"我做的事情,究竟在什么程度上是出于对上帝的爱,在多大程度上只是为了世人?"托尔斯泰通过谢尔盖神父给自己做出了毁灭性的回答:

"他打灵魂深处感到,魔鬼已经把他为了上帝的缘故而做的事情,用另外一种,只是为了在人们那里取得荣誉的事情所替换。他感觉到这点;因为就像从前人们不打扰他的孤寂,他觉得很舒适,现在这种孤寂对他而言已是一种痛苦。他觉得来访者使他感到厌烦,他们使他疲劳,但是在他内心深处他很高兴有客来访,很高兴来访者对他的种种赞赏。他越来越缺乏时间颐养灵魂,进行祷告,他有时心想,他过去活像一个泉水迸涌的地方,一股活水缓缓迸涌,从他身上,通过他的身体流出;可是现在这水再也贮存不起来,口渴思饮的人挤了过来,你推我搡,把一切都踩得稀烂,这里只剩下一片污秽⋯⋯现在在他身上已经不再有爱情,没有谦卑,也没有纯洁。"

还能想出比这尖刻锋利的自我贬抑更加可怕的批判吗?这种自我贬抑会把一切可能有的顶礼膜拜全都一劳永逸地彻底毁掉。用这句自白,托尔斯泰一举永远摧毁了人们时下在教科书里对雅斯纳亚·波良纳的那位圣人流行的陈词滥调;一个脆弱的、缺乏自信的人在他自己加在身上的责任下面彻底崩溃,而不是毁在圣人的光环底下,他那四分五裂的良心显得多么令人震撼。整个世界的赞美,他的门徒们谄媚奉承的崇拜吹捧,每天前来朝圣的人流,所有这些嘈杂喧闹令人陶醉的赞许,并不能使这个怀疑成性的才智人士,这个无法收买的良心受到蒙蔽,看不出在这用文学的手段吹嘘的基督教有多少装腔作势的东西,在他自己表现出来的谦卑之中又夹杂着多少对荣誉的渴求。可是尽管他对自己极为残忍,不知餍足,在这象征性的尸体解剖之中,托尔斯泰甚至怀疑自己最初的意志是否诚实。他又战战兢兢地继续通过他的双身人的嘴巴问道:"可是难道不是至少还有一个诚实的意图,为上帝效劳存在吗?"可是回答再一次把通向圣人的所有门户全都关上。"是的,这种意图是存在的,但是一切都给玷污了,全都盖满了荣誉的杂草。对于像我这样一个为了在众人面前取得荣誉而生的人是没有上帝的。"他通过侈谈信念,悲哀地扮演信仰的角色,把信念给彻底毁了。在欧洲聚集一堂的文学界面前摆出装腔作势的姿态,在公众面前不是保持沉默的谦卑,而是发表慷慨激昂的忏悔,这使洞察一切的托尔斯泰感到并且承认,他完全不可能变成圣人。只有放弃了世界、荣誉和虚荣,谢尔盖神父,托尔斯泰心灵相通的兄弟才能走近他的上帝,托尔斯泰让他在漫漫迷途的终点说出了他的一句话乃是:"我要去寻找上帝。"

"我要去寻找上帝"——只有这句话包含着托尔斯泰的最为真诚的意志,他真正的命运,不是成为找到上帝者,只是一个寻找上帝者。他不是一个圣人,不是拯救世界的先知,甚至也不是一个他人生的完全清楚的诚实的塑造者:他一直是个人,在有的瞬间极了不起,在另外一些瞬间又极不真实,还很虚荣。是个弱点很多、缺陷累累、模棱两可、态度暧昧的人,但是总是可悲地意识到这些错误,并怀着一种无可比拟的激情力求臻于完美。他不是圣人,但有一种神圣的意志,并非信徒,但拥有泰坦巨人般信仰的力量,并不是一个天神的肖像,总是镇静安详地在大功告成之后栖息着,而是一种人类的象征,这种人类永远也不许在前进的路上心满意足地休憩,而是不得不为了一个更纯洁的形象不断地奋斗,每时每刻,每天都为之奋斗。

托尔斯泰人生中的一天

  在家里我心情阴郁,十分悲哀,因为我不能分享我家人的感觉。一切使他们快活的事情,学校的考试,世上的成功,采购的东西,所有这一切,我都视为灾难,对他们是祸事,但是我不能说出口来。我当然可以说,也都说了,但是我说的话没人理解。

——日记

  我便根据他的朋友说出的证词和他自己说的话,从千百个列夫·托尔斯泰度过的日子制造出了一天。

  清晨,睡意缓缓地从老人的眼睑上消退,他醒了,四下张望——晨曦已经染红了窗户,白天来临。思维从阴暗的朦胧之中浮现,第一个感觉,那使人惊讶,令人幸福的感觉:我还活着。昨天晚上,就和每天夜里一样,他平躺在床上,怀着谦卑屈从的心情,以为不会再从床上起来。凭着闪烁的灯光,他在即将来临的这天的日期上写了三个字母——W. i. l.,"如果我活着",奇妙已极,上天又一次恩赐给他活着的恩典,他活着,还在呼吸,身体健康。他张开肺部深吸一口空气,就像吸进上帝的一次问候,他用贪婪的灰色眼睛望着阳光:妙极了,我还活着,身体健康。怀着感恩的心情老人起床,脱光衣服,冰冷的水浇在他保养得很好的身体上。他以体操运动员的欢快心情弯下上身,又挺起身子,直到肺部呻吟,关节作响。然后穿上衬衫和家居外套,裹着他擦得通红的皮肤,打开窗户,亲手打扫房间,把木柴扔进火焰直往上蹿的壁炉里,发出噼噼啪啪的声音,充当他自己的仆人,他自己的奴仆。

然后他就下楼到早餐室去。索菲娅·安德烈耶夫娜、女儿们和秘书、几位朋友已经入席,俄式铜茶炊里茶已经煮得滚烫。秘书在一张高盘子里给他带来五花八门的一大堆信件、杂志、书籍,贴满了四大洲的邮票。托尔斯泰一脸厌烦地望着这座纸头的高塔。"香烟和麻烦",他心里暗想:"反正一团混乱!应该更多地单身独处,更多地和上帝待在一起。不要老是充当宇宙的中心,应该避开一切打扰你、使你迷惘的事情,避开一切使人虚荣心重、盛气凌人、渴求荣誉、不复真实的东西。最好把这一切全都扔到火炉里去,为了不使自己精力分散,不让自己的灵魂为倨傲弄得心烦意乱。"但是好奇心更强,他用指头飞快地把这堆积如山的多种多样的请求、控告、苦苦哀求、商务上的申请、访客预告和无拘无束的闲话,翻了一遍,弄得沙沙直响。一个婆罗门从印度来信说,他把释迦牟尼理解错了,一个罪犯从监狱里讲述他的毕生的故事,想要听听他的忠告,年轻人在迷惘之际,乞丐在绝望之中都来向他求教,大家都十分谦卑地挤过来找他,就像他们说的,把他看作唯一能帮助他们的人,他是世界的良心。他额上的皱纹蹙得更紧,"我能帮助谁?"他心想,"我都不知道如何帮助我自己,我能帮谁;我一天天到处瞎走,寻找新的意义,来承担这个神秘莫测的人生,目中无人地侈谈真理,为了自我欺骗。有什么可奇怪的,他们大家都跑来大声喊叫:列夫·尼古拉耶维奇,请你教导我们人生!我所做的是谎言,是自吹自擂,是大耍花招,实际上我早已山穷水尽,因为我挥霍无度,把精力全都耗费在这一千又一千个人身上,而不是静下来养精蓄锐,因为我说啊说啊说个不停,不知道沉默不语,在寂静中倾听我自己内心深处的真话。但是我不能使这些充满信任的人感到失望,我必须回答他们。"有封信他拿在手里的时间较长,他念了两三遍:这是一封大学生写的信,这个大学生怒斥托尔斯泰劝诫人们喝水,自己却饮酒。现在该是他终于离开他的房子,把他的财产分送给农民,做个朝圣者在上帝的大道前进。"他说得有理,"托尔斯泰心想,"他在和我的良心说话。但是我都没法向自己解释的事,又怎么向他解释,既然他用我自己的名义控告我,我又怎么能自我辩护?"他拿着这一封信,准备立即回信,然后他站起身子,回到他的书房里去。走到门口,秘书跟着过来,提醒他,《泰晤士报》的记者将在中午时分前来采访,问他是否愿意接见这位记者。托尔斯泰的脸阴沉起来。"总是这样纠缠不休!他们到底要从我这儿得到什么:只是好奇地看看我的生活。我说的话,都写在我的作品里;每一个能看书的人,都能明白。"但是一种虚荣心的弱点很快就让步了。"那就随便吧,"他说道,"但是只谈半小时。"可是他刚跨过书房的门槛,他的良心就发出怨言:"我干吗又让步了;永远是这样,都长了一头白发,离死就半步路,我的行动还这样虚荣,让我成为人们的话柄,只要他们蜂拥而来,我又会心软。我到底什么时候学会掩饰自己,隐瞒自己啊!帮助我吧,上帝,你倒是帮助我啊!"

他终于独自一人待在书房里,在赤裸裸的墙上挂着镰刀、耙和斧子,在打蜡的地板上放着一张结实的眠床,更像是一块大木板,一张笨重的桌子前面放着一把沉重的软椅;一间斗室,一半像是僧舍,一半像是农舍。昨天写的一篇文章,只写了一半,放在桌上,《关于人生的想法》。他通读了一遍他写的文字,删删改改又继续往下写。那迅速写就的超大的孩童体的字迹一再停顿。"我过于轻率,太没耐心。我连概念都没有弄清楚,我自己的立脚点都还没有站稳,我的思想摇摆不定,今天和昨天都不一样,我怎么能写文章谈论上帝?要我谈论上帝,谈论那无法形容的上帝,谈论人生,谈论那永远无法理解的人生,我又怎么说得清楚,怎么让每个人都明白?我在从事的事情,远远超过我的能力。我的上帝,我以前活得多么自信稳健,那时我创作文学作品,把上帝展现在我们面前显示给人们。不像现在,我,一个年迈的老人,十分迷惘,四下寻觅,希望能找到真理。我不是圣人,不,我不是圣人,我不该去教导人们;我只是一个被上帝赋予比千万人更明亮的眼睛、更灵敏的感官的人,以便我能赞美上帝的世界。也许我当时更加真实,更加优秀,那时我只为艺术效劳,而现在我却如此荒唐地诅咒艺术。"他停下来,身不由己地环顾四周,似乎有人会在一旁偷窥他如何从一只隐蔽的抽屉里取出他现在正偷偷撰写的几篇中篇小说(因为他已公开把艺术当作"多余之物",当做"罪孽"加以嘲讽,予以贬抑),这就是他偷偷撰写的不让别人窥见的作品,《哈吉·穆拉特》《篡改过的票证》①;他粗略地翻阅了一下,念了几页。眼光又变得充满温情。"不错,写得不错",他感叹到,"写得很好!上帝召唤我,只要我描述他的世界,并不是要我泄露他的思想。艺术是多么美好,创作是多么纯净,思考是多么痛苦!在我撰写那些稿子时,我是多么幸福,我在《婚姻的幸福》中描写春日的清晨,夜里索菲娅·安德烈耶夫娜走进房来,带着热辣辣的眼睛,和我拥抱,眼泪便不由自主地流下我的面颊:在她抄写稿子时,她不得不停下笔来,向我表示感谢,我们整整一夜整整一辈子都十分幸福。但是我现在再也回不去了,我不能再让人们失望,我必须在已经开始的道路上继续前进,因为他们在内心痛苦时希望得到我的帮助。我不能停步不前,我已经来日无多。"他叹了口气,把他心爱的稿纸又放回到他抽屉里藏匿的地方;像个领取工资的抄写员,他默不作声,满腔恼怒地继续写他的理论文章,眉头紧蹙,下巴深埋,他颔下的长髯,有时掠过纸张,沙沙作响。

终于到了中午时分!今天干得够多的了!扔开羽毛笔,托尔斯泰跳起身来,迈着他灵巧的小步子,一阵旋风似的冲下楼梯。楼下,他的马夫德里尔已经把他心爱的公马鞴好。他一跃就跳上马鞍,方才写作时弯下的身子立即伸展开来。他挺直身子坐在马上,像个哥萨克似的,轻松潇洒地骑着这匹细腰的骏马迎风奔驰。身材显得更加高大、强壮、年轻、活跃。他的白色长髯在迎面呼啸而来的疾风中吹拂飘舞,他大大地张开嘴唇,充满了快感,把弥漫在田野上四下蒸腾的烟雾更加强烈地吸进肺里。在正在衰老的身体里,感觉到活跃的生命。鲜血奔腾的快感通过血管奔流不息,温暖而又甜蜜,一直传到指尖和不断轰鸣的耳朵。他现在驱马进入这年轻的森林,突然勒住坐骑,想要看看,再一次看看,黏糊糊的蓓蕾如何在春天太阳照耀下,绽开闪亮,一片薄薄的微微颤动的绿绸,像刺绣一样娇柔,高悬在天际。他两条大腿使劲一夹,驱使座下的骏马到白桦树边,他那鹰隼般的眼睛激动地观察着一个微观世界连续不断的工程,蚂蚁沿着树皮爬行,一个跟着一个,络绎不绝,一些蚂蚁已经满载而归,肚子鼓鼓

---

① 《哈吉·穆拉特》及《篡改过的票证》,托尔斯泰的小说。

的,另外一些用它们细小的金银丝做的钳子正在抓住树屑。这位年迈的族长,一动不动地站着,一连几分钟,兴高采烈,观看着广阔无垠的世界里的这一微乎其微的情景,滚滚热泪流进他的长髯。这是多么奇妙,七十多年来一再重新令人感到奇妙,大自然这上帝的镜子里,宁静安谧,同时又表述丰富,永远充满了种种图像,时刻生意盎然,在宁静之中比一切思想和疑问更有智慧。在他胯下,他的坐骑焦躁不耐地喷着鼻子。托尔斯泰从他那沉思默想得出神的状态中醒来,用两条大腿使劲挤压那匹公马的两侧,以便在疾风的吹拂之中,不仅感觉到细小的温柔的东西,也要感受一下感官的狂野和激情。他纵马飞奔,奔啊,奔啊,奔啊,心情欢畅,无思无虑,狂奔了二十公里,直到闪闪发光的汗水在骏马的两侧溢出白色的泡沫。然后他就调转马头,用安详的小跑步策马回家。他的眼睛明亮,他的灵魂轻松,他兴高采烈,欢天喜地,就像当年还是个孩童,待在这同一个森林里,走着七十年来异常熟悉的道路,这个老人,年迈衰老的老人。

可是在村子附近,这张春日晒红的脸突然阴云密布。他那专家的目光审视了一番田野:在他领地的范围内,有一块地保管不佳,无人照料,一半篱笆已经朽坏,其中一半大概拿去烧火,田地没有耕种。他愤怒地策马走近,想问个究竟。从门里走出一个衣衫肮脏的女人,赤着脚,蓬头垢面,目光低垂;三个半裸着身子的孩子,胆战心惊地挤在她的身后,拉着她破破烂烂的裙子,在她身后,从那低矮的、烟熏火燎的茅屋里还传出第四个孩子呱呱直叫的声音。托尔斯泰皱起眉头,询问着无人经管的原因。女人嚎啕大哭,说出一些互不关联的句子,六周前她的丈夫被关进监狱,因为偷盗柴禾。没有他,没有这个身强力壮干活勤快的男人,她一个女人怎么管好家里家外的事,男人也是饿得不行才去偷点儿柴禾,老爷您自己也知道:收成那么坏,赋税又高,还要交佃租。孩子们看见母亲嚎啕大哭,也开始跟着大声号叫起来,托尔斯泰连忙从口袋里掏出一些钱,交给那个女人,省得她再说下去。然后他就像个逃亡者似的,飞快驱马离去。他脸色阴沉,快乐已烟消云散。"这样的事情就发生在我的庄园里——不,发生在我已赠送给我妻子和孩子们的田庄里。但是我干吗老是胆怯地躲在我妻子身后,假装我并不知情,并无过错?那次财产转让并不是别的,实际

老夫聊发少年狂——骑手托尔斯泰

托尔斯泰

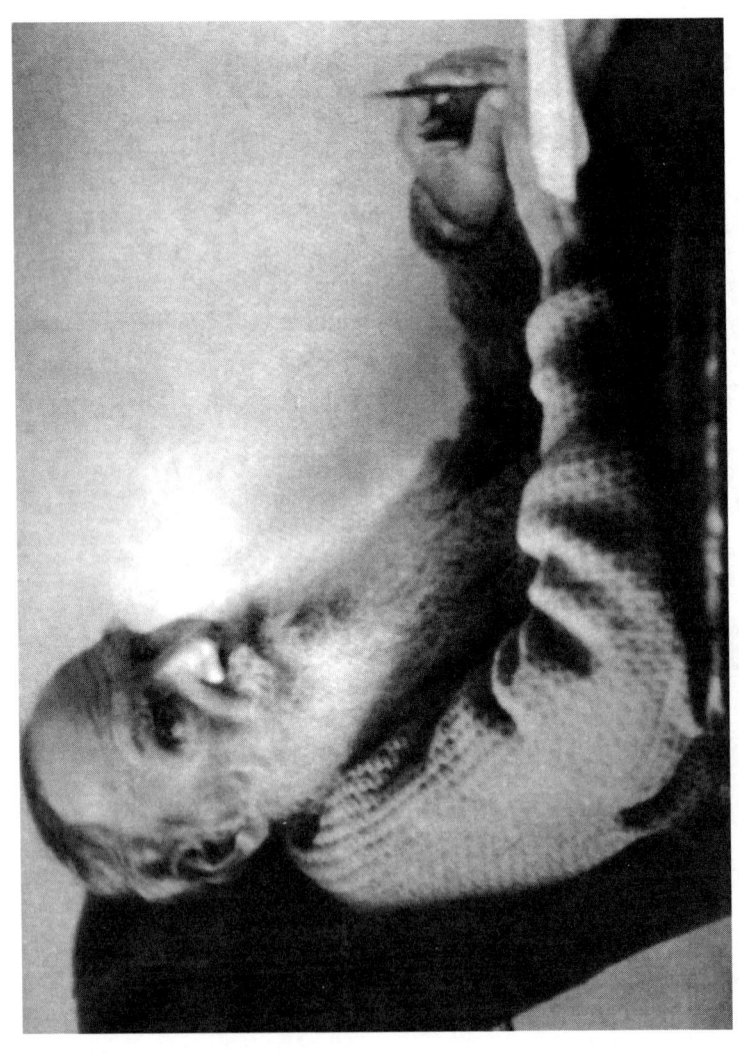

上是在世人面前搞的一次骗人的把戏;因为我自己看够了农民的徭役,现在我的家人就从这些穷人身上吸取他们的金钱。我分明知道:为了新建我现在坐着的这幢房子,每块砖头都是用这些农奴的血汗做成的,这是他们的血肉,他们的工作,变成了砖石。我怎么能把不属于我的东西,农民耕耘经营的土地,赠送给我的妻子和孩子们。我应该在上帝面前羞愧得无地自容,我,列夫·托尔斯泰,总是向人们说教,要讲正直公正,我每天通过窗户看见别人的苦难。"他的脸因为愤怒而涨得通红,现在穿过石头的廊柱,骑马走进他的"地主庄园",脸色变得越来越阴沉。身穿号衣的仆人和马僮从屋里冲到门外来扶他下马,他自责的羞愧从内心发出愤怒的嘲弄:"我的奴隶。"

在宽敞的餐厅里一条长长的餐桌铺着白得耀眼的桌布,放着银制的餐具,大家都在等他:伯爵夫人,女儿们,儿子们,秘书,家庭医生,一个法国女人,一个美国女人,几位邻居,一位革命大学生担任的家庭教师,然后就是那位英国记者。这么多人煮肉粥似的挤在一起欢声笑语,热闹非凡。现在他一进来,桌旁喧闹之声当然及时打住,大家充满了敬畏之情。托尔斯泰神情严肃彬彬有礼地问候客人,一副贵族派头,在桌旁就座,一言不发。穿号服的仆人现在把精挑细选的素食菜肴送上——芦笋,外国货,制作得极为精致,他不得不想起那个衣衫褴褛的女人,他给了十个戈比的农妇。他脸色阴郁地坐着,自顾自地想着心事。"倘若他们愿意理解,我其实不这样生活,不愿这样生活,身边围满了仆人,午餐吃四道菜,放在银盘子里,还有各式各样多余的东西,而其他人连最最必需的饭菜也吃不到;他们大家其实都知道,我只渴望他们做出一个牺牲,放弃奢侈生活,放弃这个对上帝希望人人平等的人类做出的这个可耻的罪行。但是她,我的妻子,这个和我同床共枕、共同生活的人应该和我志同道合才对,可是她反对我的思想。她变成了吊在我脖子上的一个磨盘,一个良心的沉重负担,拽着我坠入一种虚假的骗人的生活之中;我早就应该剪断他们捆在我身上的绳索。我和他们还有什么相关呢?他们在我的生活中阻碍我,我在他们的生活中阻碍他们。我在这里是十分多余的,对我自己是个负担,对他们大家也是负担。"

在盛怒之中,他不由自主地抬起他敌意森森的目光,凝望着她,索菲娅·安德烈耶夫娜,他的妻子。我的上帝,她已老得不像样子,脸色灰白,额上横着深深的皱纹,忧伤也撕裂了她衰朽的嘴。一股暖流突然淹没了这位老翁的心脏,"我的上帝,"他心想,"她看上去多么阴郁,多么悲哀啊。我和她结婚时,她还是个年轻的姑娘,天真烂漫,笑声朗朗。我们共同生活了三十年,四十年,四十五年。我娶她时,她还是个少女,我已经是个过了半辈子的男子。她给我生了十三个孩子,帮我创作了我的作品,抚养了我的儿女,而我把她折腾成什么样子?一个绝望的女人,几乎疯疯癫癫的,动辄发火,我们不得不把安眠药封锁起来,免得她过度服用,自我了断,通过我她竟变得这样不幸。再看我的几个儿子,我知道,他们不喜欢我。我的几个女儿呢,我耗尽了她们的青春年华。我的秘书们记下我说的每句话,就像麻雀啄食马粪;他们的匣子里已经准备好了香膏和乳香涂抹我的木乃伊,供人类的博物馆保存。那边的那个英国纨绔子弟正手里拿着笔记本,等我向他解释'人生'。这张餐桌,这幢房子是反对上帝反对真理的一桩罪行,毫无秘密,也不纯洁,真是可怕,而我这个说谎的家伙舒舒服服地坐在这个地狱里,感到温暖而惬意,没有跳起身来走我自己的路。其实对我自己、对他们最好我已经死掉——我活的时间已经太长,也活得够虚伪:我早就该寿终正寝了。"

仆人又给他上了一道冰镇水果,四周涂上奶油泡沫,他做了一个愤怒的手势,把银碗推到一边。"是不是菜肴做得不好?"索菲娅·安德烈耶夫娜小心翼翼地问道,"你是不是觉得不好消化?"

但是托尔斯泰只是尖刻地答道:"我觉得不好消化,因为饭菜太好了。"

孩子们的目光含有愠怒,妻子一脸诧异,记者使劲儿想听明白:看得出来,他要记住这句名言。

午餐终于结束,大家站起身子,走到接待室。托尔斯泰和那个年轻的革命家辩论不休,年轻人对托尔斯泰表示极大的敬畏之情,尽管如此,他大胆而生动地进行反驳。托尔斯泰的眼睛射出光芒,说话说得口气激烈,咄咄逼人,几乎是大吼大叫;每场讨论依然吸引他,犹如从前狩猎和打网

托尔斯泰和家人

托尔斯泰夫妇和来访者

球,他始终怀着难以抑制的激情。他一下子发现自己失态,过于狂野,强迫自己态度谦卑,使劲压低了嗓子:"也许我搞错了,上帝把他的思想撒在人们之中,没人知道,他说出来的话,究竟是上帝的,还是他自己的。"为了乘机转圜,他鼓动大家:"咱们到花园里去走走吧。"

可是走进花园之前,大伙又停顿了一下,在那棵极其古老的橡树下面,正对着府邸的台阶,靠近那株"穷人之树",来自民间的来访者,乞丐和宗派主义者,"可疑分子",正等待着托尔斯泰。他们走了二十公里的朝圣之路,前来求取忠告或者要点钱。他们站在那里,脸都被太阳晒得黑不溜秋的,浑身疲惫,鞋上沾满尘土。一看见"老爷""贵族"现在走近,有几个人就按照俄罗斯的习俗弯腰鞠躬,头差不多都碰到地上。托尔斯泰脚步轻盈,一阵风似的向他们走去。"你们有问题吗?""我只想请问一下,尊贵的……"托尔斯泰训斥道:"我并不尊贵,谁也不尊贵,除了上帝。"这个小个子农民惊慌失措地转动着手里的帽子,终于急急忙忙地提出了几个琐琐碎碎的问题,是不是土地现在真的应该属于农民?什么时候他会得到一块他自己的田地?托尔斯泰很不耐烦地做了回答,一切不清不楚的事情都使他恼怒。接着轮到一个护林人来提出各式各样有关上帝的问题。托尔斯泰问他能不能读书,他说能读,托尔斯泰就叫人把他的文章《我们该做什么?》拿来,把文章交给护林人,把他送走。然后几个乞丐挤了上来,一个接着一个。托尔斯泰迅速地分给每人一枚五戈比的铜板,已经有点儿不耐烦地把他们打发走。他一转身,发现那个记者在他分钱给乞丐时在给他拍照。他的脸又阴沉起来:"他们就这样塑造我的形象,善人托尔斯泰和农民在一起,这个慷慨布施的好人,这个乐于助人的贵人,但是能直窥我内心深处的人,自会知道,我其实从来也不是善人,我只是试图学着做善人而已。除了我自己,没有什么东西真正使我动心。我也从来没有当真帮助过别人,我这一辈子并没有把从前在莫斯科玩纸牌时一夜之间输掉的钱的一半分送给穷人。我从来也没有闪过这样的念头:送两百卢布给陀思妥耶夫斯基,我知道他在忍饥挨饿,这两百卢布可能会解除他一个月的困境,也许甚至使他永久免遭穷困。尽管如此,我听任人家颂扬我、赞美我是最高贵的人,可是我心知肚明,我只是处于刚刚起步的阶段而已。"

他已经急于到花园里去散步,这个动作敏捷的小个子老人长髯飘飘,走得这样迫不及待,其余的人几乎跟不上他的脚步。不,现在不要再多言多语:只要活动肌肉,松动一下柔韧的筋骨,望望女儿们在打网球,这灵活的肉体进行的纯洁的游戏。他饶有兴趣地追随着她们的每一个动作,每一次成功的一击,他都会骄傲地笑出声来,他那阴郁的情绪又松动起来,他聊天闲谈,纵声大笑,怀着更加开朗、更加平静的感官,在散发出柔媚芳香的苔藓地上径自漫步。可是接着他又回到书房里去看看书,休息一会儿:有时他又感到相当疲倦,两条腿很沉。他这样独自一人躺在打蜡的皮沙发上,双目紧闭,感到自己浑身无力,老态毕露,他暗自思忖:"其实这样很好:那时候,那可怕的时候,我还害怕死亡,就像害怕一个妖怪一样,我躲着怕看见它,拒不承认它。现在我已经不再害怕它了,是的,我觉得和死亡这样接近,这样很好。"他往后一靠,在寂静中,各种思想全都涌来。有时候,他用铅笔迅速写个字,然后他久久地严肃地径自望着眼前。这张老人的脸,被感官和梦想云遮雾绕,静静地单人独处,和他的思想独处,非常之美。

晚上他再次下楼到谈天说地的这圈子人当中去:是的,工作已经完毕。他朋友钢琴家高尔登威色尔问道,他是不是可以奏上一曲。"当然欢迎之至!"托尔斯泰靠着钢琴,双手遮着眼睛,这样谁也看不见,这组合起来的音响的魔力如何使他感动。他仔细倾听,眼皮低垂,胸部起伏,呼吸深沉。真是奇妙,这个遭到他激烈否定的音乐,竟奇妙无比地向他涌来,唤醒他心中所有的柔情,在经历了那么多沉重的思想之后,使得灵魂又变得柔和而温存。"我怎么可以这样谩骂艺术?"他沉默无言地思索着。"如果没有艺术,哪里是安慰? 一切思考使人心情忧郁,一些知识使人心烦意乱。除了在艺术家的形象和语言之外,我们还能在任何别的地方更清楚地感到上帝的存在? 贝多芬和肖邦,你们是我的兄弟,我现在完全感觉到你们的目光正注视着我,人类的心脏开始在我身上跳动:请原谅我,你们这两位兄弟,我辱骂过你们。"乐曲以一组激起回响的和弦告终,大家热烈鼓掌,托尔斯泰迟疑片刻,也同样鼓掌。他心里所有的焦躁不安都已克服。带着柔和的笑容,他走向聚在一起的一圈人,欢快地参加到友好的谈话中去;终于有一点开朗和宁静的气氛吹拂到他身边,这个内容五花八门的一天,似乎已完全结束。

但在上床前他又一次走进他的书房。在这天结束之前,托尔斯泰还得最后审视一下自己,和平常一样,他要求自己说明他每个小时以及整个一生都做了些什么。日记本翻开来,放在桌上,灵魂的良心从空白的纸上凝视着他。托尔斯泰静静地思考一下他每天的每个小时,进行审理。他想起了他骑马经过的农民们和他造成的苦难,除了小小的可怜见的一枚硬币之外,没有给他们什么帮助。他回忆起和乞丐在一起时,很不耐烦,想起对妻子产生的邪恶的念头。所有这些罪过,他都仔仔细细地一一记在他的日记本里,这是一本控诉书,他愤怒地用笔记下了他的判决:"又急惰地过了一天,灵魂麻木了。没有干足够的好事!我还一直没有学会做难做的事,不是去爱人类,而是爱我身边的人:帮帮我,上帝啊,帮帮我!"

然后又写上下一天的日期,和那个神秘的符号"W. i. l."(德文 Wenn ich lebe,"如果我还活着"的缩写)。现在,工作完毕,又活完了一天。老人缩着肩膀走到旁边的房间里去,脱下外套、沉重的皮靴,把沉重的身子躺倒在床上,浮想联翩,和平时一样,首先想到死。思想犹如色彩缤纷的飞蛾躁动不宁地在他头上飞来飞去,但是渐渐地,它们像蝴蝶似的消失在越来越浓重的黑暗的森林之中,朦胧的睡意,已在近处直压下来……

可是突然之间,他倏而惊醒——不是有脚步声吗?不错,他听见旁边有人走动的声音,轻轻的、偷偷的脚步声在他的书房里,他霍地一下子跳了起来,悄无声地,半裸着身子,把发烫的眼睛贴着钥匙孔。可不是,隔壁房里有灯光,有人拎着一盏灯走了进去,乱翻他的书桌,十分诡秘地翻阅他的日记,想读他写的字,他灵魂进行的对话:这是他的妻子,索菲娅·安德烈耶夫娜。即使在他最后的秘密之中,他太太也在偷窥他,他们都不让他和上帝单独相处;在他的家里,在他的生活中,在他的灵魂里,到处,他到处都被人们的贪婪和好奇团团围住。他气得双手发抖,他都已经握住门把,想把房门猛然之间一下打开,扑向他自己的妻子,那个背叛他的女人。可是在最后一刻他控制住了自己的怒火:"也许这也是落在我身上的一个考验吧。"就这样,他又拖着脚步回到他的床上,一声不响,屏住呼吸,他谛听着自己的内心,就像倾听一口水已流光的深井。就这样,他躺在床上,还久久不能入睡。列夫·尼古拉耶维奇·托尔斯泰,他那时代最伟大最有势力的人物,在他自己家里遭人出卖,为重重疑虑所折磨,因为孤独而感到寒冷。

作出决定,造成神化

为了相信死后能永生不死,必须在世上度过永生不死的人生。

——日记,1896 年 3 月 6 日

1900 年。列夫·托尔斯泰作为七十二岁高龄的老人,迈过了世纪的门槛。这位富有英雄色彩的老人,精神上昂然挺立,可是已经作为一个传奇人物,走向他人生的完美无缺的终结。这位年迈的世界漫游者长髯雪白,脸颊比先前发出更加柔和的光芒,渐渐发黄的皮肤,犹如一张透明的羊皮纸,上面写满了无数皱纹,活像古老的鲁内①文字。一股认命耐心的微笑现在乐于憩息在他业已平静下来的嘴唇边上,两道浓眉很少因为发火而直竖起来,这位年迈易怒的亚当让人觉得已变得更加宽厚,更加澄清。"他变得多么仁慈啊!"他的亲弟弟惊讶地说道,他一辈子只知道哥哥总是暴跳如雷,难以自控。的确,那强烈的激情已经开始消退,托尔斯泰奋斗一生,已经疲倦,他自我折磨,疲惫不堪;在黄昏夕照之中,一道新的仁慈的光芒照亮了他的面孔。从前看上去如此阴沉的脸,如今极为动人:就仿佛大自然八十年来只是因此才这样强劲有力地在这张脸上发生作用,为的是他真正的美,这位老人伟大的洞察一切、宽恕一切的尊严,终于在这最后的形式里展现出来。人类就在这神采焕发的形象里,把托尔斯泰外表的形象收进记忆。就这样,世世代代的人,还怀着敬畏之情,把

---

① 日耳曼人的古老文字。

托尔斯泰严肃沉静的面容牢记在心灵之中。

年老平素总是使英雄人物的形象减少威严,削弱威力,然而年迈才给托尔斯泰阴郁的面孔以完整不缺的高贵。的确,这位年老的战士只求和平,"和上帝及世人讲和",也和他最凶恶的敌人,和死亡讲和。这个可怕的、残暴的、令人惊惶失措的对死亡的恐惧,总算过去了,总算已经仁慈地消逝,这个衰迈不堪的老人目光平静,做好准备,眼望着正在临近的岁月的终结。"我想到,很可能我明天就已活不下去,我每天都设法使自己熟悉这个念头,并且越来越熟悉它。"奇妙极了:自从这种惊惶的痉挛离开了这位长久以来给扰得心烦意乱的老人,他那塑造者的感官又振作起来。就像歌德老人恰好在最后一抹夕阳照耀之时,他又从科研的消遣之中回家,返回他"主要的工作"中来,托尔斯泰这位布道者,这位伦理学家,在七十岁到八十岁这难以想象的十年中间又再一次专心致志地从事于他长期以来拼命拒绝的艺术:于是在新的世纪里,上个世纪最强劲有力的诗人又一次重新复活,和从前一样精彩绝伦。老人大胆地画完他人生的巨大无比的弧形,又想起了他哥萨克年代的一段经历,创作了伊利亚特式的诗篇《哈吉·穆拉特》,刀剑铿锵,战声震耳——一部英雄传说,讲述得简单而又宏伟,就像在他最完美无缺的日子里一样。悲剧《活尸》,杰出的短篇小说《舞会之后》《科尔内依·瓦西里耶夫》以及其他许多小型传说证明这位艺术家已涤尽道学家的不满情绪,荣归故里;在这位老人晚年的作品里丝毫也看不出他已倦于写作,精力不济:这位年迈衰朽的老人灰色的眼睛,目光如炬,视力精准,毫无舛错地审视人们永远令人震惊的命运。人生的法官又变成了诗人,这位从前狂妄自大的人生的导师,在他美丽的老年自白中,又满怀敬畏之情,在神性的玄妙莫测面前躬身礼拜:对人生的最后问题所抱的好奇心已经和缓,变成谦卑地倾听宇宙的永无止尽的日益临近的汹涌澎湃的波浪。列夫·托尔斯泰在他生命的最后几年,的确变得充满睿智,可是并没有疲惫;一位来自洪荒时代的农民,他继续不断地在他的日记本里耕耘他那思想的取之不尽用之不竭的田地,直到铅笔从他渐渐冷却的手里脱落。

因为现在这位不知疲劳的老人还不能憩息,命运赋予他的人生的意义乃是,直到最后一刻都要为真理而斗争。最后一件工作,最神圣的工作还等待着他去完成,这项工作已经不再关乎生命,而是关乎他自己日益临近的死亡;如何有尊严地、堪称楷模地塑造他的死,将是这位强劲有力的塑造者人生最后的努力,他将绝妙地在这件事上投入他集中的精力。托尔斯泰创作的艺术品无数,没有一篇作品像他自己的死亡那样,让他准备了那么长的时间,那样的激情如炽:作为一个真正的、不知餍足的艺术家,他恰好要把他这最后的、最富人性的事情干干净净、毫无瑕疵地告诉人类。

这场为了赢得一个干干净净的、毫无谎言、完美无缺的死而进行的搏斗,在这位不得安宁的人为真理而进行的七十年战争中是关键性的一场战役,同时也是牺牲最为重大的一次战役——因为这是反对他自己亲人、自己血脉的一战。最后还有一件事情必须完成,他一辈子一直怀着我们现在才能理解清楚的畏怯,避免涉及这件事:那就是干净彻底、毫不反悔地脱离他的财产。他一而再,再而三地退却,在这点上,他和他的库图佐夫①相似,总想避免决战一场,希冀在持续不断的战略退却之中战胜可怕的敌人。托尔斯泰总是对签订一份关于他财产的遗嘱望而却步,他的良心催促不已,他则遁入"无为而治的智慧"之中。任何在他身后也放弃他对自己作品权利的企图,都遭到他家人的激烈无比的抵抗,他过于软弱,事实上也太富于人性,没有用一个无情的行动来粗暴地克服这一抵抗;所以多年来,他只限于个人不去碰钱,不去使用他的收入。但是——他这样自我责备——"我之所以忽视此事,原因是我原则上否定一切财产,出于虚假的羞耻之心,在人前不关心我的财产,以便人们不致指责我做事不彻底。"经过种种毫无效果的尝试,每次尝试在他至亲的亲人当中都导致一场悲剧,他便把对他的遗嘱作出一个明晰的具有束缚力的决定推开,推到一个不确定的时间点上去。但是1908年,他八十岁那年,他的家人决定利用这个纪念日出一套收益巨大的全集,这位公开反对一切财产的敌人,

---

① 米哈伊尔·伊拉里奥诺维奇·戈列尼谢夫-库图佐夫(1745—1813),俄罗斯军事家,帝国元帅。1812年击败拿破仑,取得俄法战争的胜利。

再也无法袖手旁观;在八十岁时,列夫·托尔斯泰不得不挺身而出,正大光明地参加这场决战,于是俄罗斯的朝圣地雅斯纳亚·波良纳在紧闭的房门后面,成为托尔斯泰和他的亲人之间进行一场战斗的战场。这场战斗是为了一点微不足道的小事,为了金钱,因而更加厉害,更加令人毛骨悚然,即便是他日记本发出的刺耳的喊叫声也只能让人们对这场战斗的极度恐怖有几分猜想而已。托尔斯泰在这些日子里喟然叹息:"摆脱这些肮脏的、罪孽深重的财产,是多么艰难啊!"(1908年7月25日日记)因为半个家庭的人伸出指甲尖利的手紧紧抓住这笔财产不放。最蹩脚的廉价小说里的场景一再现,撬开抽屉,乱翻柜子,偷听谈话,试图对他宣告禁治产,这些场景夹杂着他妻子试图自杀,托尔斯泰以出走相威胁,这样最为悲剧的时刻,就像他自己说的:"雅斯纳亚·波良纳的地狱,打开了它的大门。"但是恰好从这极端的痛苦,托尔斯泰最终找到了极端的决心。终于在他逝世之前几个月,他下定决心为了死得纯洁正派,不再容忍模棱两可和含糊不清,给后世留下一份遗嘱,把他的精神财富不可分辩地交给全人类。为了实现这最后一桩诚实的行动,还有必要最后撒次谎。既然在自己家里感到有人偷听,有人监视,这位八十二岁高龄的老人便假装漫不经心地骑马到邻近的格鲁蒙特森林去散心。在林中,一个树墩子上——我们世纪最富戏剧性的时刻——当着三个证人的面,还有不耐烦地连连喷鼻的几匹马,托尔斯泰终于在那份文件上签了字,这份文件证明他的意志具有有效的能力,而且在他身后依然有效。

现在,捆在他身上的脚镣已抛在他身后,他认为他已经作出了决定性的事情。但是最艰难、最重要、最必须的事情还等待着他。因为在这个正直的良心已被众人看透的房子里,已经保守不住任何秘密。不久,他的妻子已经猜到,不久全家都知道,托尔斯泰已经签署秘密遗嘱。他们翻箱倒柜搜寻他的遗嘱,查遍他的日记,为了找到蛛丝马迹,那个令人憎恨的助手契尔特科夫再来造访,伯爵夫人就以自杀相威胁。这时托尔斯泰意识到:在这个充满激情、贪求盈利、满是仇恨、骚动不宁的环境里他是无法完成他最后的艺术品,那完美无缺的死亡的。老人感到极度惊恐,家庭可能"在精神方面夺走那宝贵的时刻,也许是最精彩的时刻"。于是一下子从他感情的最底层又迸发出那个念头,为了完美无缺的缘故,他就该像福音书所要求的,抛弃妻子和儿女,抛弃财产和盈利,为了成为圣人。他已经离家出走了两次,1884年是第一次,但是半途上他就丧失了力气。那时候他迫使自己回到家里,回到正在分娩的妻子身边,就在当天夜里妻子为他生了一个女儿——就是这个女儿亚历山德拉,现在站在他的一边,守护他的遗嘱,并且准备帮助他走完这最后的路程。十三年后,1897年他第二次离家出走,给妻子留下了那封不朽的书信,阐述他受到良心的压力:"我决定离家出走,首先因为这个生活随着年龄的增长越来越使我感到压抑,我越来越强烈地向往孤独。其次,孩子们现在都已长大成人,不再需要我老待在家里……主要一点是,就像印度人一满六十岁就逃进森林——每一个有宗教信仰的人一到老年就有愿望把他最后的岁月献给上帝,而不是在玩笑嬉闹、闲聊胡扯、打打网球中度过余生。我现在已经七十岁,所以我的灵魂也以全部力量,渴望着安宁和孤独,以便和我的良心和谐地生活或者——如果这一点不能完全办到——毕竟可以摆脱我的人生和我的信仰之间显著的互不协调。"但是即便是这一次他又回来了,出于压倒一切的人性。他那回归自我的力量还不够坚强,对他的呼喊还不够强大。但是现在离那第二次出走已是十三年,离那第一次出走是两个十三年,吸引他走向远方的无比强大的牵引力开始变得比以往任何时候都更加强大,钢铁般的良心觉得被一股不知究竟的力量吸引,就像被磁铁所吸引。1910年7月,托尔斯泰在日记本里写了这样几句话:"我别无他法,只能出逃,我现在是认真思考这一问题,现在你就显示你的基督教信仰吧。现在正是时候,不然永远也没机会。这里不是没有人需要我待在这里吗。帮助我吧,我的上帝,请教导我,我只求一点,不是贯彻我的意志,只是贯彻您的意志。我写下这些,问我自己:这的的确确是真话吗?还是说我只是在您面前假装这个样子?帮帮我,帮帮我,帮帮我!"但是他一直还犹豫不决,担心别人的命运一直使他下不了决心:他一直害怕自己怀有罪恶的念头,不断战栗地俯身朝向自己的灵魂,倾听是不是另有一声呼唤来自他的内心,一个信息来自上天,发出不可违抗的命令,而他自己的意志,却还在迟疑不决,畏缩不前。就仿佛他双膝下跪,在那玄妙莫测的意志面前祈祷,他把自己奉献给这个意志,他对这意志智慧深信不疑,他在日记里忏悔了他的恐惧和不安。这种在发烧的良心里的等待,犹如一场热病,这种对深受震撼的心灵进行的窥听,真如一阵强烈的唯一的颤抖。他已经觉得没有被命运听到他的呼喊,完全献身于毫无意义的事情。

　　恰好在恰当的、最合适的时候,在他心里发出一个声音,传说中最为古老的一句话:"起来,站起身来,拿上大衣和朝圣的手杖!"他振作起来,向着他一生的完美终结径直走去。

遁向上帝

你只能独自走近上帝。

——日记

1910年10月28日,可能是在清晨六点,树梢间还弥漫着浓重的夜色,有几个人影奇奇怪怪地绕着雅斯纳亚·波良纳府邸,蹑手蹑脚地行走。钥匙咔嚓咔嚓直响,房门贼溜溜地打开,马车夫在马厩里小心翼翼地把马匹套上马车,千万不要弄出响声,在两个房间里人影幢幢,很不安宁,在挡住光线的手提灯的照耀下,摸索各式各样的卷宗,打开各个抽屉和柜子。然后轻轻地走过悄无声息地推开的房门,轻声耳语着,跌跌绊绊地走过花园里带着泥泞的树木的根部。接着一辆马车避开府邸前面的道路,往后从花园后面的大门驰了出去。

出什么事了?是小偷潜入了府邸?还是沙皇的警察终于包围了这个最为严重的嫌疑分子的住宅,进行搜查?不,谁也没有破门而入,是列夫·尼古拉耶维奇·托尔斯泰像个小偷似的,就只在他医生的陪同下,逃出了他生活的囚牢。上天的召唤已经下达给他,一个不容反驳、关系重大的信号。他又一次在夜里突然撞见他妻子悄悄地歇斯底里地乱翻他的文件,于是他突然心肠变硬,顿时下定决心,离开这个"背离了他灵魂"的女人,逃离家园,遁逃到任何地方去,遁向上帝,遁向他自己内心,遁向他自己的死,遁向他命中注明的死亡。他突然之间在他工作时穿的衬衫外面套上一件大衣,戴上一顶粗呢帽子,穿上一双橡皮鞋子,丝毫没有带走他的财产,只带走他的精神向人类传达他的消息时所需要的东西:那就是日记本、铅笔和羽毛笔。在火车站他还给妻子草草写了封信,让马车夫送回家去:"我做了我这年龄的老人惯常做的事情,我离开了这个世俗的生活,为了在与世隔绝和安静宁谧之中度过我人生最后的日子。"然后他们登上列车,在一个三等车厢不干不净的座位上坐了下来,列夫·托尔斯泰这个遁向上帝的逃亡者穿着大衣,只有他的医生陪伴着他。

但是他已不再称自己为列夫·托尔斯泰。就像当年新旧两大陆的主宰,卡尔五世①自愿放弃了权力的象征物,为了埋葬在埃斯柯里亚尔②的灵柩里,托尔斯泰也把他的金钱、房屋和荣誉,还有他的姓名统统抛在身后;他现在称自己为T.尼古拉耶夫,一个为自己设想新生活,寻找纯洁正确死亡的人杜撰出来的姓名。现在他终于摆脱了一切羁绊,可以成为一个行走在陌生道路上的朝圣者,教义和圣言的仆人。在夏玛尔迪诺修道院他还和他妹妹,修道院的院长嬷嬷告别:两位风烛残年的老人坐在一些温柔宽厚的修士中间,散发出宁静和辉煌的孤寂的光芒;几天之后,女儿也随后赶到,她出生的那个夜晚托尔斯泰正好第一次出走失败又返回家里。但是即使在这里的一片宁静之中,托尔斯泰也心神不定,深怕被人认出,遭到追踪,被人赶上,又一次被拽回他自己家里,扔进不清不楚、并不真诚的生活之中。于是他再一次被看不见的手指所触动,在10月31日拂晓4时突然叫醒他的女儿,催她继续上路,不论上哪儿去,到保加利亚去也行,到高加索去也行,到国外去,到荣誉和人们都再也够不着他的地方去,只求最终到达孤寂之中,到他自己的心灵中去,到上帝跟前去。

但是荣誉,他这人生的可怕的对手,他教义的对手,对他纠缠不休的魔鬼和诱惑者,还紧紧抓住他的受害者不肯放手。世界还不允许"他们的"托尔斯泰属于他自己,属于他自己知晓一切的意志。这个被追逐的人刚刚坐进车厢,帽子拉下盖住前额,就有一个旅行者一眼认出了这位伟大的大师,列车上所有的人立即知道这条消息,这个秘密立即泄露,车厢

---

① 神圣罗马帝国皇帝卡尔五世(1500—1558),同时也统治西班牙帝国。
② 马德里的宫殿,西班牙王家陵墓也在那里。

门外挤满了男男女女,都想看看托尔斯泰。他们随身带的报纸,刊登了通栏的报导,关于这头挣脱樊笼的珍奇动物。他已遭到失败,被人围困,荣誉又一次,最后一次阻挡托尔斯泰完成他的杰作。在风驰电掣的列车旁边,电话线嗡嗡作响,传递消息,所有的火车站都被警察告知,所有的官员都被动员起来,在家里,他们已订好了特别列车,新闻记者从莫斯科,从圣彼得堡,从尼日尼·诺夫哥罗德,从四面八方迅速赶来,紧紧追随在这头出逃的野兽身后。神圣的东正教教会派出一名神父,去抓住这个悔过的罪人。突然之间有位陌生的先生走进列车,一而再地戴着新面具在车厢旁边走过,这是一名密探——不,荣誉不让它的囚犯逃走。列夫·托尔斯泰不应该也不可以单人独处,人们不能容忍他属于自己,并且被尊为圣人。

他已经被包围,已被团团围住,没有一个灌木丛他可以钻进去躲起来。列车开到边境,将会有个官员彬彬有礼地走来向他脱帽致敬,但拒绝让他越过边境。不论他想在哪里休息,荣誉都会过来坐在他的对面,宽宽的肩膀,七嘴八舌,大声喧哗:不,他跑不了,他们的爪子把他抓得很牢。可是突然之间,女儿发现,父亲年迈的身躯为一阵寒热所袭。托尔斯泰筋疲力尽地靠在硬邦邦的木头凳子上,浑身颤抖,所有的毛孔都迸发出汗水,这是一种从他的血液中发出来的寒热,疾病已经降临他的身体,前来救他。死亡已经掀起它的大衣,那黑色的大氅,盖在他身上,不让追捕者挨近他。

在一个名叫阿斯塔波沃的小火车站,他们不得不停下,这位垂死的病人已无法再往前赶路。这里没有旅馆,没有饭店,没有富丽堂皇的房间来安顿托尔斯泰。站长一脸羞愧地让出他的办公室,就在火车站两层楼的木头房子里(从此之后这里成了俄罗斯世界的圣地)。人们搀扶着寒热病患者走进站长的办公室,突然之间他梦想的一切全都成真:一间小房子,低矮且有霉味,空气污浊,四壁萧然,一张铁床,煤油灯发出微弱的灯光——一下子和他逃离的奢侈、舒适的生活相隔遥远。在弥留之际,在最后时刻,一切都变得和他内心意志所要求的完全一致:干干净净,残渣全无,死亡把一个崇高的象征,完全配合他那艺术家之手。几天之内,这个死亡的巍峨大厦将要拔地而起,崇高地确认他的教义,不再被人们的妒忌所暗中破坏,在他原始的纯朴之中不再遭到骚扰和毁坏。在紧紧关闭的门外,荣誉正上气不接下气馋涎欲滴地埋伏着,但是徒劳。记者们、好奇心切的人们、密探和警察宪兵、东正教教会派来的神父、沙皇指定的官员挤在门外,等候着,也都白费力气:他们令人憎恶的一番无耻的忙碌已经无法再加害于这位老人无法摧毁的最后孤寂。只有他女儿守卫着,一个朋友就是那位医生,宁静谦卑的爱以沉默包围着他。床头柜上放着他小小的日记本,他和上帝交谈时的传声筒,但是发着高烧的双手已经再也握不住笔。肺衰竭的他憋足力气,呼吸急促地以逐渐消失的嗓音还向他女儿口授他最后一些思想,称上帝为"那个无边无际的宇宙,世人觉得自己是上帝的有限度的一部分,在物质、时间和空间之中感觉到上帝的启示"。并且预示,这些尘世的物质,只有通过爱才能和其他物质的生命融为一体。临死前两天他又绷紧了他全部感官,来领悟高级的真理,那不可企及的真理。然后黑暗才渐渐笼罩这个光芒四射的头脑。

房间外面,人们好奇而又放肆地挤来挤去。他对他们已经不再有任何感觉。他的妻子索菲娅·安德烈耶夫娜一脸悔恨,泪如雨下,睁着泪眼从窗口向室内张望。她和托尔斯泰结为夫妻四十八年,如今只是从远处再看一次他的容颜:他已经不再认识他的妻子。世间万物对于这个众人之中最最目光犀利的人变得越来越陌生,血液在他行将破裂的血管里流动得越来越模糊,越来越缓慢。在十一月四日夜里,他又一次振作起来,呻吟着问道:"可是农民——农民怎么个死法?"这非同寻常的人生还在抗拒那非同寻常的死亡——直到十一月七日,死亡才降临到这不朽之人的身上,围着一圈白色火焰般的头颅,沉进一堆枕头之中,眼睛里光芒熄灭。这双眼睛比所有人的眼睛观察世界都更加熟知实情。这位焦躁不耐的寻觅者到现在才终于知道了一切人生的真理和意义。

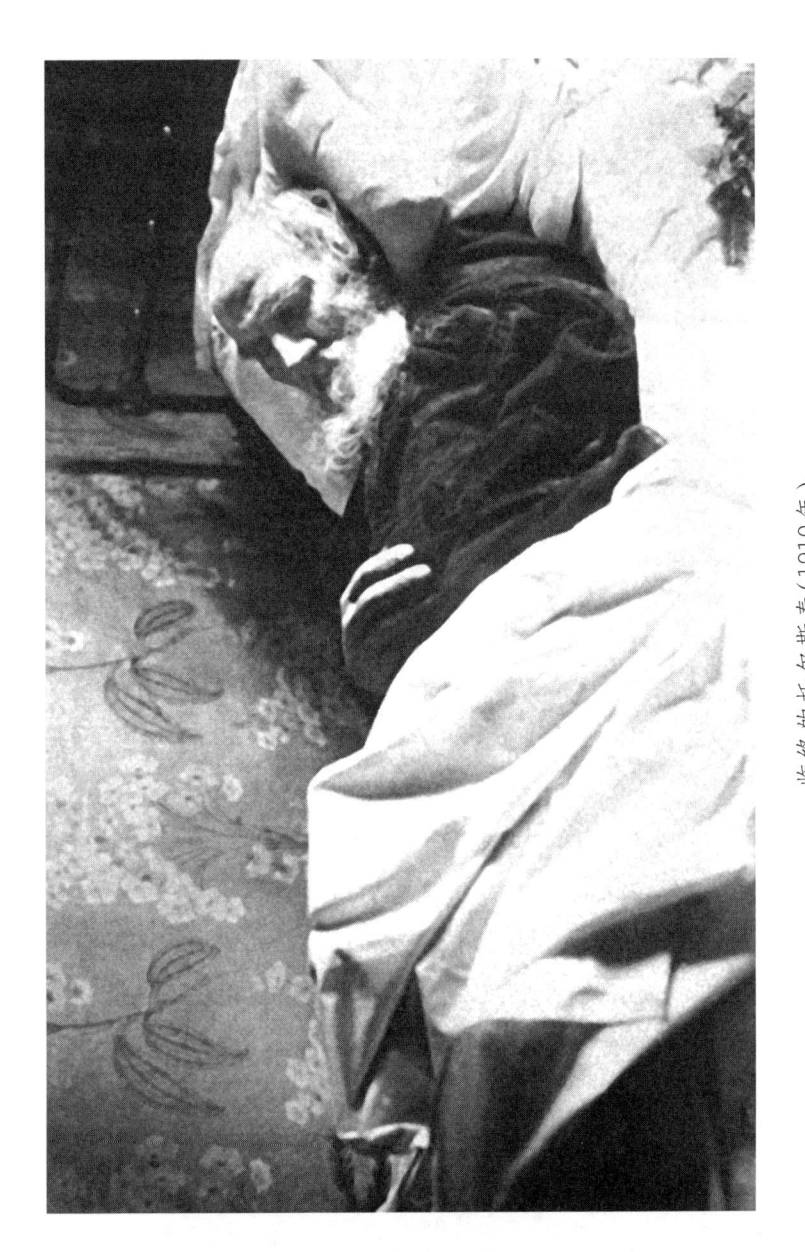

临终的托尔斯泰(1910年)

托尔斯泰的葬礼(1910年)

终　曲

　　人是死了，但是他和世界的关系继续对人们起着作用，不仅像他活着时那样，而且作用更加强烈。他的作用随着他的理性和爱逐步提高，并且和一切有生命的东西一样，继续增长，没有间歇，没有终结。

——书信

　　马克西姆·高尔基曾经称列夫·托尔斯泰为一个有人性的人：真是难以逾越的一句话。因为托尔斯泰是和我们大家一样的人，由同样脆弱易碎的黏土制成，具有同样的尘世间的缺陷，但是他更深刻地了解人的缺陷，他为之痛苦，感受得更加痛切。托尔斯泰并不是和他其他同龄人迥乎不同，高人一等，他只是比大多数人更具有人性，更讲道德，更加敏感，头脑更加清醒，更加富有激情——就仿佛他是宇宙艺术家作坊里那看不见的原始形式的最为清晰的复印。

　　但是这永恒之人的肖像，有一个模模糊糊的、往往已难以识别的草稿，是我们大家的基础，托尔斯泰在我们这个人多混杂的世界里，尽可能完完全全地赠送这一肖像，他把这个选作他真正的毕生事业——这是一个永远无法完成，永远无法完全实现，因而也是倍加英勇的事业。凭借自己良心的一种无与伦比的真诚，他在最为极端的形象中寻找人，深入到心灵底层，你只有遍体鳞伤才能达到这些底层。这位堪称楷模的道德天才以一种强烈的严肃心情和一种无情的强硬态度毫无保留地揭开自己的灵魂，为了把我们那种完整的原始图像从它那尘世的硬壳里解放出来，向整个人类展现他那更加高贵、更似天神的容颜。这位无所畏惧的雕塑家历经八十年一直通过自我描述，致力于完成这个超群出众的自我完善的作品，从不稍事休息，从不自满自足，从来不对他的艺术只赋予形式变化的毫无恶意的快乐。自从歌德以来，没有一个诗人这样明显地表现自己，同时也表现了永恒的人。

但这种通过考验和铸造自己的灵魂来改造世界的英雄意志，只是似乎因这个千载难逢的人停止呼吸而停步——他那本质的强劲有力的推动力，不断塑造着，继续塑造着，生动活泼地继续发生作用。曾经见过他尘世皮囊的证人，还都在场，他们曾经浑身战栗地直视过这双铁灰色的犀利眼睛，可是托尔斯泰此人早已变成神话，他的一生已经成为人类一段崇高的传奇，他反抗自己所做的斗争已成为我们这代人和今后每一代人的榜样。因为牺牲自我而设想的一切，以英雄气概完成的一切，在我们狭小的地球上都是为所有人而做，在一个人建立的丰功伟绩上，整个人类赢得了新的更宏伟的尺度。只有从这热切追求真理的人的自我忏悔中，那寻觅的精神预感到其局限和法则。只有仰仗这种精神的艺术家们的自我描述，人类的灵魂在这尘世上才被人理解，那是天才的形象。

托尔斯泰的葬礼(1910年)

托尔斯泰和孙女

后　记

爸爸有个习惯,给每部他的译作撰写前言,可惜这次他做不到了。据他的翻译秘书王巧珍女士回忆,《三诗人》中卡萨诺瓦部分的定稿是她2018年11月17日通过邮件发给爸爸的,还微信告知他此事,但是爸爸再没有回应她,因为他那时已经重病在身了。爸爸12月11日住院,2019年1月5日就永远离开了爱他的亲人和他特别牵挂的读者了。

爸爸不光没有机会再给《三诗人》作序,甚至都没有来得及把这部译稿发给跟他约稿的人民文学出版社外国文学编辑室主任欧阳韬先生。谢谢巧珍发给我定稿,让我能再转给欧阳。

爸爸走后,我看到他的书桌上面放着的已经是《与妖魔搏斗》的翻译手稿。这是爸爸完成《三诗人》后立即着手进行的翻译,他一心想完成茨威格有关九位文学家的三部传记。可惜《与妖魔搏斗》成了未完成的译作,而《三诗人》也没有了译者序。

张　意
2019年5月30日